北咨咨询丛书　丛书主编　郭俊峰
·建设管理·

规范发展中的PPP项目管理实务
——以建设管理为重点

主　编　朱迎春
副主编　米　嘉　高振宇　张　剑

中国建筑工业出版社

图书在版编目(CIP)数据

规范发展中的PPP项目管理实务：以建设管理为重点 / 朱迎春主编；米嘉，高振宇，张剑副主编. —北京：中国建筑工业出版社，2022.9
（北咨咨询丛书 / 郭俊峰主编. 建设管理）
ISBN 978-7-112-27696-7

Ⅰ.①规⋯ Ⅱ.①朱⋯ ②米⋯ ③高⋯ ④张⋯ Ⅲ.①政府投资—合作—社会资本—研究 Ⅳ.①F830.59 ②F014.39

中国版本图书馆CIP数据核字（2022）第138548号

责任编辑：毕凤鸣
责任校对：董 楠

北咨咨询丛书　建设管理
丛书主编　郭俊峰

规范发展中的PPP项目管理实务——以建设管理为重点

主　编　朱迎春
副主编　米　嘉　高振宇　张　剑

*

中国建筑工业出版社出版、发行（北京海淀三里河路9号）
各地新华书店、建筑书店经销
华之逸品书装设计制版
北京市密东印刷有限公司印刷

*

开本：787毫米×1092毫米 1/16 印张：20¼ 字数：393千字
2022年9月第一版　2022年9月第一次印刷
定价：78.00元
ISBN 978-7-112-27696-7
（39864）

版权所有　翻印必究
如有印装质量问题，可寄本社图书出版中心退换
（邮政编码100037）

北咨咨询丛书编写委员会

主　编：郭俊峰

副主编：王革平　韩力涛　张晓妍　于　昕
　　　　王建宙　张　龙　朱迎春　迟晓燕

委　员（按姓氏笔画排序）：
　　　　卜海峰　刘松桥　米　嘉　李　东
　　　　李纪宏　邹德欣　陈永晖　陈育霞
　　　　郑　健　钟　良　高振宇　郭文德
　　　　黄文军　龚雪琴　康　勇　颜丽君

本书编写人员

主　　编：朱迎春

副 主 编：米　嘉　高振宇　张　剑

编写人员（按姓氏笔画排序）：

　　　　　　于利贤　马振梅　王革平　王洪旭
　　　　　　毕向林　李　煜　杨晓伟　吴振全
　　　　　　张　娜　张雅超　陈永晖　武玉涛
　　　　　　罗恒亮　周　雨　姚　雯　黄胜春
　　　　　　訾静波　臧景红

丛书总序

改革开放以来，我国经济社会发展取得了举世瞩目的成就，工程咨询业亦随之不断发展壮大。作为生产性服务业的重要组成部分，工程咨询业涵盖规划咨询、项目咨询、评估咨询、全过程工程咨询等方面，服务领域涉及经济社会建设和发展的方方面面，工程咨询机构也成为各级政府部门及企事业单位倚重的决策参谋和技术智囊。

为顺应国家投资体制改革和首都发展需要，以提高投资决策的科学性、民主化为目标，经北京市人民政府批准，北京市工程咨询有限公司（原北京市工程咨询公司，简称"北咨公司"）于1986年正式成立。经过30多年的发展，北咨公司立足于首都经济建设和城市发展的最前沿，面向政府和社会，不断拓展咨询服务领域和服务深度，形成了贯穿投资项目建设全过程的业务链条，一体化综合服务优势明显，在涉及民生及城市发展的许多重要领域构建了独具特色的咨询评估理论方法及服务体系，积累了一批经验丰富的专家团队，为政府和社会在规划政策研究、投资决策、投资控制、建设管理、政府基金管理等方面提供了强有力的智力支持和服务保障，已成为北京市乃至全国有相当影响力的综合性工程咨询单位。

近年来，按照北京市要求，北京市工程咨询有限公司积极推进事业单位转企改制工作，并于2020年完成企业工商注册，这是公司发展史上的重要里程碑，由此公司发展进入新阶段。面对新的发展形势和要求，北咨公司紧密围绕北京市委全面深化改革委员会提出的打造"政府智库"和"行业龙头企业"的公司发展定位，以"内优外拓转型"为发展主线，以改革创新为根本动力，进一步巩固提升"收放有度、管控有力、运营高效"的北咨管理模式，进一步深化改革，建立健全现代企业制度，进一步强化干部队伍建设，塑造"以奋斗者为本"的企业文化，进一步推动新技术引领传统咨询业务升级，稳步实施"内部增长和外部扩张并重"的双线战略，打造政府智库，加快推动上市重组并购进程，做大做强工程咨询业务，形成北咨品牌彰显的工程咨询龙头企业。

  我国已进入高质量发展阶段，伴随着改革深入推进，市场环境持续优化，工程咨询行业仍处于蓬勃发展时期，工程咨询理论方法创新正成为行业发展的动力和手段。北咨公司始终注重理论创新和方法领先，始终注重咨询成效和增值服务，多年来形成了较为完善的技术方法、服务手段和管理模式。为贯彻新发展理念，北咨公司全面启动"工程咨询理论方法创新工程"，对公司 30 多年来理论研究和实践经验进行总结、提炼，系统性梳理各业务领域咨询理论方法，充分发挥典型项目的示范引领作用，推出《北咨咨询理论方法研究与实践系列丛书》(简称"北咨咨询丛书")。

  本丛书是集体智慧的结晶，反映了北咨公司的研究水平和能力，是外界认识和了解北咨的一扇窗口，同时希望借此研究成果，与同行共同交流、研讨，助推行业高质量发展。

本书序

2014年以来，我国PPP建设模式经历了试点、推广和快速发展后，目前已进入规范发展的阶段。全国各地一大批PPP项目快速落地，全国政府和社会资本合作（PPP）综合信息平台管理库（以下简称"管理库"）在库项目数量逐年增长。国家"十四五"规划提出了建设现代化基础设施体系的目标，近期又陆续出台了一系列政策措施，鼓励在基础设施和公共服务领域大力推广运用PPP模式，规范有序推进政府和社会资本合作，更好地发挥政府投资撬动作用以及市场在资源配置中的决定性作用，激发社会资本投资活力，形成市场主导的投资内生增长机制。因此，PPP模式在统筹推进基础设施建设中仍将发挥重要作用。

近年来，在交通运输、市政公用事业（如城市供水、污水处理）、生态环境治理等行业，PPP模式取得了较好的效果。当然PPP项目实践中也存在政府及社会资本方PPP项目实践经验不足，项目建设和运营过程中政企双方责权不明晰，监管不到位，导致部分项目建设成本增加、工期延误、合同履行不畅等问题，影响项目正常推进和运行。

对于PPP项目来说，建设阶段是PPP项目能否成功的关键阶段之一，如果政府部门在这一阶段缺乏有效的管控，将成为制约PPP项目健康可持续发展的短板。目前，大量书籍聚焦于PPP的准备阶段、采购阶段，对于PPP项目建设过程管理少有论述。当前，管理库存量PPP项目近一半已开工建设，本书及时总结PPP项目建设管理经验和教训，剖析PPP项目管理的内涵，分析研究PPP项目建设与运营的内在逻辑关系，对于有效建立PPP项目绩效管理机制、完善PPP项目全过程管理、强化政府对于PPP项目的监管、提高项目实施效率、引导PPP项目规范发展，具有重要的学术价值和现实意义。

北京市工程咨询有限公司针对 PPP 模式已开展多年研究，并协助政府部门组织开展了大量 PPP 项目建设和运营管理工作，多年来在 PPP 项目管理实践中积累了丰富经验。《规范发展中的 PPP 项目管理实务——以建设管理为重点》是由北京市工程咨询有限公司长期从事 PPP 研究和项目管理的技术人员编写，书籍内容主要是对近年来 PPP 管理实践经验的总结、提炼，围绕 PPP 建设管理的关键问题开展研究，旨在为政府和社会提供更加优质的服务，为 PPP 相关研究人员和技术人员提供参考和借鉴，推进 PPP 项目规范化、高质量发展。

王毕羊

2022 年 6 月于北京

前 言

当前，PPP模式已成为我国稳增长、促改革、调结构、惠民生的重要抓手。"十三五"期间，PPP模式经历了各种探索，全国PPP市场由快速增长的"提量"阶段过渡到规范发展的"提质"阶段，PPP成为推动公共服务供给侧结构性改革的重要手段，为"十四五"基础设施和公共服务设施建设提供了可借鉴的经验。

PPP模式对参与主体要求高，项目边界复杂，管理协调难度大，操作流程复杂。特别是PPP项目的建设期管理，是全生命周期最为关键的阶段，项目投融资、招采合约、进度管理等控制环节多，事关项目的产出和成败，也是政府考核付费的重要基础和依据。

多年来，围绕PPP项目的实施和管理，政府不断加强法律体系建设，规范有序推进政府和社会资本合作，为PPP高质量发展营造了良好环境。但政府和社会资本方在PPP项目实施过程中经验不足、对项目实施的复杂性和风险缺乏足够认识等问题，也严重制约了PPP项目的正常推进。本书以PPP项目建设管理为重点，紧密结合PPP项目实践，严格遵循项目管理内在规律，系统阐述建设阶段各环节具体内容、流程和风险，以此制定相应的计划和措施，从而保证项目各阶段决策科学、实施连贯，确保PPP项目工程质量，降低运营成本，实现预期目标和效果。

全书分九章，第一章重点解读PPP项目建设管理规范化相关政策要求，阐述政府部门开展PPP项目监管的战略方向，并揭示以建设管理为重点的PPP项目管理内涵。第二章按照定目标、定内容、定原则、定流程、定计划、定措施的总体思路，针对PPP建设管理给出管理策划的方法要点。第三章至第八章按照PPP项目建设阶段管理要素，分别从招标采购、融资、投资、设计、施工等关键环节，提出管理要点和措施，并通过典型案例进一步说明项目管理中关键环节和问题的解决思路与做法。部分章节根据管理特点和内容的不同，对与PPP项目建设密切相关的项目准备阶段、采购阶段、运营阶段相关管理内容进行了适当延伸。第九章提出信息化与PPP项目管理深度融合的应用思路。

本书由北京市工程咨询有限公司PPP专家及业务骨干人员编写，其中第一章由王革平、张剑、武玉涛编写；第二章由朱迎春、高振宇、李煜、张雅超编写；第三章由臧景红、訾静波编写；第四章由吴振全、訾静波编写；第五章由黄胜春、姚雯编写；第六章由米嘉、马振梅、罗恒亮编写；第七章由陈永晖、毕向林、王洪旭编写；第八章由周雨、杨晓伟、张娜编写；第九章由杨晓伟、于利贤编写。本书编写过程中还得到了北京市工程咨询有限公司各级领导和全体员工的大力支持，在此一并表示感谢。由于时间有限，书中疏漏之处在所难免，敬请读者不吝指正。

本书编写组

2022年6月

目 录

第一章　PPP项目管理概述　/ 001

第一节　PPP项目建设管理规范化　/ 002

　　　　一、合规性要求　/ 005

　　　　二、审批程序要求　/ 006

　　　　三、招标采购要求　/ 007

　　　　四、项目资金要求　/ 008

　　　　五、投资管理要求　/ 010

　　　　六、考核付费要求　/ 011

第二节　以建设管理为重点的PPP项目管理内涵　/ 012

　　　　一、PPP释义及特征　/ 012

　　　　二、PPP项目管理含义　/ 014

　　　　三、管理阶段划分及核心工作　/ 015

　　　　四、建设管理要素及重点　/ 016

　　　　五、项目管理组织模式　/ 019

第三节　PPP项目管理实践与展望　/ 020

　　　　一、PPP项目实践　/ 020

　　　　二、PPP项目发展趋势　/ 022

　　　　三、PPP项目管理高质量发展　/ 025

参考文献　/ 027

第二章　PPP项目建设管理策划　/ 029

第一节　PPP项目管理策划概述　/ 030

　　一、项目管理策划的概念　/ 030

　　二、项目管理策划的内容　/ 031

　　三、项目管理策划方法要点　/ 032

第二节　PPP项目管理目标的确定　/ 039

　　一、项目总体目标　/ 039

　　二、项目管理目标　/ 040

　　三、项目管理目标的控制　/ 043

第三节　PPP项目管理重点工作　/ 047

　　一、项目手续办理　/ 047

　　二、建设阶段项目管理　/ 053

　　三、运营阶段管理　/ 056

第四节　PPP项目管理规划编制　/ 058

　　一、项目管理工作计划　/ 058

　　二、项目管理工作任务分解　/ 060

　　三、项目管理工作流程　/ 062

　　四、管理工作规划编制　/ 062

第五节　PPP项目管理保障措施　/ 067

　　一、建立适宜的组织机构　/ 067

　　二、建立完善的制度体系　/ 071

　　三、建立高效的沟通决策机制　/ 074

　　四、建立必要的技术支撑体系　/ 075

　　五、有力的政策与资金支持　/ 076

参考文献　/ 077

第三章　PPP项目融资管理　/ 079

第一节　PPP项目融资概述　/ 080

　　一、融资特点　/ 080

　　二、融资相关主体　/ 082

三、融资合同体系 / 085
第二节　PPP项目融资模式 / 086
　　一、PPP项目的股权融资和债权融资 / 086
　　二、PPP基金 / 088
　　三、资产证券化融资 / 089
　　四、基础设施公募REITs / 091
第三节　PPP项目融资管理主要内容 / 094
　　一、准备阶段融资管理 / 095
　　二、采购阶段融资管理 / 095
　　三、建设阶段融资管理 / 096
　　四、运营阶段融资管理 / 099
第四节　PPP项目融资风险管理及应对措施 / 100
　　一、政府不应提供任何形式的融资担保 / 101
　　二、防止企业债务向政府转移 / 102
　　三、社会资本需承担补充融资责任 / 103
　　四、吸引力和可融资性决定项目成败 / 103
　　五、项目自身现金流的稳定是债权融资的
　　　　基本条件 / 105
　　六、解决贷款与项目实施期限错配问题 / 105
　　七、健全和完善社会资本的退出机制 / 106
第五节　PPP项目融资管理典型案例与分析 / 106
参考文献 / 113

第四章　PPP项目招采与合同管理 / 115
第一节　PPP项目招采与合同管理概述 / 116
　　一、采购概念与法律依据 / 116
　　二、采购管理内容 / 118
　　三、合同管理的基本内涵 / 120
　　四、合同管理重点内容 / 122

第二节　社会资本方选择与PPP项目合同要点　/ 125
　　一、准备阶段合同要素的关注重点　/ 125
　　二、采购阶段合同规划的核心事项　/ 127
第三节　PPP项目建设阶段招采与合同管理　/ 132
　　一、招标采购与合同管理原则与内容　/ 132
　　二、招标采购与合同管理制度建设　/ 134
　　三、招标采购与合同的管理过程　/ 135
　　四、PPP项目的履约管理　/ 137
第四节　PPP项目运营阶段招采与合同管理　/ 139
　　一、运营阶段的招采与合同管理　/ 139
　　二、运营阶段的履约管理　/ 140
　　三、运营阶段的维护服务管理　/ 142
　　四、运营违约与合同终止　/ 144
第五节　招标采购与合同管理典型案例与分析　/ 146
参考文献　/ 150

第五章　PPP项目投资管理　/ 153

第一节　PPP项目投资管理概述　/ 154
　　一、投资管理特点　/ 154
　　二、投资管理目标　/ 155
　　三、投资管理主要内容　/ 156
第二节　PPP项目准备阶段投资管理　/ 158
　　一、项目准备阶段投资管理重点　/ 159
　　二、投资估算编制审核管理　/ 159
　　三、"两评一案"的编制与审核管理　/ 161
第三节　PPP项目建设阶段投资管理　/ 165
　　一、建设阶段投资管理问题和风险　/ 165
　　二、建设阶段投资管理措施　/ 167
　　三、设计概算编制与审核管理　/ 171
　　四、施工图预算编制与审核管理　/ 173

　　　　　五、工程变更投资管理　/ 175

　　　　　六、施工阶段资金管理　/ 176

　　　　　七、工程结算编制与审核管理　/ 179

　第四节　PPP投资管理典型案例与分析　/ 182

参考文献　/ 187

第六章　PPP项目设计管理　/ 189

第一节　PPP项目设计管理概述　/ 190

　　　　　一、设计管理必要性　/ 190

　　　　　二、设计管理的目标及依据　/ 191

　　　　　三、设计管理阶段的划分　/ 192

　　　　　四、设计管理各方职责的划分　/ 194

　　　　　五、设计管理的主要工作　/ 195

　　　　　六、设计管理的主要措施　/ 197

第二节　PPP项目准备阶段设计管理　/ 198

　　　　　一、阶段特点及相关成果　/ 198

　　　　　二、管理的主要内容　/ 203

　　　　　三、管理工作的要点　/ 203

第三节　PPP项目建设阶段设计管理　/ 205

　　　　　一、初步设计阶段管理　/ 205

　　　　　二、施工图设计及深化设计管理　/ 208

　　　　　三、工程变更管理　/ 212

　　　　　四、竣工图管理　/ 216

第四节　PPP项目设计管理典型案例与分析　/ 218

参考文献　/ 221

第七章　PPP项目施工管理　/ 223

第一节　PPP项目施工管理概述　/ 224

　　　　　一、项目施工管理及建设绩效管理　/ 224

　　　　　二、对参建方的管理　/ 225

　　　　　三、施工管理措施　/ 226

第二节　PPP项目施工过程管理　/ 227

　　　　　一、项目施工进度管理　/ 228

　　　　　二、项目施工质量管理　/ 230

　　　　　三、项目施工安全管理　/ 232

第三节　PPP项目验收及建设绩效管理　/ 235

　　　　　一、竣工验收　/ 235

　　　　　二、建设绩效管理　/ 238

第四节　PPP项目施工管理典型案例与分析　/ 241

参考文献　/ 245

第八章　PPP项目运营管理　/ 247

第一节　PPP项目运营管理概述　/ 248

　　　　　一、运营管理主要工作　/ 248

　　　　　二、运营管理主要措施　/ 250

第二节　PPP项目运营绩效管理　/ 251

　　　　　一、绩效管理操作实施　/ 252

　　　　　二、绩效管理要点分析　/ 254

第三节　PPP项目运营绩效评价　/ 257

　　　　　一、绩效评价操作实施　/ 258

　　　　　二、绩效中期评估　/ 265

　　　　　三、绩效评价管理要点　/ 266

第四节　PPP项目运营付费　/ 267

　　　　　一、运营付费构成　/ 267

　　　　　二、运营付费程序　/ 268

　　　　　三、运营付费管理要点　/ 270

　　　　　四、运营付费管理重难点及对策　/ 272

第五节　PPP项目运营管理典型案例与分析　/ 274

参考文献　/ 281

第九章　PPP项目管理信息化　/ 283

第一节　PPP项目管理信息化概述　/ 284

　　一、项目管理信息化现状　/ 284

　　二、项目管理信息化问题和需求　/ 287

　　三、项目管理信息化的迫切性　/ 290

第二节　基于BIM的PPP项目管理信息化　/ 292

　　一、基于BIM技术的PPP项目管理　/ 292

　　二、基于BIM的信息化集成管理　/ 298

第三节　PPP项目管理信息化典型案例　/ 299

参考文献　/ 304

导 读

　　PPP（Public-Private Partnership），即政府和社会资本合作开展基础设施或公共服务项目建设和运营，目前已达到万亿级的投资规模。作为提高政府公共服务供给数量和质量、转变政府管理职能的重要模式，PPP可最大限度发挥政府方和社会资本方在项目建设和运营过程中的技术、资金、建设、运营以及项目风险处置方面各自的优势，用最少的资源获得更高质量的产品或服务。建设期管理是PPP项目全生命周期管理的一个关键阶段，可能直接影响PPP项目的成败。实践中由于PPP项目建设期对关键要素的管理不到位导致项目延误或不能正常发挥功能和效益的问题比较常见。本章在详细解析近期国家出台的相关政策基础上，主要介绍PPP项目管理的内涵、核心、管理要素和要点，并对PPP项目管理的未来发展进行了展望。

第一章

PPP项目管理概述

第一节　PPP项目建设管理规范化

自20世纪80年代沙角B电厂成为中国首个采用"建设—运营—移交"（BOT）方式建设的工程项目以来，后续广西来宾B电厂、成都第六水厂、广东电白高速公路等BOT试点项目相继开展，经过近40年的应用，为PPP模式发展积累了宝贵经验。

2014年以来，PPP模式在政府投融资各个领域，特别是基础设施建设和公共服务领域得到了广泛的运用。社会资本较大规模地参与到市政公用设施的投资建设，PPP模式影响逐渐增大并吸引到社会各界的投资兴趣，建设、交通、环保等行业主管部门都加入到PPP模式推广应用。为了推动PPP规范发展，近年来全国人大常委会、国务院、各部委、地方政府陆续出台了有关PPP的法律法规文件，PPP法律法规体系不断完善健全，见表1-1-1。按照效力层级，主要包括：法律，如招标投标法、政府采购法等；行政法规，如招标投标法实施条例、政府采购法实施条例、政府投资条例等；部门规章及规范性文件；地方规章及规范性文件。

其中，部门规章及规范性文件，主要包括国家发展改革委《关于依法依规加强PPP项目投资和建设管理的通知》（发改投资规〔2019〕1098号）、《引导社会资本参与盘活国有存量资产中央预算内投资示范专项管理办法》（发改投资规〔2021〕252号）等文件，财政部《关于规范金融企业对地方政府和国有企业投融资行为有关问题的通知》（财金〔2018〕23号）、《关于进一步加强政府和社会资本合作（PPP）示范项目规范管理的通知》（财金〔2018〕54号）、《关于推进政府和社会资本合作规范发展的实施意见》（财金〔2019〕10号）等文件，以及其他行政主管部门出台的相关文件。

地方规章及规范性文件，主要包括山西省《关于开展政府和社会资本合作（PPP）项目全生命周期绩效管理的通知》（晋财金〔2019〕53号）、江苏省《关于开展2020年度全省政府和社会资本合作（PPP）项目财政监督的通知》（苏财金〔2020〕37号）、北京市《关于印发〈关于引入社会资本参与老旧小区改造的意见〉的通知》（京建发〔2021〕121号）、天津市《关于加强PPP项目政府支出责任管理的通知》（津财债务〔2021〕53号）等。

PPP相关法律法规、规范性文件一览表　　　　表1-1-1

发布单位	类型	时间	文件名	文号
PPP相关法律					
第十二届全国人大常委会第三十一次会议	法律	2017-12-27修正	中华人民共和国招标投标法	
第十二届全国人大常委会第十次会议	法律	2014-08-31修正	中华人民共和国政府采购法	
国务院发布PPP相关行政法规、规范性文件				
国务院发布	行政法规	2019-3-2修订	中华人民共和国招标投标法实施条例	国务院令第709号
		2015-3-1	中华人民共和国政府采购法实施条例	国务院令第658号
	国务院规范性文件	2021-11-10	关于鼓励和支持社会资本参与生态保护修复的意见	国办发〔2021〕40号
		2015-05-22	关于在公共领域推广政府和社会资本合作模式指导意见的通知	国办发〔2015〕42号
国务院各部门PPP相关规章、规范性文件				
部委联合行文	部门规范性文件	2018-4-19	文化和旅游部、财政部《关于在旅游领域推广政府和社会资本合作模式的指导意见》	文旅旅发〔2018〕3号
		2017-12-7	国家发展改革委、水利部《关于印发〈政府和社会资本合作建设重大水利工程操作指南（试行）〉的通知》	发改农经〔2017〕2119号
		2017-8-14	财政部、民政部、人力资源社会保障部《关于运用政府和社会资本合作模式支持养老服务业发展的实施意见》	财金〔2017〕86号
		2017-6-7	财政部、中国人民银行、中国证监会《关于规范开展政府和社会资本合作项目资产证券化有关事宜的通知》	财金〔2017〕55号
		2017-5-31	财政部、农业部《关于深入推进农业领域政府和社会资本合作的实施意见》	财金〔2017〕50号

续表

发布单位	类型	时间	文件名	文号
发展改革委发布	部门规章	2021-6-19	中央预算内投资资本金注入项目管理办法	国家发展改革委令第44号
	部门规范性文件	2021-2-22	关于印发《引导社会资本参与盘活国有存量资产中央预算内投资示范专项管理办法》的通知	发改投资规〔2021〕252号
		2019-6-21	关于依法依规加强PPP项目投资和建设管理的通知	发改投资规〔2019〕1098号
		2017-11-28	关于鼓励民间资本参与政府和社会资本合作（PPP）项目的指导意见	发改投资〔2017〕2059号
		2017-7-3	关于加快运用PPP模式盘活基础设施存量资产有关工作的通知	发改投资〔2017〕1266号
财政部发布	部门规章	2022-1-14	政府采购框架协议采购方式管理暂行办法	财政部令第110号
		2017-7-11	政府采购货物和服务招标投标管理办法	财政部令第87号
	部门规范性文件	2021-12-16	关于修订发布《政府和社会资本合作（PPP）综合信息平台信息公开管理办法》的通知	财金〔2021〕110号
		2020-3-16	关于印发《政府和社会资本合作（PPP）项目绩效管理操作指引》的通知	财金〔2020〕13号
		2019-3-7	关于推进政府和社会资本合作规范发展的实施意见	财金〔2019〕10号
		2018-4-24	关于进一步加强政府和社会资本合作（PPP）示范项目规范管理的通知	财金〔2018〕54号
		2018-3-28	关于规范金融企业对地方政府和国有企业投融资行为有关问题的通知	财金〔2018〕23号
地方政府PPP相关规范性文件					
河北省	地方规范性文件	2021-12-20	关于鼓励和支持社会资本参与生态保护修复的实施意见	冀政办字〔2021〕156号

续表

发布单位	类型	时间	文件名	文号
天津市	地方规范性文件	2021-11-22	关于加强PPP项目政府支出责任管理的通知	津财债务〔2021〕53号
北京市	地方规范性文件	2021-4-22	关于印发《关于引入社会资本参与老旧小区改造的意见》的通知	京建发〔2021〕121号
江苏省	地方规范性文件	2020-4-24	关于开展2020年度全省政府和社会资本合作（PPP）项目财政监督的通知	苏财金〔2020〕37号
山西省	地方规范性文件	2019-4-18	关于开展政府和社会资本合作（PPP）项目全生命周期绩效管理的通知	晋财金〔2019〕53号

一、合规性要求

推广政府和社会资本合作（PPP）模式，引导社会资本参与公共服务供给，在稳增长、促改革、惠民生等方面发挥了积极作用。但实践中也出现了泛化滥用PPP、超出财政承受能力上项目甚至借PPP名义变相举债等一些问题，增加了地方政府隐性债务风险隐患。

国家对于PPP项目的合规要求越来越高。财政部《关于规范政府和社会资本合作（PPP）综合信息平台项目库管理的通知》（财办金〔2017〕92号文）的发布更是确立了PPP项目合规的新高度。不适宜采用PPP模式的、前期准备不足的、无按效付费机制的都将禁止入库，未按规定开展"两个论证"、不宜继续采用PPP模式、不符合规范运作、违法违规举债担保和未按规定公开信息等已入库项目都已被清理。

财政部《关于推进政府和社会资本合作规范发展的实施意见》（财金〔2019〕10号）（以下简称《实施意见》），明确了规范的PPP项目应当符合的条件（表1-1-2）。

参与主体众多是PPP项目的特征之一。而主体合格是开展PPP项目的先决条件。政府方、社会资本方作为PPP最重要的参与主体，是否符合政策规定并满足参与项目实施的相关要求，是决定PPP项目成败的关键。

政府方资格要求：项目实施机构是政府方的代表，具体负责对PPP项目进行监督、管理，其主体资格有明确的政策规定。《实施意见》指出"政府方签约主体

PPP规范发展相关政策要求　　　　　表 1-1-2

发文部门	文件名及文号	主要内容或目的
财政部	《关于规范政府和社会资本合作（PPP）综合信息平台项目库管理的通知》（财办金〔2017〕92号）	及时纠正PPP泛化滥用现象，进一步推进PPP规范发展，着力推动PPP回归公共服务创新供给机制的本源，促进实现公共服务提质增效目标，夯实PPP可持续发展的基础
财政部	《关于推进政府和社会资本合作规范发展的实施意见》（财金〔2019〕10号）	健全制度体系，明确"正负面"清单，明确全生命周期管理要求，严格项目入库，完善"能进能出"动态调整机制，落实项目绩效激励考核。 属于公共服务领域的公益性项目，合作期限原则上在10年以上，按规定履行物有所值评价、财政承受能力论证程序。 社会资本负责项目投资、建设、运营并承担相应风险，政府承担政策、法律等风险

应为县级及县级以上人民政府或其授权的机关或事业单位"。

社会资本方资格要求：根据《实施意见》，"严格按照要求实施规范的PPP项目，不得出现以下行为：本级政府所属的各类融资平台公司、融资平台公司参股并能对其经营活动构成实质性影响的国有企业作为社会资本方参与本级PPP项目的。"本级政府所属的各类融资平台公司、融资平台公司参股并能对其经营活动构成实质性影响的国有企业，不可以作为社会资本方参与本级政府辖区内的PPP项目建设。除此之外，依法设立且有效存续的具有法人资格的企业，可以作为潜在社会资本方。

二、审批程序要求

PPP项目在基础设施补短板和提供公共服务方面，通过激发社会有效投资，发挥了很重要的作用。但实际操作中，也存在有些项目在没有可行性研究报告的情况下即开始实施，前期工作深度不足导致PPP项目建设及运营阶段推进效率较低。对此，国家相关部委要求夯实PPP项目前期工作，全面、深入开展PPP项目的可行性论证和实施方案审查，方可采用PPP模式建设实施（表1-1-3）。

国家发展改革委《关于依法依规加强PPP项目投资和建设管理的通知》（发改投资规〔2019〕1098号）提出，未依法依规履行审批、核准、备案及可行性论证和审查程序的PPP项目，为不规范项目，不得开工建设。

PPP审批程序相关政策要求　　　　　　　　　　表 1-1-3

发文部门	文件名及文号	主要内容或目的
国务院	《政府投资条例》（国务院令712号）	政府采取直接投资方式、资本金注入方式投资的项目，项目单位应当编制项目建议书、可行性研究报告、初步设计，按照政府投资管理权限和规定的程序，报投资主管部门或者其他有关部门审批。 项目单位应当加强政府投资项目的前期工作，保证前期工作的深度达到规定的要求，并对项目建议书、可行性研究报告、初步设计以及依法应当附具的其他文件的真实性负责
国务院	《关于保持基础设施领域补短板力度的指导意见》（国办发〔2018〕101号）	加强政府和社会资本合作（PPP）项目可行性论证，合理确定项目主要内容和投资规模
财政部	《关于进一步加强政府和社会资本合作（PPP）示范项目规范管理的通知》（财金〔2018〕54号）	夯实项目前期工作。按国家有关规定认真履行规划立项、土地管理、国有资产审批等前期工作程序，规范开展物有所值评价和财政承受能力论证
国家发展改革委	《关于依法依规加强PPP项目投资和建设管理的通知》（发改投资规〔2019〕1098号）	按照国务院关于"加强PPP项目可行性论证，合理确定项目主要内容和投资规模"的要求，所有拟采用PPP模式的项目，均要开展可行性论证。通过可行性论证审查的项目，方可采用PPP模式建设实施

三、招标采购要求

PPP项目鼓励社会资本尤其是民间资本进入基础设施和社会公共事业领域，并建立起合作共赢的长期伙伴关系。近年来，政府不断推出政策文件，鼓励各类型企业同等待遇参与PPP项目。

财政部《政府和社会资本合作项目政府采购管理办法》（财库〔2014〕215号）规定了五种PPP项目采购模式。但是《关于推进政府和社会资本合作规范发展的实施意见》（财金〔2019〕10号）规定新上政府付费项目应当采用公开招标、邀请招标、竞争性磋商、竞争性谈判等竞争性方式取得，不得采用单一来源采购方式，要求政府付费类项目使用竞争性方式，杜绝利用单一来源采购规避竞争程序。《关于依法依规加强PPP项目投资和建设管理的通知》（发改投资规〔2019〕1098号）更是规定"公开招标应作为遴选社会资本的主要方式"。

对于PPP项目招标采购环节进行规范的政策文件比较多，充分体现出国家积极引导社会资本参与基础设施建设的初衷，不得排斥、限制民间资本参与PPP项目,不得"定制"采购条件,不得设置歧视性条款,消除隐性壁垒,确保采购过程公平、公正、公开,各类型企业同等标准、同等待遇参与PPP项目(表1-1-4)。

PPP招标采购相关政策要求 表1-1-4

发文部门	文件名及文号	主要内容或目的
财政部	《关于印发政府和社会资本合作模式操作指南(试行)的通知》(财金〔2014〕113号)	项目采用公开招标、邀请招标、竞争性谈判、单一来源采购方式开展采购的,按照政府采购法律法规及有关规定执行
财政部	《政府和社会资本合作项目政府采购管理办法》(财库〔2014〕215号)	PPP项目采购方式包括公开招标、邀请招标、竞争性谈判、竞争性磋商和单一来源采购
财政部	《关于推进政府和社会资本合作规范发展的实施意见》(财金〔2019〕10号)	采用公开招标、邀请招标、竞争性磋商、竞争性谈判等竞争性方式选择社会资本方
国家发展改革委	《关于依法依规加强PPP项目投资和建设管理的通知》(发改投资规〔2019〕1098号)	公开招标应作为遴选社会资本的主要方式

四、项目资金要求

财政部《政府和社会资本合作项目财政承受能力论证指引》(财金〔2015〕21号)只是明确了每一年度全部PPP项目需要从预算中安排的支出责任,占一般公共预算支出比例应当不超过10%。实践中这虽然是一个红线要求,但是部分地方政府财政承受能力已经接近或超过红线,影响PPP项目的顺利实施。

按照《关于推进政府和社会资本合作规范发展的实施意见》(财金〔2019〕10号),对于政府财政支出责任规定更加严格,设置了一条"预警线"和两条"红线"。财政支出责任占比超过5%的地区不得再新上政府付费项目;财政支出责任占比超过7%的地区进行风险提示;财政支出责任占比超过10%的地区严禁新项目入库(表1-1-5)。

项目公司资金来源主要包括项目资本金和融资两部分。

首先要保证项目资本金按时足额注资到位,按规定缴纳项目资本金是规范PPP项目的刚需条件之一。按照国务院《关于加强固定资产投资项目资本金管理的通知》(国发〔2019〕26号)有关规定,"投资项目资本金对投资项目来说是非债务性资金,项目法人不承担这部分资金的任何利息和债务"。《关于推进政府和社会资本合作规范发展的实施意见》(财金〔2019〕10号)规定,"项目资本金符

PPP政府部门出资相关政策要求 表 1-1-5

发文部门	文件名及文号	主要内容或目的
财政部	《政府和社会资本合作项目财政承受能力论证指引》(财金〔2015〕21号)	每一年度全部PPP项目需要从预算中安排的支出责任,占一般公共预算支出比例应当不超过10%
财政部	《关于推进政府和社会资本合作规范发展的实施意见》(财金〔2019〕10号)	财政支出责任占比超过5%的地区,不得新上政府付费项目。 强化财政支出责任监管。确保每一年度本级全部PPP项目从一般公共预算列支的财政支出责任,不超过当年本级一般公共预算支出的10%。建立PPP项目支出责任预警机制,对财政支出责任占比超过7%的地区进行风险提示,对超过10%的地区严禁新项目入库

合国家规定比例,项目公司股东以自有资金按时足额缴纳资本金"。

PPP项目一般投资规模较大,约70%~80%的资金来源于金融贷款,融资能否到位直接关系到PPP项目目标的实现,其中也蕴藏着风险。国务院出台了《关于加强中央企业PPP业务风险管控的通知》(国资发财管〔2017〕192号),国家发展改革委、财政部出台了《关于进一步增强企业债券服务实体经济能力严格防范地方债务风险的通知》(发改办财金〔2018〕194号)等融资风险防控类政策,规范企业融资行为。

PPP项目资本金及融资方面的政策要求详见表1-1-6。

PPP融资相关政策要求 表 1-1-6

发文部门	文件名及文号	主要内容或目的
国务院国有资产管理委员会	《关于加强中央企业PPP业务风险管控的通知》(国资发财管〔2017〕192号)	严格规模控制,防止推高债务风险。纳入中央企业债务风险管控范围的企业集团,累计对PPP项目的净投资原则上不得超过上一年度集团合并净资产的50%,不得因开展PPP业务推高资产负债率。资产负债率高于85%或近2年连续亏损的子企业不得单独投资PPP项目
国家发展改革委办公厅、财政部办公厅	《关于进一步增强企业债券服务实体经济能力严格防范地方债务风险的通知》(发改办财金〔2018〕194号)	严格PPP模式适用范围,审慎评估政府付费类PPP项目、可行性缺口补助PPP项目发债风险,严禁采用PPP模式违法违规或变相融资
财政部	《关于规范金融企业对地方政府和国有企业投融资行为有关问题的通知》(财金〔2018〕23号)	国有金融企业向参与地方建设的国有企业(含地方政府融资平台公司)或PPP项目提供融资,应按照"穿透原则"加强资本金审查,确保融资主体的资本金来源合法合规,融资项目满足规定的资本金比例要求

续表

发文部门	文件名及文号	主要内容或目的
财政部	《关于进一步加强政府和社会资本合作（PPP）示范项目管理的通知》（财金〔2018〕54号）	国有企业或地方政府融资平台公司不得代表政府方签署PPP项目合同，地方政府融资平台公司不得作为社会资本方。不得以债务性资金充当项目资本金，政府不得为社会资本或项目公司融资提供任何形式的担保
国务院	《关于加强固定资产投资项目资本金管理的通知》（国发〔2019〕26号）	投资项目资本金作为项目总投资中由投资者认缴的出资额，对投资项目来说必须是非债务性资金，项目法人不承担这部分资金的任何债务和利息。项目借贷资金和不符合国家规定的股东借款、名股实债等资金，不得作为投资项目资本金
国家发展改革委	《关于依法依规加强PPP项目投资和建设管理的通知》（发改投资规〔2019〕1098号）	PPP项目的融资方式和资金来源应符合防范化解地方政府隐性债务风险的相关规定。不得通过约定回购投资本金、承诺保底收益等方式违法违规变相增加地方政府隐性债务，严防地方政府债务风险

五、投资管理要求

PPP项目投资控制是建设过程监管的重难点。项目实践中，经常出现增加项目内容、调整项目范围或提高项目标准等问题，从而导致投资失控。

2019年，按照国务院《政府投资条例》（国务院令712号）、国家发展改革委《关于依法依规加强PPP项目投资和建设管理的通知》（发改投资规〔2019〕1098号）等相关规定，政府投资项目建设投资原则上不得超过经核定的投资概算。如项目投资规模超过批复投资的10%，应当报请原审批、核准、备案机关重新履行项目审核备程序。

因此，PPP项目立项及取得概算批复后，应当严格按照批复的概算执行，尽量减少工程变更，落实有关限额实施及审核备等要求（表1-1-7）。

PPP投资相关政策要求　　　　　　　　表1-1-7

发文部门	文件名及文号	主要内容或目的
国家发展改革委	《中央预算内直接投资项目概算管理暂行办法》（发改投资〔2015〕482号）	经核定的概算应作为项目建设实施和控制投资的依据。项目主管部门、项目单位和设计单位、监理单位等参建单位应当加强项目投资全过程管理，确保项目总投资控制在概算以内

续表

发文部门	文件名及文号	主要内容或目的
国务院	《政府投资条例》（国务院令712号）	经投资主管部门或者其他有关部门核定的投资概算是控制政府投资项目总投资的依据。初步设计提出的投资概算超过经批准的可行性研究报告提出的投资估算10%的，项目单位应当向投资主管部门或者其他有关部门报告，投资主管部门或者其他有关部门可以要求项目单位重新报送可行性研究报告。政府投资项目建设投资原则上不得超过经核定的投资概算
国家发展改革委	《关于依法依规加强PPP项目投资和建设管理的通知》（发改投资规〔2019〕1098号）	实施方案、招投标文件、合同或建设中出现以下情形的，应当报请原审批、核准、备案机关重新履行项目审核备程序：①项目建设地点发生变化；②项目建设规模和主要建设内容发生较大变化；③项目建设标准发生较大变化；④项目投资规模超过批复投资的10%

六、考核付费要求

项目的产出绩效与付费机制挂钩是PPP规范运行的基本要求，提升项目效益也是项目实施的目标。国家对PPP项目绩效考核标准设置有逐渐加强的趋势。

财政部《关于规范政府和社会资本合作（PPP）综合信息平台项目库管理的通知》（财办金〔2017〕92号）要求"建立与项目产出绩效相挂钩的付费机制"，"建设成本与绩效考核结果挂钩部分占比30%以上"。

《关于推进政府和社会资本合作规范发展的实施意见》（财金〔2019〕10号）要求"建立完全与项目产出绩效相挂钩的付费机制"，相比92号文的规定多了"完全"二字。10号文强调不得以补充协议降低考核标准、变更打分的方式规避运营风险，也不得设置过于宽松的考核指标和过高的兜底流量，提前锁定、固化政府支出责任。

《政府和社会资本合作（PPP）项目绩效管理操作指引》（财金〔2020〕13号），规范了PPP项目全生命周期绩效管理工作，明确了参与主体、内容要求、工作程序等要素。进一步落实了《关于推进政府和社会资本合作规范发展的实施意见》（财金〔2019〕10号）关于"建立完全与项目产出绩效相挂钩的付费机制"的要求。

综上，PPP项目付费必须与绩效考核挂钩。项目实施机构必须按照政策要求、合同约定开展绩效考核工作，并根据考核结果付费。因此，绩效考核也成为项目实施机构开展项目监管的重要手段之一（表1-1-8）。

PPP绩效考核及付费相关政策要求　　　　　表1-1-8

发文部门	文件名及文号	主要内容或目的
财政部	《关于规范政府和社会资本合作（PPP）综合信息平台项目库管理的通知》（财办金〔2017〕92号）	存在下列情形之一的项目，不得入库：未建立按效付费机制。包括通过政府付费或可行性缺口补助方式获得回报，但未建立与项目产出绩效相挂钩的付费机制的；政府付费或可行性缺口补助在项目合作期内未连续、平滑支付，导致某一时期内财政支出压力激增的；项目建设成本不参与绩效考核，或实际与绩效考核结果挂钩部分占比不足30%，固化政府支出责任的
	《关于推进政府和社会资本合作规范发展的实施意见》（财金〔2019〕10号）	建立完全与项目产出绩效相挂钩的付费机制，不得通过降低考核标准等方式，提前锁定、固化政府支出责任
	《政府和社会资本合作（PPP）项目绩效管理操作指引》（财金〔2020〕13号）	政府付费和可行性缺口补助项目，政府承担的年度运营补贴支出应与当年项目公司（社会资本）绩效评价结果完全挂钩。财政部门应按照绩效评价结果安排相应支出，项目实施机构应按照项目合同约定及时支付

第二节　以建设管理为重点的PPP项目管理内涵

PPP项目全生命周期要经历准备阶段、采购阶段、执行阶段（包括建设、运营阶段）和移交阶段，不同阶段的管理应始终围绕PPP项目的目标和任务开展，并严格遵循操作流程与技术规范。PPP项目管理是确保PPP项目成功实施的关键。本节主要介绍PPP项目管理释义、阶段划分、管理要素，以及PPP项目管理组织模式。

一、PPP释义及特征

结合国内PPP的具体实践介绍PPP的最新释义，有利于正确地理解PPP的内涵，并对PPP项目进行科学的管理。

（一）"十四五"规划纲要PPP释义

我国近年来将PPP模式统称为"政府和社会资本合作"。在具有中国特色的PPP市场，社会资本具有更加丰富的内涵，包含国有企业、民营企业、外资企业、合资企业在内的广义的社会资本方，这种称谓与国际上通行的将PPP理解为"公私伙伴关系"

存在明显差异。

根据《〈中华人民共和国国民经济和社会发展第十四个五年规划和2035年远景目标纲要〉释义》(以下简称《释义》),政府和社会资本合作(PPP)是指"政府为增强公共产品和服务供给能力、提高供给效率,通过特许经营、股权合作等方式,与社会资本建立的利益共享、风险分担及长期合作模式"。

《释义》相对于国家发展改革委《关于开展政府和社会资本合作的指导意见》(发改投资〔2014〕2724号)关于PPP模式的定义,主要是删除了购买服务这种合作方式,政府购买服务与PPP是并列的概念,PPP项目中的政府付费与政府购买服务两者在项目性质、预算管理、合作主体、合作期限、操作程序等方面存在差异。

(二)项目特征

深入研究PPP项目的特征,对于推进PPP模式实施具有重要的学术价值和现实意义,PPP项目主要具有以下特征。

1. 实施范围的公共性

PPP项目通常提供公共产品或公共服务。PPP项目始于政府和社会资本的"平等"合作,成于向社会公众提供高质量的公共产品或公共服务,如基础设施、教育、市政建设、公共交通、公共医疗卫生、养老、污水处理、环境治理等。不属于基础设施和公共服务领域;政府不负有提供义务的商业地产开发、招商引资项目等;涉及国家安全或重大公共利益,不适宜由社会资本承担;仅涉及工程建设无运营内容等,一般不宜采用PPP模式。

2. 参与主体的复杂性

PPP项目中参与的主体数量多,其相互之间的关系也比较复杂,包括政府、社会资本和与项目相关的其他间接参与主体,如咨询机构、金融机构、律师事务所等。

政府方委派的项目实施机构作为政府方的代表,基于与项目公司签订的PPP项目合同作为项目实施主体,与项目公司之间是平等的民事关系,在项目实施过程中按合同约定履行义务并行使权利。项目实施机构也可以是项目所在行业主管部门,负责向公众提供优质的公共产品和服务,承担PPP项目行政管理职能,在行使这些职能时与项目公司之间是行政法律关系。项目实施机构在项目实施过程明确自身定位及在具体环境下的职责。

社会资本通常专为项目设立自主运营、自负盈亏的具有独立法人资格的项目公司，以项目公司的名义在取得政府方同意的前提下基于项目的现金流、项目资产与合同权益去融资贷款，做到有限追索，实现项目风险与母公司的隔离。项目公司可以由一家企业或者多家企业组成的联合体共同出资设立，也可以由政府和社会资本共同出资设立，但政府在项目公司中的持股比例应当低于50%，且不具有实际控制力和管理权。

3. 实施周期的长期性

为了满足基础设施和公共服务的长期、持续、稳定、规模大的需求，相关政策对PPP项目的合作期限做了规定，"原则上不低于10年""最长不超过30年"，具体合作期限是在实践中根据项目的风险分配方式、运作方式、付费机制和具体情况选择合理的项目合作期限，即确定的合作期限里可以实现物有所值的目标并且形成对项目公司的有效激励。需要注意的是，项目的合作期限并非确定后就一成不变，合同中一般会有提前终止的相关规定。

4. 风险分配的合理性

PPP项目风险分配原则主要包括：承担风险的一方应该对该风险具有控制力；承担风险的一方能够将该风险合理转移；承担风险的一方对于控制该风险有更大的经济利益或动机；由该方承担该风险最有效率；如果风险最终发生，承担风险的一方不应将由此产生的费用和损失转移给合同相对方。因此，合理的PPP项目风险分配框架是规范PPP项目的重要标志，是政府判断项目是否适宜采用PPP模式的重要考虑因素。如果PPP项目风险得不到合理分配，则不适宜采用PPP模式。

二、PPP项目管理含义

开展政府和社会资本合作，对转变政府职能、提高管理水平提出了很高要求。国务院办公厅转发财政部、国家发展改革委、人民银行《关于在公共服务领域推广政府和社会资本合作模式指导意见的通知》（国办发〔2015〕42号）中明确，"政府作为监督者和合作者，减少对微观事务的直接参与，加强发展战略制定、社会管理、市场监管、绩效考核等职责，有助于解决政府职能错位、越位和缺位的问题，深化投融资体制改革，推进国家治理体系和治理能力现代化"。

可以看出，政府主要做好政策制定、发展规划、市场监管和指导服务，从公共产品的直接"提供者"转变为PPP项目的"监管者""合作者"。伴随着在公共服务、基础设施建设领域，政府部门在 PPP 项目建设当中管理职能的转变，PPP 项目管理的内涵也发生了变化。

项目管理，是指利用计划、组织、指挥、协调和控制等各类管理知识、技能、方法、手段以及可获得的管理资源，对项目涉及的全过程进行有效管理，以实现项目的功能和总体目标。

根据项目管理概念，政府方 PPP 项目管理重点在于加强项目准备、采购、执行、移交等全生命周期管理，监督项目各参与方切实履行合同义务，确保项目规范运作、顺利实施。规范 PPP 管理的相关要求如下：

一是完善项目前期工作。按照国家有关规定，认真履行前期工作程序，规范开展物有所值评价和财政承受能力论证。

二是合规履行采购程序。加强对项目实施方案和采购文件的审查。不得设置不合理的准入门槛或所有制歧视条款。

三是选择合格参与主体。坚持政企分开原则，加强 PPP 项目合同签约主体合规性审查，国有企业或地方政府融资平台公司不得代表政府方签署 PPP 项目合同，地方政府融资平台公司不得作为社会资本方。

四是做好合同风险分配。合同中不得约定由政府方或其指定主体回购社会资本投资本金，不得弱化或免除社会资本的投资建设运营责任，不得向社会资本承诺最低投资回报或提供收益差额补足，不得约定将项目运营责任返包给政府方出资代表承担或另行指定社会资本方以外的第三方承担。

五是落实项目履约监管。跟踪项目公司设立和融资到位情况。不得以债务性资金充当项目资本金，政府不得为社会资本或项目公司融资提供任何形式的担保。落实中长期财政规划和年度预算安排，加强项目绩效考核，落实按效付费机制，强化激励约束效果，确保公共服务安全、稳定、高效供给。

三、管理阶段划分及核心工作

参照财政部《政府和社会资本合作（PPP）项目绩效管理操作指引》（财金〔2020〕13 号），PPP 项目管理阶段主要划分为：PPP 项目准备阶段、PPP 项目采购阶段、PPP 项目执行阶段、PPP 项目移交阶段，其中执行阶段包括建设阶段、运营阶段。本书重点聚焦 PPP 项目建设阶段管理，部分管理要素结合项目建设阶段管理需求适当向前后延伸。

1. 准备阶段核心工作

本阶段主要是论证项目的必要性、可行性及PPP模式选择的适宜性。主要包括项目建议书、可行研究报告的编制及批复，物有所值评价、财政承受能力论证的编制及批复，以及实施方案的编制及批复，并基本明确了PPP项目的绩效目标及指标体系。

2. 采购阶段核心工作

本阶段主要是开展社会资本的采购，合规确定合作主体。根据《中华人民共和国招标投标法》《中华人民共和国政府采购法》等法律法规，采购方式包括公开招标、邀请招标、竞争性磋商、竞争性谈判等。综合考虑项目规模、类型、金额等因素，合法合规选择适宜的采购方式，按照公开、公平、公正的原则，择优确定合格的中标人，完善绩效目标及指标体系，最终报请政府批复后签订PPP项目合同。

3. 建设阶段核心工作

本阶段主要是项目公司组建，开展融资及工程建设相关工作，具体包括项目的审批手续、融资、招采合约、投资、设计、进度、质量、安全、风险管理等，以及日常绩效监控及绩效评价配合工作。项目实施机构负责开展建设阶段绩效监控，结合竣工验收等情况开展绩效评价并做好结果应用。

4. 运营阶段核心工作

本阶段主要是项目公司开展项目运营维护相关工作。项目建成后，项目公司向社会公众提供合格产品和服务，并接受政府监督管理，以及做好日常绩效监控及绩效评价配合工作。项目实施机构负责开展运营阶段绩效监控，结合项目运营的产出、效果、管理等情况开展绩效评价并做好结果应用。

5. 移交阶段核心工作

本阶段主要开展项目移交相关工作。在项目合作期限结束或者项目合同提前终止后，项目公司将全部项目设施及相关权益以合同约定的条件和程序移交给政府或者政府指定的其他机构，项目的移交意味着政府方和社会资本方（项目公司）之间合作关系的结束。

四、建设管理要素及重点

PPP项目建设管理，一般涉及项目融资管理、审批手续管理、招采合约管理、投资管理、设计管理、进度管理、质量管理、安全管理等要素。从项目管理本质和

PPP项目的特征角度，仅满足于项目在投资、进度、质量方面达标是不够的，应同时关注项目的功能、价值以及项目建成后的使用效果和效益。因此，在PPP项目建设阶段，应重点做好两个层面的管理，一是基于社会资本方（项目公司）开展的项目管理。PPP项目公司作为项目建设主体，做好项目的范围、投资、进度、质量等要素管理是项目成功实施的关键。二是基于政府方的项目管理。从政府方角度来说，项目管理工作的重点是通过绩效监控、绩效评价等措施，督促项目公司按照PPP项目合同履行项目建设职责。

政府方在项目实施过程中的主要职责是监督者和决策者。建设阶段的绩效管理，重点应强化对社会资本方的投融资、建设过程及结果的监管。一方面，作为服务购买方，需要全程了解和监督项目公司对合同义务的履行状况，把握PPP项目建设的整体情况，确保项目执行的合法合规性，了解项目建设进度、工程质量、投资控制、建设成效等。另一方面，作为项目合作方之一，政府方应落实合同约定的项目前期手续、征地拆迁工作、市政交通等基本条件，避免造成项目审批延误。同时，建立有效的工作保障和沟通协调机制，确保政府方出资义务的适当履行，以保障社会资本方建设投资到位及融资顺利进行等。

1. 融资管理

PPP项目融资管理是PPP项目管理的重要内容之一，是关系到项目能否顺利推进的关键因素。建设阶段融资管理主要目的是筹措PPP项目建设资金，该阶段政府方管理的重点内容一方面是督促项目公司融资资金及时、足额到位，支撑项目有序推进。另一方面，政府方应在PPP项目进入建设阶段后将项目付费纳入财政支出计划，确保PPP项目公司还本付息工作有序开展。针对项目投资额巨大导致的融资管理难度大的问题，可以考虑引入专业咨询单位，重点监控有关融资过程涉及的财务、法务、税务等风险。

进入运营阶段后，PPP项目将进入融资偿还阶段。政府方的管理重点是开展有效的PPP项目运营阶段绩效管理，关注项目绩效评价结果对项目公司融资偿还工作的影响，以及项目公司保险、保函文件的维持情况，确保PPP项目及项目公司持续稳定经营。

2. 审批手续管理

项目审批手续管理中，应根据项目总进度计划，合理制订审批手续办理目标、流程、工作计划。根据近年来PPP项目的实践看，有部分项目，比如按"一会三函"模式推进的项目，项目的实施与审批手续办理需要同步推进。

PPP项目准备阶段，由政府方组织勘察、设计、专业咨询单位配合办理项目建议书、工程选址、可行性研究报告、"两评一案"等手续。PPP项目招商完成后，政府方一方面持续跟进土地使用权手续的取得，另一方面组织项目公司办理后续的初设概算、规划许可、环评、水评、交评、社会稳定性评价、文保（文勘）、林勘以及施工许可等项目审批手续，协调处理手续办理过程中遇到的问题。

3. 招采合约管理

招采合约管理是PPP项目合规管理的重要内容，主要负责审查项目公司招标采购管理工作方案、招标采购计划、合同的合规性等问题，对项目公司、施工总承包商招标采购进度、行为进行监督，对勘察、设计、监理招标过程资料（招标公告、招标文件）进行备案管理，对施工总承包、重要材料设备招标文件组织审查，对PPP项目相关合同执行情况监督、检查，组织开展项目公司合同履约评价并提出处理意见等。

4. 投资管理

项目投资管理的目的是保证项目建设的实际成本、费用不超过批复的估算、概算、预算成本和费用，规范管理各阶段项目成本、费用的支出，降低项目资金风险。主要管理内容包括：监督、审核项目公司编制项目投资计划、资金使用计划，组织审核初设概算、施工图预算等；组织工程变更、结算审核，组织对项目公司工程款支付管理，工程结算管理，项目索赔管理等。

5. 设计管理

PPP项目的设计管理，是项目实施机构履行设计方案审查责任的关键环节，其目的是确保设计方案优化，项目投资可控，避免政府资金浪费。项目设计管理的主要任务是依据现行的国家、地方及行业标准规范要求，组织开展各阶段设计方案审查评估，包括项目建议书、可行性研究报告、初步设计、施工图及工程设计变更处理等，规范设计管理工作流程，以确保项目的依规合法性和经济技术合理性。

6. 进度管理

项目进度管理的主要任务是，根据项目的时间进度目标，监督项目公司编制并严格落实项目实施进度计划；监督项目公司落实项目手续办理、设计、招采合约、投资等专项计划；动态检查项目公司对施工单位总体施工进度计划的审查情况，项目公司对监理单位进度管控措施的审查情况；监督项目公司编制并严格落实项目的验收计划（单位工程验收、专项验收、完工验收、竣工验收等）；动态检查各项计划的落实情况（包括年、季、月度等），并进行纠偏。

7. 质量管理

质量管理主要是对项目设计、施工等质量的管理。项目质量管理的主要任务包括：监督项目公司建立质量管理办法及质量保证体系，审核施工组织设计、监理规划、监理细则等；检查项目公司动工准备工作，动态检查工程实体质量及工程资料，监督重要材料设备、分部工程的验收，协助相关单位妥善处理质量事故，监督设备及系统调试及完工验收，监督各专项工程验收和整体工程竣工验收，复核经项目公司审核的竣工资料，监督项目公司组织工程质量缺陷的整改情况，配合政府质量主管部门的监督检查工作，动态检查项目公司质量管理工作开展情况。

8. 安全管理

项目安全管理的核心是在项目实施过程中全面组织落实健康（Health）、安全（Safety）和环境（Environment）管理体系（简称"HSE"），改善劳动条件和施工环境，克服不安全因素，保证人员生命安全、健康和项目顺利实施。具体管理内容包括：监督项目公司建立HSE保证体系及管理办法，监督项目公司与施工总承包单位完成安全生产协议签订工作，检查项目公司对HSE技术措施或专项施工方案、安全事故应急预案的审核情况，检查项目公司对监理规划及细则中的HSE管理措施的审核情况，监督安全文明施工措施费专款专用的落实情况，监督项目公司对主要结构、关键部位的安全状况检查管理工作，协助相关单位妥善处理安全事故，监督参建单位落实劳动保护措施，配合安全、环境等行政主管部门的监督检查工作，动态检查项目公司HSE工作开展情况。

五、项目管理组织模式

PPP项目和政府投资项目的关键区别之一就是全生命周期包含建设、运营等阶段，建设阶段较短，但耗资集中且金额较大，运营阶段长，但运营成本较低。进入运营阶段后，政府方需要组织开展PPP项目绩效监控和绩效评级，并根据绩效考核结果开始付费，形成良性运转。所以建设阶段资金能否及时、足额到位，直接影响项目建设工作的推进，主要包括项目资本金、贷款、基金等，PPP项目的融资责任由中标社会资本方承担，事关PPP项目的预期目标能否实现。

PPP项目建设实施过程中，项目建设规模、建设内容等可能会发生变化，从而导致投资金额发生调整，与行政审批内容发生偏离，从而影响到政府部门财政支出。因此，项目实施机构应对PPP建设阶段予以重点关注，重点监管。

PPP项目可以由政府方自行管理，也可以委托第三方专业咨询服务机构进行管理。根据近几年PPP项目建设实践发现，政府方和社会资本方在方案选择、资源投入、费用测算等方面，诉求均存在差异。政府方普遍缺乏专业人才及管理经验，有必要建立基于全过程视角下的PPP项目第三方监管体系，作为新的监管力量对政府方监管进行补位和完善。

根据财政部《政府和社会资本合作（PPP）咨询机构库管理暂行办法》（财金〔2017〕8号），鼓励第三方咨询服务机构提供与PPP项目相关的智力支持服务，包括但不限于PPP项目的实施方案编制、物有所值评价、财政承受能力论证、运营中期评估和绩效评价以及相关法律、投融资、财务、采购代理、资产评估服务等。作为独立或主要咨询方，与PPP项目的政府方签订咨询服务合同，实质性提供PPP咨询服务。根据财政部《政府和社会资本合作（PPP）项目绩效管理操作指引》（财金〔2020〕13号），项目实施机构应在项目所属行业主管部门的指导下开展PPP项目绩效管理工作，必要时可委托第三方专业咨询机构协助。

随着PPP模式在基础设施和公共服务设施等领域中的深入应用，PPP相关风险逐渐显现。引入第三方监管的项目组织管理模式，有利于PPP项目平稳、健康、有序开展。

第三节　PPP项目管理实践与展望

近年来，政府通过PPP模式在鼓励社会资本参与公共基础设施建设等方面持续发力，已形成十万亿级的投资体量。随着营商环境、法律体系等不断改善，PPP模式仍然是我国基础设施领域补短板调结构，改善公共服务效率，优化资源配置的重要工具，PPP行业仍将平稳运行，有效推动经济社会发展。近年来，PPP项目参与各方主体规范化意识增强，项目质量和落地率有很大提升，并逐渐推广到新基建、生态环保、科教文卫体旅等领域。探索推动PPP高质量发展，推进PPP融合基础设施REITs、ESG、"双碳"目标控制等新理念，争取绿色金融支持，扩大引进社会资本规模，PPP模式前景广阔，这对建设管理也提出了更高的要求。

一、PPP项目实践

PPP模式不仅作为政府的一种融资手段，是政府与市场高度融合的公共服务供给机制创新，也是推动国家治理现代化的重要工具，有利于转变政府职能、深化财政体制改革，使市场在资源配置中起决定性作用。经过不断地实践探索，在落实新发展理念、全面深化改革、提升国家治理能力背景下，PPP模式的运用更加规范。

（一）使用范围不断扩大

在国有企业混改过程中，政府允许私营性质的金融机构参与国有企业改革，这使得私营企业能够投资的领域也不再单纯局限于过去的交通运输（如公路桥梁）、环保（如污水处理、垃圾焚烧）等行业，以往私营资本难以进入的水利、石化、医疗卫生、教育、养老等也成为私营资本允许进入的行业，为PPP模式的推广应用拓展了更为广阔的空间。

（二）风险分担日益清晰

根据国家发展改革委、财政部等部门系列政策文件要求，政府鼓励PPP模式最重要的原则之一即"风险收益对等，在政府和社会资本间合理分配项目风险"，"项目的投资、建设、运营风险由社会资本承担，法律、政策风险由政府承担，不可抗力风险由双方共同承担"。根据该风险分担机制，基本确定了在政府与社会资本合作中，双方权责利如何划分的问题。

（三）社会资本多元组成

目前，我国PPP市场社会资本投资主体以国有企业为主伴随多种所有制企业共同发展。PPP市场上社会资本主要有三类参与方，即国有企业、私营企业和外资企业。尽管我国PPP市场的社会资本具有多元化的特征，但发挥较大作用的为国有企业。主要有三个原因，一是国有企业体系与体量都十分庞大，拥有强大的经济控制能力，并且国有企业与各级政府有密切联系。二是目前PPP项目主要集中在资金需求较大的社会基础设施建设方面，政府也会优先将拥有充足资金的国企作为合作方，而国内私营企业相对国企来说，资金不充足。三是大型国企融资成本比较低、融资渠道较广、抗风险能力较强。

（四）法律法规体系逐步完善

从PPP模式实践来看，良好的法制环境是PPP模式有效运行的重要保障。

近年来国务院、各部委、地方政府陆续出台了有关PPP的法规及规范性文件，为PPP规范发展起到了良好的支撑作用。目前我国PPP模式的相关约束主要集中在行政法规、部门规章等层面，现行PPP管理制度法律层级和效力较低，对PPP的内涵外延、职责分工等缺乏法律层面的统一规制，推进PPP工作仍面临政策预期不稳、管理职责不清、程序衔接不畅等问题。更高一级别的国家法律层面支持仍有不足，PPP项目的管理仍参照《中华人民共和国政府采购法》《中华人民共和国招标投标法》等，现阶段PPP项目建设没有专门的法律，制约我国PPP模式的健康发展。

二、PPP项目发展趋势

（一）扩大PPP模式应用领域

国家"十四五"规划纲要为PPP发展指明了新方向。立足新起点，将遵循新发展理念，紧密围绕高质量发展目标，发挥引导示范作用，把握好我国PPP市场的发展趋势和机遇，加强项目全生命周期管理，提高运营环节管理效能，持续推进PPP事业的可持续发展。

国务院《关于做好2022年全面推进乡村振兴重点工作的意见》提出，"扩大乡村振兴投入。继续把农业农村作为一般公共预算优先保障领域，中央预算内投资进一步向农业农村倾斜，压实地方政府投入责任"。

农业农村部办公厅、国家乡村振兴局综合司《关于印发〈社会资本投资农业农村指引（2021年）〉的通知》（农办计财〔2021〕15号）提出，鼓励社会资本与政府、金融机构开展合作，充分发挥社会资本市场化、专业化等优势，加快投融资模式创新应用，为社会资本投资农业农村开辟更多有效路径，探索更多典型模式。有效挖掘乡村服务领域投资潜力，拓宽社会资本投资渠道，保持农业农村投资稳定增长，培育经济发展新动能，增强经济增长内生动力。

此外，为深入贯彻落实党中央、国务院有关会议精神和决策部署，努力实现"十四五"期间经济社会发展目标任务，鼓励有意愿采用PPP模式的并能与国家重大发展规划、各类专项规划衔接的项目及时纳入管理库，提前部署、提前准备、提前开发，通过夯实基础管理工作，缩短项目落地开工建设周期，有效发挥PPP项目补短板、稳投资的作用。财承空间会向医疗、养老、教育、生态环保和城镇老旧小区改造等基础保障性强、外溢性好、社会资本参与性高的重点项目倾斜，以充分发挥财政资源的引导撬动作用，有效调动政府和市场两种资源。

（二）传统 PPP 转向绿色低碳 PPP

国家发展改革委等 21 部门联合发布《"十四五"公共服务规划》，明确鼓励用 PPP 等方式参与公共服务供给。理论上传统的财政资金可以投向的领域都可以尝试采用 PPP 模式，以提高公共产品供给效率和政府投资有效性。

一方面，受疫情影响，基础设施领域近两年投资增速趋缓。随着疫情边际影响降低，稳投资任务加重，重大项目建设进度持续加速。PPP 作为减轻财政支出负担，助力基础设施超前投资，促进公共服务项目供给的重要投融资模式，预计将提速。另一方面，PPP 模式以高质量高效率的运营服务为核心。此前 PPP 模式主要集中于"重投资"的基础设施。随着越来越多的 PPP 项目进入运营，采用 PPP 模式运作公共服务项目将迎来上升期。

2020 年 3 月 16 日，财政部发布《政府和社会资本合作（PPP）项目绩效管理操作指引》（财金〔2020〕13 号），引入环境-社会-公司治理责任（ESG）理念，即要求企业在发展中注重环境保护、履行社会责任、完善公司治理，不仅要考虑商业回报，更要兼顾社会回报。

在碳达峰、碳中和的目标下，仅考虑 PPP 项目的经济性远远不够。影响人类可持续发展的最大挑战是气候变化，可持续发展要求必须走绿色低碳的道路，PPP 项目实施必须要遵循该规则。实现碳达峰、碳中和需要大量的绿色基础设施建设，我国的 PPP 也迎来转折点，即从传统 PPP（重视经济性，物有所值）发展到绿色 PPP（双碳目标）。ESG 理念与 PPP 深度融合，运用到 PPP 项目全生命周期，例如：增加项目的气候影响评价；设置 ESG 相关的绩效目标和指标等。

（三）完善 PPP 法律法规体系

法治是最好的营商环境，良好的法制环境是 PPP 模式有效运行的重要保障。法律的完善能够有效约束合作双方的行为，同时能够制度化地明确各方的权利和义务，促进 PPP 项目的执行。

目前来看，我国 PPP 模式的相关约束主要集中在缺乏 PPP 法律体系顶层建设，国家法律层面支持仍有不足。2017 年 7 月，国务院法制办发布了《基础设施和公共服务领域政府和社会资本合作条例（征求意见稿）》，但至今尚未出台正式法规。目前 PPP 项目的管理仍参照财政部、国家发展改革委等部门发布的政策文件。

PPP高质量发展，有赖于PPP相关法律法规体系的不断完善，推进PPP立法落地实施，为PPP规范开展奠定基础。

近几年，国务院及相关部委密集出台了一系列政策文件，大力推广政府与社会资本合作模式。地方政府积极跟进，纷纷推出各类基础设施和公共服务的PPP项目。随着PPP项目逐渐融入市场机制，更需要法制化作为基本保障，需要进一步健全我国PPP相关的法律和政策，从而优化顶层设计助推PPP模式。

可以预见，我国PPP法律、政策的完善将从两个方面推进，一方面抓紧PPP基本法的建立，以解决各级法律体系之间的冲突问题；另一方面，针对PPP模式推进过程中亟待解决的突出问题，及时出台相应的操作指南、示范合同文本等指导性文件，有效解决实际问题。充分发挥立法的引导和规范作用，把明确导向、稳定预期，规范行为、防控风险作为立法的重心，确保政府和社会资本合作积极稳妥推进，持续健康发展。

（四）创新多元化投融资渠道

国家"十四五"规划纲要指出：深化投融资体制改革，发挥政府投资撬动作用，激发民间投资活力，形成市场主导的投资内生增长机制。健全项目谋划、储备、推进机制，加大资金、用地等要素保障力度，加快投资项目落地见效。规范有序推进政府和社会资本合作（PPP），推动基础设施领域不动产投资信托基金（REITs）健康发展，有效盘活存量资产，形成存量资产和新增投资的良性循环。

中国证监会、国家发展改革委联合发布《关于推进基础设施领域不动产投资信托基金（REITs）试点相关工作的通知》（证监发〔2020〕40号），正式启动基础设施领域的公募REITs试点工作，公募REITs试点对于中国不动产投融资体制改革具有重大意义。

《关于推进政府和社会资本合作规范发展的实施意见》（财金〔2019〕10号）提出加大保险资金、中国PPP基金的"股权投资"支持力度，建议进一步明确和疏通其参与路径。鼓励金融创新方式，允许社会资本合规退出，资产/股权交易等与PPP项目程序及方案设计的衔接在实务中需要进一步细化落实。

由政府发起，引导金融机构或其他投资人参与设立PPP基金，以及通过资产支持证券化、发行PPP项目专项债券等方式开展市场化融资，提高资产流动性，拓宽资金来源，吸引更多社会资本以不同方式参与PPP。

三、PPP项目管理高质量发展

（一）按需构建PPP全过程咨询服务模式

随着PPP项目的大批落地，实行PPP项目全过程工程咨询，能够高度整合服务内容，节省投资和运营成本，这是国家政策导向也是基建行业进步的体现，有助于保障PPP项目的长远运作和健康发展。

国家发展改革委固定资产投资司、住房和城乡建设部建筑市场监管司研究起草了《房屋建筑和市政基础设施建设项目全过程工程咨询服务技术标准（征求意见稿）》，其中关于全过程工程咨询的释义为工程咨询方综合运用多学科知识、工程实践经验、现代科学技术和经济管理方法，采用多种服务方式组合，为委托方在项目投资决策、建设实施乃至运营维护阶段持续提供局部或整体解决方案的智力性服务活动。

近些年，我国工程咨询服务市场化快速发展，形成了投资决策咨询、招标代理、勘察、设计、造价、监理、项目管理等咨询服务业态，促进了工程咨询服务专业化水平提升。PPP项目一般具有大型、综合、复杂、跨阶段等特征，为更好地实现PPP项目投资建设意图，项目实施机构在项目准备、采购、建设、运营等阶段，对全过程综合咨询服务需求日益增强，与现行的单项服务供给模式之间的矛盾日益突出。

深化工程领域咨询服务供给侧结构性改革，破解PPP工程咨询市场供需矛盾，及时创新咨询服务组织实施方式，大力发展以市场需求为导向、满足委托方多样化需求的全过程工程咨询服务模式。咨询单位要建立自身的服务技术标准、管理标准，不断完善质量管理体系、职业健康安全和环境管理体系，通过积累咨询服务实践经验，建立具有自身特色的全过程工程咨询服务管理体系及标准，为PPP工程建设提供高质量智力技术服务，全面提升投资效益、工程建设质量和运营效率，推动高质量发展。

尤其是以工程建设环节为重点推进全过程咨询。在基础设施、公共服务等建设领域，推动项目实施机构委托咨询单位提供招标代理、勘察、设计、造价、监理、项目管理等全过程咨询服务，满足一体化综合服务需求，增强工程建设管理过程的协同性。全过程咨询单位应当以工程质量和安全为前提，帮助项目实施机构提高PPP项目建设及运营效率、节约资金。

（二）深度融合 PPP 项目绩效管理

2020 年 3 月，财政部发布《政府和社会资本合作（PPP）项目绩效管理操作指引》（财金〔2020〕13 号），强调规范 PPP 项目全生命周期绩效管理工作，明确将 PPP 项目绩效评价结果作为按效付费、落实整改、监督问责的重要依据。

我国拥有全球最大的 PPP 市场，随着更多的项目进入运营阶段，存在产出不及预期、履约付费不及时等问题，亟须进一步完善绩效管理长效机制，加强项目全过程绩效管理，实现 PPP 项目高质量发展。

PPP 模式将绩效管控嵌入准备阶段实施方案编制、采购阶段合同签署、执行阶段建设管理及运营管理等全生命周期，涵盖建立标准化规范化的绩效目标和指标体系、细化量化项目产出、强化绩效运行监控、全面客观公正开展绩效评价、落实按效付费等全过程闭环管理。

全过程绩效管理以 PPP 项目合同为基础，从产出、效果和管理三个维度，针对合作双方分别开展全面评价，对项目运行情况和阶段性成果进行及时监控、评价和纠偏，促进合作双方严格履约，确保项目全生命周期规范实施、高效运营，实现预期产出和运营效果。政府坚持结果导向和按效付费，充分发挥市场机制作用，有效约束和激励社会资本创新管理和优化运营，不断提高公共服务质量和效益。基于 PPP 项目全过程绩效管理，通过标准化绩效指标体系构建、全生命周期项目管理、加强信息公开透明等工具，不断夯实绩效管理基础，可进一步提升新项目质量，保障 PPP 模式更加规范可持续。

（三）PPP 项目管理"数字化"转型

近年来，PPP 项目的信息化管理手段有效提高 PPP 项目全生命周期管理能力，已日益普及。在"十四五"时期，以数字化为特征的新技术、新业态、新产品为国内经济循环增添了新动能。国务院印发的《"十四五"数字经济发展规划》的通知中提出，加快数字化转型升级，提升企业整体运行效率和产业链上下游协同效率，推动实现高质量发展新格局。构建统一的项目管理平台，基于信息技术实现 PPP 项目各参与主体的有效沟通和交流。在加快平台升级、推进智能高效发展方面，运用区块链、人工智能、大数据等前沿信息技术，进一步完善数字化平台，提升 PPP 项目监管、服务和信息披露能力，充分利用新平台加强信息采集和披露，提高市场透明度，强化数据分析应用，保障公众知情权、参与权和监督权，有效约束各方履约行为，不断优化高质量发展环境。另外还需要建设实时化、动态化的管理模式，整合业务，实现多个业务同步开展，同时提高管理时效性，一旦发现问题，各方主体与部门能够立即进行合作，快速处理和解决问题。

PPP项目管理需要对项目进行动态过程管理，并且按业务的全过程，提供给项目参与各方真实有效的数据，避免出现信息孤岛，提高资源间的协作效率，降低项目投资风险，形成数字化管理闭环。因此，需要利用数字化手段提高管理水平，按照PPP项目的业务特点，把项目各阶段、各参与方、各专业之间的流程、数据全部串联打通，形成PPP项目全生命周期管控支撑平台，协助投资方、政府方、建设方、运营方之间进行信息共享、流程协作、过程管控、运营支撑，提高项目开展的协作效率、控制项目风险、提高资金周转、分析投资回报，更有利于PPP项目的投资建设及运营管理。以PPP项目管理数字化转型推动公共服务供给侧结构性改革，促进PPP项目管理高质量发展。

参考文献

[1] 任仲文.政府和社会资本合作（PPP）模式：领导干部公开课[M].北京：人民日报出版社，2020.

[2] 王润泉.PPP项目概念与特征[J].农业发展与金融，2019（10）：50-52.

[3] 杨卫东，敖永杰，韩光耀，等.PPP项目全流程操作手册[M].北京：中国建筑工业出版社，2016.

导 读

  PPP项目可以分为项目准备、采购、建设、运营、移交等阶段，项目管理应该贯穿PPP项目实施全生命周期，以确保项目实施全过程处于高效的运行状态，并最终能够按照预期实现项目的总体目标。相应地，PPP项目管理策划也可以分为准备、采购、建设、运营和移交阶段策划。其中，项目准备阶段和采购阶段管理策划主要聚焦PPP项目建议书、项目可行性研究报告编制、报批及相关的前期审批手续办理，组织开展PPP项目物有所值评价、财政承受能力论证以及项目实施方案（以下简称"两评一案"）编制与评估，确定PPP项目运作方式，遴选社会资本和融资方式，确定项目实施机构，签订PPP项目合同，服务政府投资决策，提高审批效率。项目建设和运营阶段策划，主要针对项目融资管理、招采合约管理、投资管理、设计管理、进度管理、质量与安全管理等PPP项目关键管理要素进行策划，指导PPP项目建设和运营管理。本章重点介绍项目建设阶段管理策划内容，即从项目立项、PPP实施方案批复、PPP项目合同生效、项目公司组建完成、项目建设启动，到项目完工开始发挥效益的全过程管理行为，从实操角度，阐述管理策划的主要方法和要点。

第二章

PPP项目建设管理策划

第一节　PPP项目管理策划概述

项目管理策划的目的是服务项目管理与项目的实施。根据2016年财政部《关于组织开展第三批政府和社会资本合作示范项目申报筛选工作的通知》（财金函〔2016〕47号），可将PPP项目按照行业领域分为交通运输类、市政公用事业类、综合开发类、农林水利与环境保护类以及社会事业与其他等五类。针对不同类型的项目，近年来相关行业或部门分别出台了鼓励性政策文件及规范性文件，PPP项目公司（SPV）可以根据项目分类、特征（比如经营性项目、准经营性项目、非经营性项目等）、规模、技术复杂性以及自身综合技术实力选择合适的建设和运营管理模式。PPP项目类型和运作方式不同，决定政府和社会资本方承担的职责和风险不同。作为履行监管职责的政府方，应该结合PPP项目运作方式及项目建设运营模式合理确定政府监管模式，并配备相应的管理资源。

一、项目管理策划的概念

与常规政府投资项目相比，PPP项目的基本特征是互利共赢、风险共担，政府（或政府授权的项目实施机构）与社会资本方（或由社会资本方组建授权的SPV项目公司）合作生产或提供产品和服务。政府通过合同形式授权社会资本方作为项目建设主体，负责项目投资、建设、运营，政府不再承担建设主体和项目运营职责。项目执行过程中，政府方主要承担审批、决策、监管等职责。PPP项目管理的核心任务就是按照PPP项目合同要求，完成项目建设和运营，督促政府和社会资本方践诺履约。

一个成功的PPP项目，一定是能够实现政府和社会资本方"双赢"或项目参与方"多赢"，即使是非营利PPP项目，或者风险较大的PPP项目，也应在风险共担的前提下建立合理的项目回报机制和投资回报方案，以保障社会资本方的合理收益。当然，由于当前我国PPP项目的政策及运行环境还不是很成熟，PPP项目的执行风险也比较大。项目一旦失败，对政府方来说，一方面造成较大的投资浪费，工程烂尾，设施无法发挥其功能和作用，同时也导致政府信誉和形象受损以及严重的社会影响。对于社会资本方来说，项目失败轻则造成企业的严重亏损，资金链断裂，企业经营困难，重则可能带来严重的公司债务，甚至破产。因此，为保证PPP项目的成功实施，开展有效的项目管理十分必要。

二、项目管理策划的内容

组织开展PPP项目的建设需要开展大量的项目管理工作，做好项目管理的前提条件是做好管理策划。简单地说，PPP项目管理策划就是围绕项目的建设目标，对如何开展项目管理工作进行计划和安排，策划的主要内容可以概括为定目标、定任务、定原则、定流程、定计划、定措施等。

定目标即确定项目管理的目标。这里的管理工作计划主要是指项目管理活动中关键事项完成的时限、内容、相关措施和步骤等。根据PPP项目的总体目标、PPP项目合同、项目规模和特征、现场实施条件等，确定项目管理的目标。项目管理目标主要包括项目的投资控制、进度、质量、安全以及项目的功能效益等目标。

定任务即确定项目管理的内容。PPP项目的管理既包括对社会资本方的监督和管理，同时也包括对政府方履约行为的支撑和提醒，管理策划时，应该明确界定政府和社会资本的责任。通常情况下，项目立项及完成"两评一案"后，项目的建设内容、总体目标以及PPP项目的运作模式、社会资本方盈利方式、风险分担框架、可用性服务费和运营服务费付费机制等已经确定。管理策划时应根据PPP项目实施方案、项目可行性研究报告以及项目合同规定的项目范围、工程建设内容、合作各方的责任、权利、义务、经营权限、服务对象、履约保障以及项目实施机构的组织管理能力和需求等，确定项目管理需求和管理内容。

定原则即确定项目管理原则。PPP项目管理总体上应遵循以下原则：

一是坚持目标导向、注重过程的原则。强化过程监管，确保项目实际投资不超过计划投资，并在合同约定的时间周期内完成项目建设，项目质量、功能、产出和效益达到预定标准。

二是坚持依法依规、诚信履约的原则。以法律法规为准绳，聚焦PPP项目的本质特征，明确项目参建各方的工作标准、工作职责等，强化履约意识，合规推进PPP项目管理各项工作。

三是坚持制度先行、风险预控原则。以投资、进度、质量、安全、合约等管理制度建设以及PPP项目风险防控为重点，全面落实项目合同，服务政府决策。

四是坚持科学管理、动态调整原则。强化项目管理团队自身能力建设，结合项目管理阶段的不同、项目进展情况及管理内容的变化，及时补充、优化项目管理团队，确保科学的管理理念、先进的管理方法、高效的管理技术贯彻始终。

定流程即确定项目管理工作流程。建立规范细致的工作流程有助于提高项目管理工作的效率。管理工作流程包括管理组织内部工作流程以及PPP项目实施（推进）工作流程。对于大型复杂的PPP项目，通常需要组建项目管理部，或者聘请专业咨询管理机构协助项目实施机构开展项目管理。内部工作流程主要用于规范管理组织的内部事项办理和工作程序；PPP项目实施工作流程，主要是梳理和明确与PPP项目实施过程密切相关的单位、机构、部门的管理权限与管理活动，理清各项活动之间的逻辑关系，指导项目实施与管理，服务并确保PPP项目规范建设和运营。

定计划即确定项目管理工作计划。项目管理一般都是从制定项目计划开始的，项目计划是确定项目组织、沟通、协调、控制等管理工作的基础和依据。PPP项目管理计划通常包括：项目手续办理计划、项目融资计划、项目投资（拨、付）控制计划、项目进度计划、项目设计计划、项目采购计划、管理的组织与资源配置计划、信息资料管理计划、管理应急计划等。

定措施即确定为实现PPP项目总体目标所需的管理资源以及必须采取的管理措施。管理资源的配置，一方面取决于PPP项目的规模、投资以及项目的特征与复杂程度，更主要的是要满足项目实施机构的需求；管理措施包括组织、技术、管理、经济等措施。

三、项目管理策划方法要点

基于PPP项目的特征，项目建设阶段管理策划的基本思路是，通过解读项目合同，了解项目前期工作、实施环境和条件，明晰项目目标和管理工作内容，预判项目风险，从而有针对性地制定项目实施计划，配置必要的组织与管理资源，制定有效的管理对策与措施，最后形成项目管理规划。项目管理策划的基本流程参见图2-1-1。

同时，通过灵活运用各种管理方法和工具，可以确保项目管理工作的高效、规范，并有利于项目总体目标的实现。

（一）明确项目边界

所谓项目边界，是指PPP项目的范围、特征、属性、工程建设内容，项目投

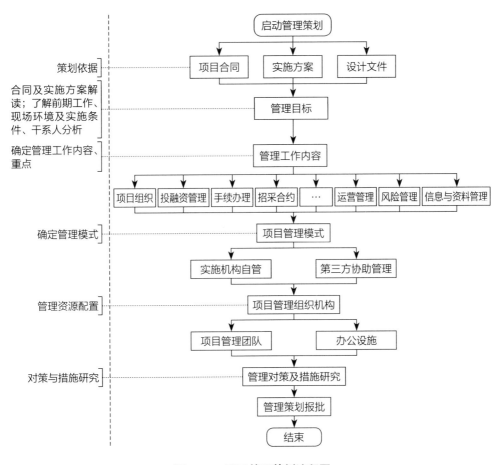

图 2-1-1　项目管理策划流程图

资、进度、质量、功能、效益等目标要求，合作各方的责任、权利、义务、经营权限、服务对象、履约保障等。开展项目管理，应首先识别项目管理的边界，其中充分解读项目合同、了解项目前期工作情况和工程现场实施条件，是做好管理策划的前提条件。

1. 解读项目合同

PPP 项目合同体系中，政府与社会资本方签订的 PPP 项目合同是整个合同体系的基础和核心。项目管理策划，应重点关注政府方和社会资本方（甲乙双方）以及项目其他参与各方的责任、权利和义务，项目建设、运营维护、绩效考核和服务费支付等相关条款，以及在项目建设期、运营期如何依据合同有效履职，同时，还应该关注合同条款的适用性、公正合理性、可操作性，以及由于前期工作深度制约以及对项目实施问题和风险预判不足带来的合同条款设置不合理、合同漏项、缺项等问题。由于 PPP 项目投资大、周期长，项目建设和运行过程中，受各种因素影响，不可避免会出现项目实施条件的变化和进行必要的调整，比如子项目增加、减少，针对在项目建设期出现投诉、返工、各类纠纷以及重大设计变更带来的投资规模超批复，或者是由于项目执行周期长带来的实施条件发生变化，等等，考察合同中是否约定了相关条款，以便在管理策划中研究解决问题的程序或途径。

2. 了解前期工作情况

为确保项目顺利实施，应充分了解项目所在区域基本情况和特殊性，充分了解项目前期工作情况、项目的特征、功能和目标，如政府方是否组织完成PPP项目的立项、规划选址、土地预审、水保、环评、文物审批等手续办理情况等；项目可研、"两评一案"及批复情况，项目征地、地上物拆迁情况，树木伐移手续办理情况等项目实施边界条件；项目公司的综合实力和沟通协调能力，社会资本方是否已经开展或委托项目的勘察、设计单位开展项目设计工作，政府方提供的项目实施条件是否具备；现场拆迁、征地、补偿工作是否完成，项目所在地已建（或在建）PPP项目执行情况，属地政府对PPP的认识或态度等，充分分析研判项目在实施过程中可能碰到的问题，作为制定管理目标和组织模式，确定管理工作内容，科学配置管理资源的依据。

目前，针对不同类型PPP项目的实施，各地区、政府相关部门都出台政策，通过简化项目审批流程，保障PPP项目建设。管理策划时，应充分收集相关政策要求，了解本地区本行业特殊需求，明确项目实施路径，提高项目管理和执行效率。

3. 熟悉工程实施条件

为确保项目顺利实施，应充分了解工程所处地区的自然环境、水文地质条件、工程建设条件，如交通、水、电、人、材、机等项目实施所需的各类资源的市场情况，勘察、设计、施工、监理等情况。充分了解区域总规、控规、工程治理规划等上位规划可能对工程项目实施的影响，是PPP项目能否按照进度计划实施的关键。

正常情况下，PPP项目应在立项批复后启动。但在以往PPP实践中也存在项目前期手续不完备、前期工作薄弱的情况，导致后期方案调整、投资变化较大。如果确实存在类似问题，项目执行阶段应加强与审批部门的沟通，在项目管理方案中明确提出相关问题和解决对策，协调项目实施机构、发展改革委、财政等部门，对建设规模、投资概算、建设工期等核心要素达成共识。

4. 梳理管理要素

PPP项目的实施，涉及政府与社会资本方的合作关系以及其他相关参与各方的履约行为，管理过程中，做好管理要素的梳理有利于明晰政府与社会资本方的职责。根据政府和社会资本方的职责以及管理需求，PPP 项目管理要素主要涉及前期工作及审批手续办理、项目融资管理、招采合约管理、投资管理、设计管理、进度管理、质量与安全管理、干系人管理、资料管理等。项目建设阶段 PPP 项目关键管理要素梳理参见表 2-1-1。

PPP 项目建设阶段管理要素汇总表　　　　　表 2-1-1

项目公司（SPV）		项目实施机构	
职责	管理事项	管理事项	管理要素
组织与管理	部门、岗位设置，人力、技术、制度等管理资源配置	符合性审查	
勘察	勘察招标	勘察范围、内容、程序、费用、质量要求、责任等，合同签订	合规性审查	招采合约管理
	勘察进度	勘察成果、报告	勘察内容、范围、成果、质量	设计管理
设计	设计招标	设计内容、程序、费用，合同签订	合规性审查	招采合约管理
	设计进度	可行性研究报告、水保、环评、林勘、文评、项目选址、土地预审、多规合一审查、初步设计报告、概算、施工图、预算、设计变更等	符合性审查	前期手续、设计管理
	设计方案、质量	设计深度、方案优化、投资控制，施工组织设计，运行维护方案，绩效考核方案	设计方案的合规性，建设范围、标准、设计深度、工艺、投资、技术经济合理性、新技术应用等	设计管理、投资管理、运营管理
	投资控制	限额设计，合同控制，方案调整	造价审核、评估	设计管理、投资管理
施工、监理、材料、设备采购招标	招标采购计划	合同签订	符合性审查	招采合约管理
	招标方案	招标文件编制	符合性审查	招采合约管理
	投资控制	工程量清单编制	招标控制价审核	投资管理
	建设阶段融资	融资方案、融资计划、融资渠道、还款方式	合规性审查	融资管理
项目施工	施工总包、分包管理	合同管理，工程范围、内容、质量、进度、安全管理，交付、验收、违约责任等	工程范围、内容，质量管理程序（文件），质量保证体系，施工总进度计划，HSE 管理，相关制度、标准等	招采合约管理，施工管理

续表

项目公司（SPV）			项目实施机构	
职责		管理事项	管理事项	管理要素
项目施工	设备采购	采购合同，供货时间、质量、价款等要求，设备安装调试、试运行、性能检验、保修、违约责任等	合规性审查	招采合约管理
	财务管理	工程量确认、施工合同价款支付、结算，费用控制	资金拨、付管理	投资管理
	竣工验收	竣工图编制，工程验收资料、报告	施工技术资料、施工过程影像资料、质量管理资料、工程检验评定资料、竣工图等	设计管理、施工管理
结算、决算	工程变更审核	变更申请、变更说明（组件），价款调整	变更审核（变更原因：规划、政策调整，政府方需求变化，现场条件变化，勘察设计失误等），资料的完整性，变更投资确认	设计管理、投资管理
	财政评审	准备各类上报资料	合规性审查	投资管理
	结算审计	准备各类上报资料	合规性审查	投资管理

（二）做好对关键管理环节的控制

PPP项目与常规政府直投项目的主要区别在于PPP项目公司作为项目建设主体，政府方在项目实施过程中的职责由建设主体转变为监督者和决策者，因此，从政府方角度来说，项目管理工作的重点内容就是按照合同协助政府方履行监管职责，监督、引导、约束项目公司按照PPP项目合同履行项目建设、运营职责。管理工作主要涉及审批手续办理、项目投融资管理、招采合约管理、设计管理、进度管理、质量与安全管理、运营管理、项目绩效考核与评价等。做好以上要素管理的同时，做好以下关键管理环节的控制，有利于提高管理策划的质量，提升管理工作效率。

1. 做好管理任务目标分解

工程项目的实施与管理往往不是简单或单一的活动或过程，一般都是多个阶段、多项活动、多个过程或子过程的组合。各子项目实施过程可以是顺序性的、并行的，但更多的是交叉和相互影响的，并由此构成一个复杂的项目实施和管理过程网络，因此，项目管理也可以理解为对项目实施过程网络的动态管理和控制。

可以采用项目分解结构PBS（Project Breakdown Structure）与工作分解结构WBS（Work Breakdown Structure）对项目及实施过程的结构化分解，将项目的每一个子项目或工作单元与该单元责任部门或责任人联系起来，有利于对每一个工作单元进行管理和控制，实现项目总体目标。

2. 预判项目风险

PPP项目实施过程中的风险客观存在，风险管理作为PPP项目管理工作的一部分，应贯穿PPP项目建设的全过程。

项目管理策划，应重点围绕对任务目标影响较大的投资、进度、质量等风险要素进行分析和预判。通常PPP项目全生命周期可能包括政治风险、市场风险、技术风险、融资风险和不可抵抗的外力等风险。

当前我国PPP项目建设领域存在的突出问题是政府及社会资本方PPP实践经验不足，事前对项目实施过程中的复杂性、实施难度、问题和风险预估不足，项目评审、批复时间长，相关的决策议事机制不完善，对项目实施的系统性以及项目是否适合PPP模式的论证不充分，政企双方责权不明晰，合同体系不完善，导致社会资本方在项目建设和运营过程中成本增加、工期延误、收益不足或亏本运行等问题。管理策划时应对以上项目风险予以关注。

3. 做好项目建设阶段与运营阶段的衔接

PPP项目建设期和运营期是PPP项目执行阶段两个相互独立又密切相关的绩效管理周期，社会资本方对PPP项目的运营效果和质量直接影响社会资本方的收益回报，也是政府方按效付费的依据。无论是项目建设阶段管理，还是项目运营阶段的监管，项目实施机构都可以选择自行运营监管的模式，也可以委托或聘请第三方专业管理公司协助管理，实践中聘请第三方专业管理公司协助管理较为普遍。

需要注意的是，通常按照PPP项目合同，项目完工前政府方应及时启动第三方专业管理单位的招标采购工作，及时开展PPP项目的运营监管，以避免PPP项目运营绩效考核相关基础工作的缺失，导致政府付费无依据，造成社会资本方追责索赔等履约风险。

4. 规范项目参与各方的履约行为

近年来，我国PPP项目发展迅速，但由于项目不规范运作有时会导致项目无法正常推进。比如，不合理的项目投资回报机制可能导致项目失败。由于PPP项目采购阶段对PPP相关政策及发展方向解读不透，项目公司对其自己的权利和义务定位不清晰，对项目的盈利能力估计过高，以至于项目公司采用低价中标、工程建筑安装费下浮等手段拿到项目。而到了项目实施阶段，发现项目实施将面临严重亏损，投入越多，亏损越多。还有，由于合同条款设置不合理、风险分担机制不落实也可能影响项目正常推进。对于大型复杂PPP项目，往往子项目众多，为了规避政府方风险，合同中对于子项目服务合同签订的前提条件约束严格，导致子项目服务合同无法及时签订，造成项目公司融资困难。此外，由于项目公司管理能力不足、管理不规范也可能导致项目失败。为提高项目集成化程度和项目执行效率，通常把区域内不同类型的项目打包成一个PPP项目进行推进，优点是政府方可以简化PPP项目管理，社会资本方也有投资规模效益。但由于项目公司管理能力不足，对施工总包、分包单位管理不到位、不规范，技术、人力资源配置不足，设备、材料进场缺乏统筹安排，发生意外事故等，导致工程投资显著增加，项目进度严重滞后，以至于造成在项目执行过程中社会资本方严重违约而不得不终止项目或调退，等等。因此，PPP项目管理，应该把合法合规性管理作为项目管理的重要内容。为了防范上述问题和风险，在项目管理过程中，应加强与政府审批部门以及PPP项目管理部门的沟通，必要时对相关合同进行适当调整或修订，避免政府方违约，保护社会资本方的合法权益。

（三）持续改进项目管理

项目管理过程和管理活动一般包括项目启动、项目策划、项目执行、项目监控以及项目收尾等过程，PDCA质量管理方法是项目管理中常用也是最为有效的方法。PDCA质量管理方法是指按照计划（Plan）、执行（Do）、检查（Check）和处理（Act）的顺序进行质量管理的方法。一次PDCA作为一个循环，一个循环结束了，解决了一些问题，未解决的问题纳入下一个循环，通过这样周而复始的管理活动，实现对管理行为和质量的持续改进。PPP项目管理的核心就是实施全面质量管理，PDCA质量管理方法适用于PPP项目要素管理及项目管理全过程。

（四）应用信息化技术提高管理效率

当前，BIM技术在工程建设领域得到广泛应用，PPP+BIM全生命周期项目管理理论与方法已日渐成熟。实践中，将项目管理信息系统（PMIS）与BIM技术的联合应用，借助数字化工程模型，将项目进度、投资、质量等项目管理要素、方法以及各类项目信息有机整合，可以显著提升项目建设、运营、管理与决策的及时性与科学性。

第二节　PPP项目管理目标的确定

在PPP项目执行阶段，项目任务目标原则上维持项目合同目标不变，PPP项目合同及项目实施方案中约定的项目建设和运营目标就是项目管理的目标。因政策性调整、政府方需求、行业标准发生变化或受重大、突发事件、不可抗力等影响，项目建设范围、实施内容、规模、功能等发生较大调整，导致项目目标必须调整时，由项目实施机构和社会资本方以及项目参与各方协商并达成一致，按照合同约定的程序进行调整。

一、项目总体目标

对于PPP项目来说，项目的产出（即产品和服务）、效益和可持续运营是PPP项目成功与否的关键。从项目管理角度，按照合同要求的投资、进度、质量目标完成项目建设，是项目管理最基本的要求，但更重要的是项目的功能和价值是否能够实现，以及项目建成后能否按照预期发挥效益。一定意义上讲，项目的建设与管理过程可以理解为工程项目价值的创造与交付过程，即按照项目合同以及利益相关方的期望提供交付和支持服务。因此，项目管理的总体目标除了包括投资、进度、质量目标外，还应该包括项目的功能、效益和价值目标，项目的管理行为与管理资源配置也应该围绕项目的总体目标而开展。

需要注意的是，有些PPP项目，特别是对于一些包含多个不同类型子项目的PPP项目包情况，前期在项目准备、采购阶段，合同约定的PPP项目目标往往不明确、不具体。那么，在PPP项目执行阶段，应该从精细化、科学化管理角度出发，并结合项目实际情况对项目建设目标以及运营目标进一步细化或优化。PPP项目绩效目标应细化到年度目标，尤其是项目进入运营期后，应该督促政府在编制年度财政预算时，将可用性服务费和运营服务费纳入年度预算指标。不论是总体绩效目标，还是年度绩效目标，都应当是具体、可衡量、可实现的目标或指标。

二、项目管理目标

PPP 项目执行阶段管理目标包括建设阶段管理目标和运营阶段管理目标，建设阶段目标一般包括投资、进度、质量和安全等方面的目标，运营阶段目标包括公共产品和服务的数量、质量以及资金使用效率、成本效益、公众满意度、可持续性等方面的目标。

（一）建设阶段管理目标

PPP 项目建设阶段管理目标的确定，主要根据 PPP 项目合同确定的目标框架，结合项目的功能及产出情况，制定适用于建设阶段绩效考核的目标和指标体系。PPP 项目建设阶段管理，应重点关注项目投资管理、进度管理、质量及安全等管理要素。对于建设期较长的 PPP 项目，在项目总体任务目标的基础上，可将总任务目标分解到年度任务目标。项目的年度任务目标应具体化、定量化，目标的确定应建立在对项目实施过程准确把握的基础之上。目标及指标体系一旦建立，项目参与各方都应了解这些目标和指标，并按照目标体系落实各项工作。

项目目标管理的主要任务是在项目的推进过程中对项目的目标的实现情况进行规划、管理和控制，定期对项目实施情况进行跟踪测量和分析，对目标执行情况进行综合分析和预测，如发生偏差，还应该制定必要的纠正或调整措施。

1. 投资管理目标

建设阶段投资管理就是通过对社会资本方在设计、建设过程中的审查、监督、指导、沟通、协调等管理，将工程总投资控制在不超过政府主管部门批复的投资限额内，项目的投资控制与管理，贯穿于项目实施的全过程。在项目建设期应重点做好项目设计阶段、招标阶段和施工阶段的投资控制。其中，设计阶段可以采用限额设计控制项目投资，要求项目公司及设计单位认真落实限额设计的理念，对项目公司和设计单位提交的各阶段设计成果，包括方案设计、初步设计、施工图设计、估算、概算、预算等，进行审核和评估，提出管理意见，供项目实施机构决策。招标投标阶段是项目公司与项目总承包商进行实质性交易的阶段，也是 PPP 项目投资风险控制的关键环节。应针对 PPP 项目实际情况，出台相关制度办法，约束项目公司及施工单位在施工阶段的不规范操作和行为，实现制度化管理。项目施工阶段，应督促项目公司及时编制项目投资计划和资金使用计划，定期监督检查投资完成情况并与管理目标进行对比，及时发现问题，分析原因，研究并采取有效应对措施。

2. 进度管理目标

项目进度管理目标的确定应主要考虑设计周期、项目审批周期、施工期对进度的影响等。进度管理中，应充分评估和预判项目审批周期。通常，项目可行性研究报告批复后，3个月之内应上报初步设计，不同省市、地区对于项目的审批权限也不同，比如，北京市基本建设项目投资超2.0亿元时，需要市政府专题会批准，初步设计概算评估与批复周期存在较大不确定性，管理过程中应与初设概算评估单位、政府审批部门做好充分沟通，避免造成政府方项目审批延误风险。

3. 质量管理目标

项目质量管理是指为了确保项目达到合同规定的质量要求（包括项目功能、质量特性）所实施的一系列管理活动。质量管理通常包括对勘察设计质量、工程建设质量、项目公司管理水平的管理，比如，前期勘察工作的深度与质量、设计方案的深度与经济技术合理性、可实施性等，以及项目建成后的能否满足政府方、行业主管部门、公众以及其他项目参与各方期望的使用价值和功能。项目管理的重点是强化项目公司作为项目建设主体的责任和履约能力，完善社会资本方的项目管理体系，合理配置管理资源，规范其内部管理制度和流程，加强现场组织、协调、监督和检查，严格落实工程质量目标。

4. 安全管理目标

确定项目安全管理目标是督促项目公司落实安全管理履约能力建设的重要方面。PPP项目的特点是工程量大，建设周期长，项目公司管理的施工单位众多，各单位之间的人员构成复杂，沟通协调难度大，一旦安全管理措施不到位，极易造成严重的安全问题。因此，安全管理也应该贯穿PPP项目设计、施工、运营维护全过程。

（二）运营阶段管理目标

PPP项目运营阶段目标是指在运营期提供合格产品或公共服务的目标。PPP运营阶段管理，应按照《PPP项目合同》和实施方案设定的绩效目标，围绕项目产出、效果、运营阶段履约管理等方面，对目标实现或完成情况进行跟踪和评价，将政府付费和使用者付费与项目运行绩效挂钩。关于项目运营阶段目标，最新出台的《政府和社会资本合作（PPP）项目绩效管理操作指引》（财金〔2020〕13号）（以下简称《操作指引》）对相关内容进行了详细规定。

1. 产出目标

PPP项目产出目标一般也应该在PPP项目合同中约定。对于使用者付费项目，为充分发挥社会资本的专业技术和管理能力，管理策划中应重点关注PPP项目的商业化运作模式以及公共产品或服务的供给能力，比如项目的产出数量、质量等，确保社会及公众通过PPP项目享受到质量合格、数量充足的公共产品或服务。对于以政府付费为主的PPP项目，比如污水处理项目、河道治理项目、黑臭水体治理项目、区域水环境治理项目、海绵城市项目等，则应更多关注项目的功能和效果。PPP项目主要产出目标包括：

（1）项目运营目标，评价项目运营的数量、质量与时效等目标完成情况。如完成率、达标率与及时性等。

（2）项目维护目标，评价项目设施设备等相关资产维护的数量、质量与时效等目标完成情况。如设施设备维护频次、完好率与维护及时性等。

（3）成本效益目标，评价项目运营维护的成本情况。如成本构成合理性、实际成本与计划成本对比情况、成本节约率、投入产出比等。

（4）安全保障目标，评价项目公司（或社会资本）在提供公共服务过程中安全保障情况。如重大事故发生率、安全生产率、应急处理情况等。

运营期绩效管理的主要工作，是协助政府（项目实施机构）开展绩效监控，对PPP项目年度内运营情况进行跟踪监测和定期检查（或抽查），及时发现和分析绩效目标的偏差情况。在首个运营年度开始前，应根据PPP项目合同确定的运营目标，制定运营期年度绩效目标，细化年度运营绩效指标体系，签订运维服务合同。对于正常运营年度，原则上应根据上年度绩效评价结果动态调整年度运营指标。

2. 效果目标

通常，PPP项目每一个运营年度都应进行年度运营绩效评价，其中，PPP项目利益相关方满意度是评价的重点。如果PPP项目运营过程中还涉及水资源、能源等不可再生资源的消耗，还应对项目与当地社会经济和自然环境的协调发展进行可持续性评价。为了客观详细反映PPP项目运行情况和效果，需要增加评价的频次时，评价周期（如：季度、月度）应结合行业特点、部门规章及相关规范标准确定，其原则是能够全面反映PPP项目特点和年度运营绩效完成情况。具体目标包括经济影响目标、生态影响目标、社会影响目标、可持续性目标、满意度目标等。

3. 运营管理目标

运营管理目标主要是指对项目公司运营阶段履约管理，具体管理工作主要是对社会资本方及其委托的项目运营商的监管，政府付费、可用性付费支付管理以及对使用者付费的监管，比如使用者付费的合理性、合规性，使用者付费定价与调整，项目产出保底量的设置与调整等。管理过程中，应加强项目成本监测，既要充分调动社会资本积极性，又要防止不合理让利或利益输送。主要管理目标包括组织管理目标、财务管理目标、制度管理目标、档案管理目标、信息公开目标等。

PPP项目的年度运营绩效监控报告和年度运营绩效评价报告是财政部门安排PPP项目年度预算支出的重要依据。

三、项目管理目标的控制

（一）管理目标的分解

项目管理的核心是目标管理，而项目的目标通常又是多层次多目标的，因此，项目的目标任务分解就是实现项目精细化、精准化管理的关键。不合理的项目分解，有可能造成项目实施进程混乱、交叉、窝工，从而导致施工进度延误和工程费用增加。以下工作思路和方法有利于做好项目管理任务目标分解。

（1）根据项目合同要求，确定项目需要达到的总体目标，分析目标任务的层次结构，分清目标任务的空间、时间关系、逻辑关系、主次关系，确定项目的子目标或阶段目标。

（2）根据项目的总体目标、阶段性目标或子目标，将项目的最终成果和阶段性成果进行分解，确定项目任务和目标的构成。

（3）根据项目规模、复杂程度和管理需要，确定任务目标分解的层次结构的详细程度。同时，在各个层次上保证项目内容的完整性和项目单元工作内容的独立性。

（4）制定里程碑计划，将项目实施的全过程划分成不同的、相对独立的阶段，如招标阶段、设计阶段、施工阶段、运营阶段等。

（5）建立项目组织结构，项目组织结构中应包括参与项目的所有组织或人员。

（6）进行工作责任分配，分析工作分解结构中各个子系统或单元与组织机构之间的衔接关系及工作时间。

（7）编制总体管理工作网络计划，确定项目的总进度目标和关键子目标。

（8）编制项目实施（由项目公司组织开展）及管理资源需求计划，包括人力、材料、设备等。

（9）编制费用计划、手续办理计划、融资计划（项目公司）、项目投资（拨、付）控制计划、项目实施进度计划（项目公司）、项目采购计划（项目公司）等。

（10）组织管理工作计划的实施。根据各项工作的进度目标、关键线路网络计划和进度计划，指导和控制项目生产或施工。

（11）动态监控计划实施情况，如产生偏差，应及时引导和纠正。

以上项目及工作分解结构方法要点可用于一个新项目，也可以借鉴采用成熟或类似项目的PBS或WBS模板，以提高管理策划的效率。图2-2-1为某项目管理工作结构分解示意图。

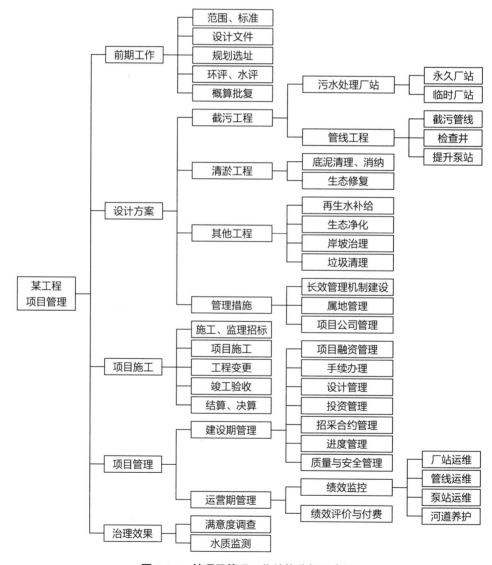

图 2-2-1　某项目管理工作结构分解示意图

《操作指引》提出了一般PPP项目的两级通用目标框架，项目管理策划时应结合项目实际情况，特别是行业特殊要求和专业特点，做进一步细化，同时应结合实际情况对目标、指标体系做进一步调整。比如，对于水环境项目、河道治理项目等，除了其项目本身的服务功能，还需要兼顾国家级、市级、区级考核要求，如断面考核、行业管理等要求。

以某项目为例，PPP项目合同目标为"消除黑臭水体，改善区域水环境质量"，为便于项目实施和管理，可以对项目目标进一步分解，参见表2-2-1。

某项目任务目标分解表　　　　表2-2-1

项目名称	项目目标	子项目	子目标	具体目标
某水环境治理工程	消除黑臭水体，改善区域水环境质量	黑臭水体治理工程	实现黑臭水体长治久清	清淤工程，无底泥污染
				截污管线建设，无排污口入河
				污水处理站建设，水质、水量处理达标，无溢流
				通过开展运维管理，实现黑臭水体长效治理
		河道水系治理工程	防洪、排涝达标，实现水体循环流动	通过河道、水系治理，保障区域防洪排涝安全
				通过水资源配置和调度，实现水系连通，水体循环流动
				通过种植水生植物等措施，改善生态、提升景观
		农村污水治理工程	解决村庄污水横流问题	采用雨污分流方式解决农村生活污水收集问题
				采用单村、联村、"城带村""镇带村"方式，解决污水处理问题
				制定相关政策，加大监管力度，实现过程净化和长效治理
		……	……	……

（二）管理目标的调整

由于PPP项目执行周期长，运营期往往达到10~20年甚至更长，项目执行过程中，很可能会碰到由于国家、地区出台相关政策与原PPP合同条款出现冲突或矛盾，或者原合同条款对新的问题无相应规定，导致项目目标需要调整时，应组织相关部门及时启动项目任务目标及相关合同条款修订和补充工作。

项目可研、初步设计、实施方案批复的内容，由于规划调整、现场实施条件发生变化，经项目实施机构及政府相关部门审批确认不再实施的，如对项目目标产生影响，应相应调整项目的目标。

（三）管理目标的考核评估

对PPP项目目标的实现情况（包括实施情况）进行监控和评估，是PPP项目管理的特征之一。通过对项目目标的考核评价，可以确保政府方及时掌握PPP项目进展情况，以及社会资本履约方承诺的实现程度，同时，通过考核评价，及时发现问题，提前采取对策措施。同样可以采用工作结构分解方法对项目目标指标进行分解，表2-2-2为某项目建设目标考核指标分解表。

某项目建设目标考核指标分解表　　　　表2-2-2

考核对象	考核内容	考核指标	指标分解
社会资本方	工程设计	设计质量	（1）符合规划
			（2）符合行业规范、标准、部门规章
			（3）符合设计深度要求
			（4）设计方案经济技术合理
			（5）图纸的规范化、标准化
			（6）设计创新、新技术应用（BIM等）
			（7）节能、节水，符合海绵城市建设标准，符合绿色建筑标准
			（8）安全、实用，便于管理
	工程施工	承包商综合能力	（1）承包资质
			（2）经济实力、融资能力
			（3）人才、技术实力
			（4）施工能力
			（5）沟通协调能力
			（6）统筹协调能力
	施工组织管理	建设成效	（1）施工准备
			（2）分包管理
			（3）质量管理
			（4）进度管理
			（5）成本控制

续表

考核对象	考核内容	考核指标	指标分解
社会资本方	施工组织管理	建设成效	（6）安全管理
			（7）诚信、履约能力
政府方	决策监管	履约水平	（1）项目审批效率
			（2）及时有效的决策
			（3）政府监督、监管到位
			（4）组织管理水平
			（5）合同执行性

第三节　PPP项目管理重点工作

PPP项目建设期和运营期管理应该主要围绕PPP项目管理要素开展。管理的重点内容包括项目前期手续办理、建设期融资管理、招采合约管理、设计管理、施工现场管理、风险管理，以及运营期绩效监控、绩效考核评价等。其中，PPP项目审批等前期手续大部分应该在项目准备阶段完成，但有时受客观因素影响，部分手续如项目用地、各类评估等审批手续在准备阶段无法开展或尚未完成时，需要在项目建设阶段继续办理。对于一些对建设时间进度要求严格的项目，若不能按计划完成手续办理，有可能带来投资的显著增加或索赔等风险，因此，本节把PPP项目手续办理作为管理中的一项重点工作进行阐述。

一、项目手续办理

根据国家发展改革委《关于依法依规加强PPP项目投资和建设管理的通知》（发改投资规〔2019〕1098号），在可行性研究报告审批通过后，方可开展PPP实施方案审查、社会资本遴选等后续工作。也就是可行性研究报告前的各项审批手续和用地手续，应由政府方牵头办理；社会资本方确定并成立项目公司后，负责可研批复后至施工许可，以及后续实施过程中的各项手续办理工作，这个过程中政府方的管理主要体现在多方协调、支持配合方面。

(一)PPP 准备阶段审批手续

PPP 准备阶段涉及的审批手续主要包括项目建议书审批、用地预审和选址意见、可研报告审批及其他专业咨询报告审批等工作，项目用地手续在立项后同步启动。

1. 项目建议书审批

应由 PPP 项目实施机构首先组织方案设计，然后依据设计成果自行编制或者委托有关机构编制项目建议书报告，报告中主要进行需求分析，初步进行建设内容、规模的比选论证和投资规模估算；提交申请及项目建议书报告至投资主管部门进行评审；协调开具征求相关部门（主要为规划和自然资源部门）意见的函，并将意见回复函返投资主管部门；配合项目建议书评审；取得项目建议书批复，完成工程立项。项目建议书审批办理流程详见图 2-3-1。

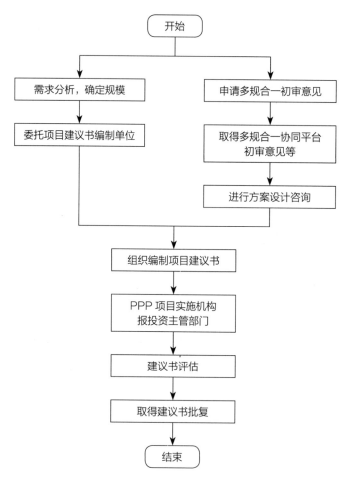

图 2-3-1 项目建议书审批办理流程图

2. 可行性研究报告审批

应由PPP项目实施机构在立项批复基础上进一步深化方案设计成果，委托专业咨询机构编制项目可行性研究报告；报告编制同时，报规划和自然资源部门审批用地预审和规划选址意见，完成勘察、设计单位招标，并落实市政条件和相关部门咨询审核意见（包括但不限于水评、环评、交评、节能、地灾[①]、稳评[②]、文保等）；将上述工作成果组卷报投资主管部门进行评审，配合评审工作；取得可行性研究报告的批复。

如项目建设内容相对单一、投资额低、用地无争议，可将项目建议书与可行性研究报告合并，在取得前置手续后，由投资主管部门直接审核项目建议书（代可行性研究报告）并批复。可行性研究报告审批办理流程详见图2-3-2。

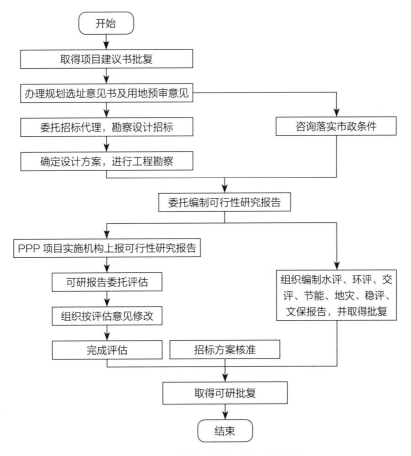

图2-3-2　可行性研究报告审批办理流程

① 地质灾害危险性评估。
② 社会稳定风险评估。

3. 用地手续办理

应由PPP项目实施机构委托属地政府或开发单位,与土地权属单位签订征地补偿协议、地上物补偿协议,并支付补偿款;取得土地预审意见后,进行地质灾害评价报送规划主管部门审批;组织测绘单位完成地籍测量报告,报送规划主管部门批复地籍调查成果表;相关批复成果取得后报规划主管部门申请征地结案;报规划主管部门、属地市、区政府申办土地划拨手续,缴纳防洪费等行政费用后取得划拨决定书。用地手续办理流程详见图2-3-3。

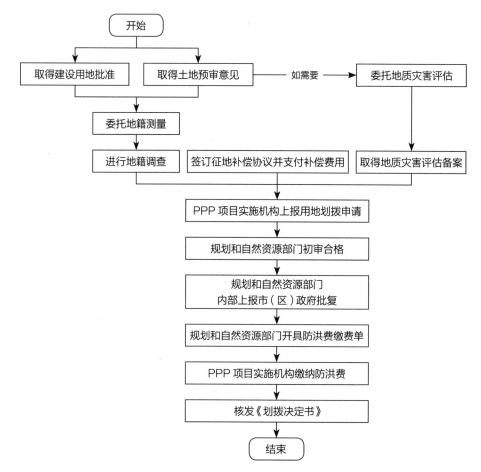

图 2-3-3　用地手续办理流程图

(二)PPP项目建设阶段审批手续管理

PPP建设阶段,是在准备阶段的基础上,进一步确定项目建设的位置、规模、内容、投资、建设周期等。本阶段社会资本方已确定,由其成立的项目公司推进手续办理工作。

PPP建设阶段涉及的审批手续主要包括初步设计概算审批、工程规划许可、施工许可及其他手续审批（如施工图综合审查等）等工作。

1. 初步设计概算审批

在可行性研究报告批复后，项目公司组织设计单位严格按照可行性研究批复的建设内容、标准及投资编制初步设计及概算；报规划部门同步办理项目初步设计方案审查意见；初设方案审查意见批复后，初设方案及概算书报送投资主管部门；组织设计单位配合评估单位，完成评估后取得项目初步设计概算批复。初步设计概算审批流程详见图2-3-4。

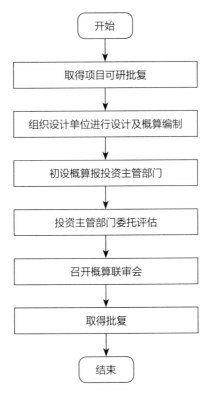

图 2-3-4　初步设计概算审批流程图

2. 工程规划许可办理

由项目公司组织设计单位提供设计图纸（含园林、人防）、用地批准手续及其他报审资料；与规划审批部门对接设计方案的主要参数；取得《建设工程规划许可证》。工程规划许可审批办理流程详见图2-3-5。

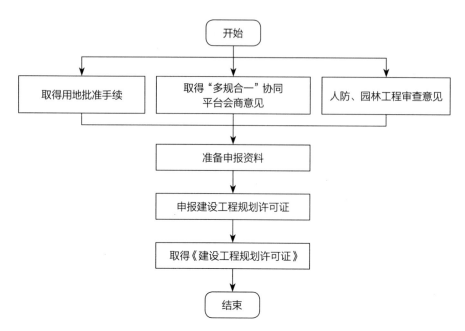

图 2-3-5　工程规划许可证审批办理流程图

3. 施工许可证办理

取得工程规划许可证后，项目公司组织设计单位进行施工图设计，组织造价咨询单位（或招标代理单位）编制清单控制价、招标文件；组织设计单位进行施工图外审并取得施工图审查意见（此项工作非必须）；组织招标代理单位开展施工、监理招标工作，完成后签订施工、监理合同；申报施工许可证；取得《建设工程施工许可证》；组织总包、监理单位配合建设主管部门进行安全、质量监督备案。施工许可证办理流程详见图 2-3-6。

审批手续办理工作应在政府方的统筹组织下开展，主要管理对象是项目的各参与方。包括准备阶段的各专业咨询机构出具的咨询报告质量和效率，建设阶段 PPP 项目公司在手续办理过程中的专业性和效率。

尤其在 PPP 建设阶段，政府方应督促 PPP 项目公司，配合勘察、设计及其他专业设计咨询单位，做好本阶段的各项手续报审工作。本阶段对设计单位的管理，应从初步设计方案、施工图设计及其他深化设计的技术性、经济性及可实施性等多方面进行审核把关，确保制定的设计方案科学合理经济。

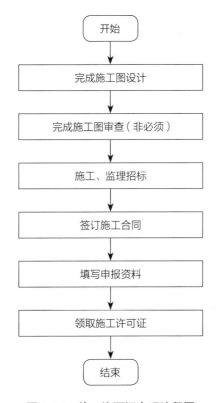

图 2-3-6 施工许可证办理流程图

二、建设阶段项目管理

在PPP项目建设阶段，主要涉及两个层面的管理，一是基于对社会资本方（项目公司）开展的项目管理，督促PPP项目公司履行项目建设主体职责，做好项目的范围、成本、进度、质量等要素管理，是项目成功实施的关键。二是基于对政府方的项目管理，政府方应做好项目实施全过程监管以及项目实施过程中的相关决策调度工作，正确履行政府方职责，确保PPP项目顺利实施。

（一）建设阶段融资管理

建设阶段融资管理主要目的是规范项目公司建设期的融资行为，确保融资资金及时、足额到位，满足项目建设资金需求，支撑项目建设。管理的主要内容是对项目建设和融资情况进行跟踪评价，做好对出资代表的注资管理、社会资本方的注资管理以及监督建设资金的使用，及时发现问题并采取应对措施，针对项目实施过程中融资条件的变化、股东变更、增资减资、融资问题和风险等事项，向政府方（项目实施机构）提出管理建议，供政府方决策。管理策划中，应对PPP项目的特征、项目预期收益情况、项目前期融资的合规性情况、项目合同中有关投融资结构的核心条款以及当前的政策文件要求充分了解和解读，最大限度降低项目融资风险对项目实施的影响。

由于PPP项目融资政策性、专业性强，管理过程中应编制或出台项目资金管理相关办法或制度，规范投融资管理工作流程，确保PPP合法合规实施和运营。

（二）建设阶段合约管理

建设期合约管理主要是指PPP合同（体系）管理及履约监管。鉴于合约管理的规范性、严谨性，在做好常规管理的同时，还应加强相关机制、制度等管理措施的研究，比如，在PPP合同体系框架下，通过完善制度（体系）建设，建立科学的奖罚机制，对参建单位的诚信履约情况进行监管，特别是对于使用者付费的PPP项目，增加公众参与的渠道，强化项目组织管理以及对建设期各参建单位履约管理。

（三）建设阶段投资管理

建设期投资管理的主要任务是对项目投资计划管理、项目实施各阶段造价审核以及项目资金进行管理，落实项目建设过程中政府方、社会资本方及各参建方的职责。PPP项目建设阶段最大风险是项目的投资控制风险，由于区域规划调整、项目实施现场条件变化、不可抗力等因素影响，导致后期方案调整，投资增加。管理策划时，应根据项目前期工作情况、设计方案的可实施性等因素，合理评估和预判项目风险，在组织项目公司申报项目初步设计时，加强与项目评估单位审批部门的沟通，对建设规模、建设标准、投资概算、建设工期等核心要素达成共识，及时反馈和解决各方存在的问题，避免PPP项目立项手续与PPP项目实施方案衔接出现问题。造价审核过程中，应合理解读并利用当前国家及地方项目概、预算相关政策，在确保项目进度、质量、功能和效益目标的前提下，批复的投资限额不被突破，或在不可避免突破投资目标的情况下，使得突破的幅度尽可能地小，避免给后期项目审计带来风险。

（四）建设阶段设计管理

建设期设计管理的主要任务是依据国家、地方及行业标准规范要求，组织开展设计方案审查评估，协调解决项目实施过程中的各类技术问题，及时处理工程设计变更等。建设期设计管理内容主要取决于项目实施机构自身的技术管理能力和需求，如委托第三方技术咨询机构协助开展项目管理，可以通过项目管理合同约定设计管理事项。完善的项目设计是落实项目规划以及项目前期策划目标的前提和基础，项目设计方案的质量及其技术经济合理性将决定PPP项目交付后能否正常运营并发挥效益。

在项目执行阶段，由社会资本方选择具备相应资质的单位进行项目的地质勘察和工程设计。特别是对于近年来逐步发展起来的PPP+EPC模式，社会资本方（项目公司）也可以将勘察、设计、设备及材料采购、施工等工作全部委托总承包单位实施，或者施工单位与金融企业组成联合体参加PPP项目社会资本方投标。这种情况下，政府方原则上只对项目投资、进度、质量目标进行宏观上的管理和控制，设计阶段的风险全部由项目公司和工程总承包方承担。该模式虽然有利于发挥总承包商的主观能动性，提高工程建设与管理的效率和效益，降低政府方资金风险，但其突出问题是项目实施机构无法对工程设计方案以及项目实施进行全过程管理控制，由于增加了管理环节，总承包商存在为了抵消项目风险以获得更多利润的动力和意愿，有可能通过调整设计方案来降低成本，从而增加工程的质量风险。因此，强化项目执行阶段的设计管理，也是降低项目执行风险的关键环节之一，在管理策划时予以注意。

（五）项目施工管理

项目施工管理的主要任务是按照PPP项目合同，组织开展对项目公司、设计单位、监理单位、施工单位以及其他参与方的管理，检查落实项目施工过程中的各项具体措施，做好项目的组织管理和决策调度。根据PPP项目合同，尽管社会资本方对项目的现场施工管理负主体责任，但事实上，由于PPP项目本身是由政府主导，一旦现场出现冲突、争议（包括群众"12345"举报、农民工讨薪等），项目实施机构的责任无法回避。PPP项目建设推进过程中，不可避免地出现参建方纠纷、社会舆论、司法诉讼等情况。从责任划分上，PPP项目公司作为建设主体，应做好维稳工作，妥善应对，及时解决各方纠纷、平息舆情等工作，政府方在接到上述事件后，也应启动应急机制，一方面做好组织工作，督促PPP项目公司及时妥善处理事件，另一方面应做好配合工作，与其他政府部门、PPP项目公司共同应对，避免事态扩大影响工程推进和政府形象。因此，除了常规的施工现场监管工作外，PPP项目现场管理的另外一项任务是协助政府方和社会资本方解决项目实施过程中的争议和冲突问题。

（六）其他事项管理

由PPP项目特征决定，除了以上重点管理要素外，PPP项目建设阶段还涉及干系人管理、风险管理、项目信息管理等内容。通过对干系人开展有效的管理，及时化解干系人之间的利益冲突，可以最大限度获得干系人的支持和理解，从而获得更多管理资源或技术资源，并借助其影响力，提高管理工作效率。同时，管理策划中还应对建设阶段可能出现的各类风险因素进行预判、分析，并提出应对措施。实践中常见风险因素有勘察设计深度不够或设计失误、现场条件发生变化引起设计方案重大变更导致的投资增加风险，由于社会资本方对项目施工组织不力造成的工程进度延误、发生重大工程质量事故，以至于造成工程无法发挥正常功能的风险，等等。不论是政府还是社会资本，都应该具有强烈的风险意识，对于大型复杂的PPP项目，应建立控制风险的专门机构和相关制度体系，强化参建单位履行风险防控的职责和开展日常监控。此外，为实现项目管理的精细化和信息化，有效监控项目实施情况，提高项目管理水平，应该根据项目特点和管理工作需要，建立项目信息化管理操作平台，必要时应用BIM技术协助进行项目管理工作。

三、运营阶段管理

进入运营期后，PPP项目将进入可用性服务费及运营服务费偿还阶段，政府方的管理重点，是开展有效的PPP项目运营期绩效管理和监控，关注项目绩效评价结果对项目公司融资偿还工作的影响，以及项目公司保险、保函文件的维持情况，确保PPP项目及项目公司持续稳定经营。

PPP项目的运营，既关系到PPP项目提供公共服务产品或服务的质量和效率，也直接影响项目公司的资金回报，通常项目公司只有在项目进入运营阶段后才能获得政府付费收入。PPP项目运营管理，就是确保社会资本按照PPP项目合同约定、相关行业技术标准、规范以及公共卫生和安全的适用政策、法律要求等，确保PPP项目设施正常发挥功能（提供公共产品或服务）、安全运营所采取的管理措施。PPP项目运营阶段政府方的主要管理工作包括对社会资本方PPP项目运营的监督管理，确定项目运营原则，完善项目定价机制及调价机制，确定项目的收益机制及绩效考核等。

运营管理的措施主要包括：配备必要的管理人员、巡查人员及日常养护人员，对设施运行状态进行巡查、维修或更换，对影响运维的事件应及时制止并采取措施降低影响。

（一）PPP项目绩效监控

项目绩效监控是指对PPP项目日常运行情况及年度绩效目标实现程度进行的跟踪、监测和管理。PPP项目实践中，对于纯公益服务项目或者无使用者付费的项目，往往会出现运营不到位及运营监管缺失问题，管理策划时应予以特殊关注。根据《操作指引》要求，项目实施机构应在项目所属行业主管部门的指导下开展PPP项目绩效管理工作，必要时可委托第三方机构协助。

（二）PPP项目绩效评价

在运营期内，项目实施机构（主管部门）应组织专家或第三方机构对社会资本方项目设施的运营、管理、安全、服务情况等进行定期评估，并将评估结果向社会公示，接受公众监督。

根据《操作指引》要求，应结合PPP项目实施进度及按效付费的需要确定绩效评价时点，原则上项目建设阶段应结合竣工验收开展一次绩效评价，分期建设的项目应当结合各期子项目竣工验收开展绩效评价。项目运营期每年度应至少开展一次绩效评价，特殊项目可以按照行业惯例或部门规章实施季度评估或月度评估（如水环境项目，受季节影响，不同月份河道水质及水环境质量变化很大），对问题予以处理或纠正。社会公众有权对PPP项目进行监督，向行政主管部门投诉，或者向社会资本方提出意见。

PPP项目社会公共服务项目通常实施期限较长，在项目实施过程中，劳动力成本、物价指数等价格影响因素可能会发生较大变化，并对项目的运营维护成本和收益水平产生影响，因此，设置合理的调价机制能够更好地平衡政府和项目公司的利益，促进社会公共服务项目实现物有所值。

第四节　PPP项目管理规划编制

项目管理规划是指导项目管理和项目实施的纲领性文件，其内容应具有全局性、宏观性、针对性和可实施性。项目管理规划应对项目管理目标、管理内容、管理原则、项目实施计划、管理组织模式、管理工作流程、管理方法、管理资源配置以及管理控制措施进行系统规划和明确。项目建设阶段的管理规划应根据PPP项目合同、项目可行性研究报告（经政府批复）、"两评一案"、项目实施机构需求等为主要依据进行编制。同时，还应遵循国家、地方相关政策文件、法律法规，与项目功能和特征有关的设计标准、规范，以及项目前期工作成果（技术文件）等。

一、项目管理工作计划

（一）项目管理工作计划的作用

项目管理工作计划是开展项目管理和组织项目实施的主要依据，是项目管理的基础性工作之一，是分析预测项目管理目标能否按照预期实现的关键环节。

通过编制项目管理计划，明确项目实施过程中的关键控制节点，有利于项目实施机构及项目管理团队对工程项目整体的理解，促进项目相关各方有效的协作配合与沟通协调，督促指导项目公司按照合同的要求和目标实施项目。

（二）管理工作计划的制定

项目管理计划制定是一项复杂的系统工程，需要进行反复论证、多方案比较，然后进行综合分析、评价和筛选，最终选择或形成一个可实施并可以达到预期目标的、成本最优的、资源消耗最小的管理工作方案。项目管理计划编制要点如下：

（1）准确定义工程项目范围和目标；

（2）合理的目标与任务分解；

（3）明确每一个子项目（单元）的具体工作任务，并由承担该工作任务的责任人提出详细的工作计划；

（4）汇总各子项目实施计划，形成项目总进度计划（以网络图或横道图等形式表示），识别各项任务之间的逻辑关系；

（5）识别质量检查和评审的关键节点；

（6）配置必要的管理资源；

（7）对管理计划执行风险进行分析，提出对策；

（8）对管理计划进行评审并报项目实施机构审批，批准后执行。

（三）计划的实施与控制

项目管理的核心任务是投资、进度、质量管理，而工程项目进度控制、质量控制与投资控制等内容往往相互作用相互影响，在项目管理过程中，应努力做到进度控制、质量控制与投资控制等的综合协调，以尽量少的投入实现投资效益的最大化。管理控制措施主要是建立计划实施的跟踪监测和统计报告制度，对计划执行偏差进行分析，及时采取措施纠正偏差。

（四）管理计划的变更

工程项目管理计划变更控制是指通过建立适当的管理工作程序，对工程项目计划变更进行有序的控制。PPP项目建设、运营周期长，在整个项目建设过程中，现场环境、市场环境、政府的政策法规等方面不可避免会发生变化，项目建设与运营风险客观存在，因此，项目管理过程中须建立一套有效的工程项目计划变更控制程序，以加强对工程项目的综合管理。

原则上，在项目实施管理过程中，项目合同和实施方案确定的项目范围和目标不宜进行调整，如果客观情况发生显著变化，确实无法实现原定项目目标，并影响到了项目实施机构预期要求时，应严格履行变更评审和批准程序，向项目实施机构报告，考虑项目建设是否需要继续进行下去，或者取得项目实施机构同意，变更项目整体目标。变更评审前应与有关部门进行反复协商沟通。当项目内容、目标、投资发生较大变化时，还应与项目审批部门沟通，确定项目是否需要重新审批。

在制定项目计划时，应加强风险分析防控，在进度、费用安排上留有适当余地，尽量减少计划的变更。

二、项目管理工作任务分解

（一）分解原则与思路

项目分解结构（PBS）与工作分解结构（WBS）方法也是管理工作任务分解的基本方法。对于规模大、建设周期长、管理任务复杂的项目，通过对项目及工作任务分解可以把管理对象按照其内在结构或实施过程分成更容易管理的单元或工作包，便于项目管理工作计划的细化、进度协调、任务分配、资源配置、责任落实与监控。具体操作时，可以先对项目结构进行分解，然后进行工作结构分解。对于工程内容相对集中、简单工程，可以按照"工程项目→单位工程→分部工程→分项工程"进行分解；也可以按照项目实施阶段进行分解，如"设计→招标→施工准备→施工→竣工验收→项目运营、维护"；对于点多面广的分散性工程项目，也可以按照项目所在空间位置进行分解，或者，是以上方法的组合。

（二）管理工作主要内容

PPP项目建设阶段管理包括对社会资本方的管理以及对政府方的支撑，管理任务主要根据管理要素和管理事项进行确定。其中，对社会资本方的管理，主要是根据合同要求选择具备相应资质的单位进行项目的地质勘察和工程设计，选择具有相应资质的企业单位开展项目施工，选择有相应资质的工程监理单位进行项目工程施工监理。

对政府方的支撑，主要是检查督促项目实施机构的履约行为，确保项目实施所需的项目前期手续、工程建设必需的用地及征地拆迁工作以及项目运行所需要的市政交通等基本条件，避免造成项目审批延误。同时建立有效的工作保障和沟通协调机制，确保政府方（代表）出资、股权投入等及时到位，以保障社会资本方建设投资到位及融资顺利等。在项目运营期，还应根据合同约定将PPP项目所需的可用性服务费、运营服务费纳入财政年度预算。

图2-4-1为一个典型的水环境治理PPP项目管理工作结构分解示意图。

基于以上管理工作任务分解思路，可以确定每一项子任务（工作或活动）的开始日期、完成工作所需的持续时间、资源需求，将各项目活动按照其实施的先后次序和逻辑关系而纳入一个系统中，形成项目实施进度计划和项目里程碑计划。在此基础上，通过合理调整各阶段、各子项目建设任务、工期控制目标，可以对进度计

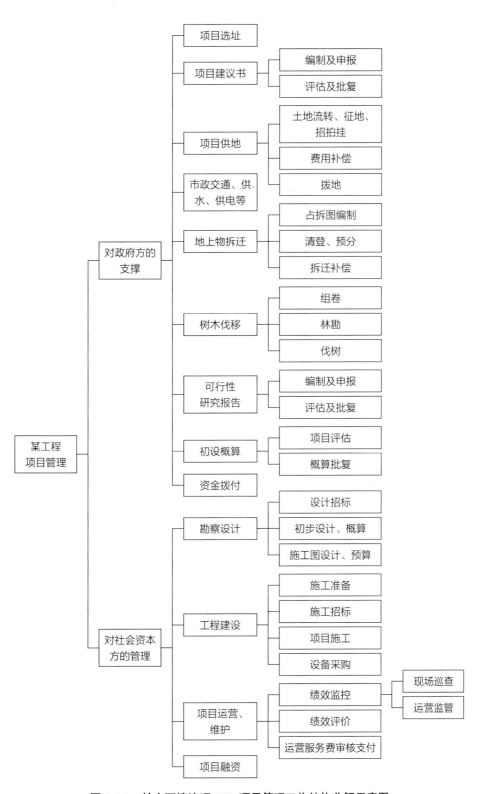

图 2-4-1 某水环境治理 PPP 项目管理工作结构分解示意图

划进行不断优化，从而可以实现对项目实施和进展总目标的控制。

三、项目管理工作流程

管理工作流程主要用以反映项目执行过程或者组织内部各项工作（或活动）的逻辑关系。鉴于PPP项目管理工作的复杂性，建立规范细致的工作流程有助于提高项目管理工作的效率。

常见的项目工作流程有PPP项目管理总体工作流程、前期手续办理流程、设计管理工作流程、招采合约管理工作流程、进度质量管理工作流程、资金管理工作流程等。以工程设计变更为例，变更需求可以是由项目公司（或者施工单位）因现场实施条件（如碰到特殊地质条件）变化提出，也可以由项目实施机构或者属地政府因上位规划调整、土地属性变化、避让特殊的地上或地下设施等原因提出设计方案或工程变更需求。实践中，由于设计变更带来工程投资的增加风险较大，设计变更应先审批后实施。管理策划及工程实施过程中，应建立设计变更审批管理制度，协助项目实施机构做好设计变更管理，确保设计变更得到事前评估，从而达到有效控制工程投资的目的。为确保项目参与各方明晰工程变更情况以及对投资、进度、质量的影响，管理中应建立规范的流程处理设计变更。

对于PPP项目而言，由于参与方众多，各自职责权限不同，项目执行周期长，项目跨越的阶段多，为了高效率推进项目实施，应该梳理清楚各单位、各部门的管理权限与管理行为，梳理项目实施过程中必须开展的各项活动及其之间的逻辑关系，编制项目管理总体工作流程，指导项目管理工作。图2-4-2为某PPP项目管理总体工作流程。

工作流程通常由项目公司结合自己的管理职责与需求进行编制，也可以委托专业管理咨询单位协助编制。工作流程应符合项目基本建设程序、国家及地方的政策法规、规章等要求。

四、管理工作规划编制

项目管理工作规划是项目管理策划的载体，是组织开展PPP项目管理的基本依据。组织开展项目管理工作策划的过程同时也是管理工作规划编制的过程。项目管理工作规划编制应以PPP项目合同、《实施方案》为依据，核心内容应包括PPP

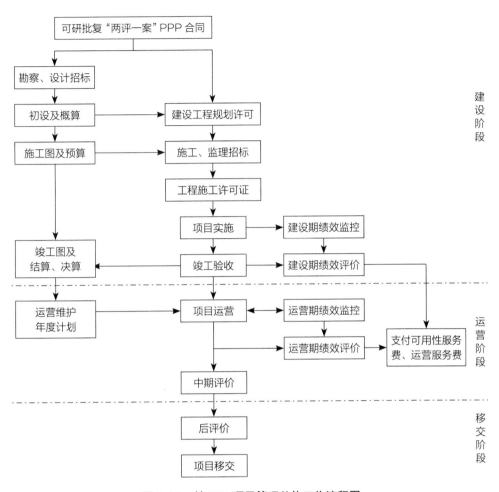

图 2-4-2 某 PPP 项目管理总体工作流程图

项目建设目标、项目概况、项目管理原则、目标、管理工作内容、组织、资源配置、方法、程序及管理措施等。

项目管理工作规划编制的基本框架及主要内容详见表 2-4-1。实践中，结合 PPP 项目特征、规模、复杂程度等，可对规划框架内容进行调整。项目管理工作规划编制完成后，应报项目实施机构审批。

PPP 项目管理工作规划基本框架及主要内容一览表　　　表 2-4-1

规划框架	主要内容	编写说明
一、PPP 项目概况	（一）前期工作情况	简述项目实施机构在项目前期工作、组织机构建立、项目沟通协调方面已经开展的工作和成果
	（二）项目类型、运作方式	简述 PPP 项目运作方式及项目建设管理模式确定政府监管模式

续表

规划框架	主要内容	编写说明
一、PPP项目概况	（三）项目任务、规模、效益	收集与项目有关的最新区域发展规划、相关上位规划情况、政府相关意见等，对工程建设内容、现场建设条件等进一步复核确认。对于由于规划、项目建设条件发生变化而导致项目的功能、定位、建设内容、工程效益等发生变化的情况，管理规划中应予以重点关注
	（四）项目建设期、运营期	项目建设期、运营期应该根据项目合同及实施方案确定。项目公司应向项目实施机构提交详细的项目建设和运营计划，其中包括计划实施工程的程序、关键性时间节点、建设进度计划目标、保障措施等。经批准后的建设、运营计划，可以作为编制项目管理规划的依据
	（五）项目公司组建情况	简述PPP项目实施方案批复情况、PPP项目合同签订、项目公司组建情况等
二、规划编制依据	（一）相关政策、法律法规	根据PPP项目的类型、特征、运作方式等，梳理项目执行所依据的国家、地区相关政策，管理规划编制应符合相关政策法规要求
	（二）前期工作文件、实施方案、项目合同	主要包括：项目勘察、测绘、项目建议书、可行性研究报告、PPP项目实施方案等，现场拆迁、征地、补偿工作相关技术文件，PPP项目合同，其他相关合同等
	（三）行业要求、规范、技术标准	收集与项目相关的本行业国家现行法规、行业要求、规范、技术标准（包括地方标准），包括强制性条文等。特殊行业、领域，比如对于水利、水环境工程项目，还应充分考虑季节性制约（汛期与非汛期）对工程建设与运营的影响
	（四）政府批复文件	政府批复文件主要包括：项目建议书、可行性研究报告批复；规划选址、土地预审、"多规合一"审查意见；环评、水保（水评）文物勘察报告及审批等手续
三、项目管理原则、内容与目标	（一）项目特征、管理重点难点	根据PPP项目的类型、特征、规模、运作方式、项目建设管理模式、项目干系人等，分析并提出项目管理重点难点
	（二）项目管理工作原则	根据PPP项目的类型和特征以及PPP项目管理合同约定等要求，确定项目管理工作原则
	（三）项目管理重点内容	基于项目特征、重点难点分析，提出项目管理重点内容，如前期手续办理、融资管理、投资管理、施工现场管理等
	（四）项目管理目标	项目管理目标包括建设阶段管理目标以及运营阶段管理目标，必要时对合同中确定的目标和相应指标进一步细化
四、管理工作计划与流程	（一）项目任务分解	可以采用WBS方法对PPP项目任务目标进行分解
	（二）项目总进度计划	基于项目任务分解制定进度计划、资源需求、成本预算、风险管理计划和采购计划等。进度计划包括总进度计划、年度计划、季度计划等
	（三）项目管理主要工作流程	管理工作流程一般包括项目进度管理流程、项目费用管理流程、项目招标采购流程、项目风险管理流程、项目质量管理流程等

续表

规划框架	主要内容	编写说明
四、管理工作计划与流程	（四）项目管理资源配置	基于工作任务分解和项目管理进度计划，编制资源使用计划，结合项目管理需求配置管理资源，包括人力资源、基本设施、工作环境等
五、项目管理组织建设	（一）管理组织结构	基于项目规模、特点、PPP项目合同、项目实施机构需求等，确定管理组织结构
	（二）管理团队组织	组建项目管理部，确定管理部门设置、岗位及职责，调配人力资源，配置交通及办公设备等
	（三）内部管理制度建设	为便于开展管理工作开展，编制完善内部管理制度
六、项目建设阶段管理	（一）项目组织沟通与协调	包括内部沟通与协调和对外沟通与协调，内部沟通协调主要是根据项目部组织构架建立管理团队内部沟通协调机制，确保信息沟通及时、畅通、准确。对外沟通与协调主要包括项目管理团队与项目实施机构的沟通以及代表项目实施机构与项目公司、项目参建各方、上级审批部门、属地政府等开展的必要的沟通协调
	（二）项目前期工作与计划管理	主要包括：前期手续办理计划、总进度计划编制、施工进度计划的跟踪与控制等。结合设计进度、开工情况、监理情况、施工情况的跟踪，及时调整优化进度计划
	（三）项目招采合约管理	主要工作内容包括对项目公司组织、施工总承包商开展的招标采购等工作开展相关的监管、咨询服务
	（四）项目设计管理	主要工作内容包括设计方案审查、评估，设计变更审查、设计交底、竣工图编制等。其重点工作是协助项目实施机构组织开展设计各阶段设计方案的审查、评估（含重大技术方案论证），督促设计单位做好限额设计和设计周期控制
	（五）项目投资控制与造价管理	主要工作内容包括各阶段设计方案造价评估、评审工作（包括招标控制价、设计变更审核），确保项目投资不超批复的概算，做好资金的拨付与支付管理
	（六）建设质量与安全管理	主要工作内容包括：项目现场管理，督促项目公司、施工单位严格执行相关的材料试验、检验等制度、施工质量管理控制程序和要求，采取必要的安全措施。建立覆盖各专业的项目管理体系，岗位责任到人，完善组织保障体系（含HSE职业健康、安全及环境管理）
七、项目运营阶段管理	（一）确定绩效目标和指标	绩效目标的确定应指向明确，指标尽量细化量化，目标合理可行，绩效目标应经过调查研究和科学论证，符合客观实际，既具有前瞻性，又有可实现性
	（二）开展绩效监控	按照国家规定、行业标准、项目合同约定，科学规范、真实客观地开展绩效监控。客观反映项目运行情况和执行偏差，及时纠偏，改进绩效
	（三）开展绩效评价	根据政策要求及项目实际组织编制绩效评价工作方案。根据项目合同约定和绩效评价工作方案，对PPP项目绩效情况进行评价

续表

规划框架	主要内容	编写说明
七、项目运营阶段管理	（四）协助政府做好绩效付费	根据PPP项目类型和绩效考核结果，协助政府核算年度运营补贴支出费用，纳入本地区财政预算。由项目公司申请，项目实施机构审核通过后拨付
八、项目风险管理	（一）风险识别	PPP项目执行阶段主要风险包括：技术风险、质量风险、投资风险、各部分施工无法在计划时间内完成而造成延期、项目成本控制等风险
	（二）风险的分析和评价	根据上述风险对进度和费用计划可能产生的影响，对风险进行评估
	（三）风险的控制措施	包括内部风险防控措施和外部风险防控措施。内部风险防控措施主要是指合同风险防控措施和廉洁从业风险防控措施，外部风险防控措施主要包括项目风险防控措施和项目管理风险的防控措施
九、项目管理制度建设	制度体系建设	根据项目特征、重点管理工作，策划并建立项目管理制度体系，指导项目规范执行
十、项目档案管理	规范项目档案信息管理	主要工作内容包括：督促参建各方按照行业档案管理要求及资料管理规程，及时整理档案资料。不定期检查各方资料整理的真实性、完整性、系统性
十一、项目管理中的信息化建设	利用信息化手段提高管理效能	根据合同约定及项目管理的需求，分析采用BIM技术及专业项目信息管理平台辅助项目管理的必要性。督促项目公司、施工单位、监理单位等参建各方广泛采用信息化技术，提升项目建设、运营、决策的及时性与科学性
十二、保障措施	（一）组织保障	建立政府层面的组织机构，负责本区域PPP模式项目的运作，协调推进PPP项目的实施。必要时引入第三方专业管理咨询机构协助项目实施机构进行管理
	（二）机制保障	建立不同层级的项目会审（商）、动态沟通协调机制，及时解决项目建设过程中的问题，促进决策建议有效实施，确保土地划拨、市政设施配套、征地拆迁、树木伐移等工作及时完成
	（三）政策保障	出台本地区支持PPP项目的相关政策，简化项目审批流程，多种方式保障项目用地，完善财税支持政策，做好金融服务
	（四）技术保障	梳理工作流程，统一技术标准，加强设计方案审查，推动规划设计成果稳定及落地。督促设计单位、项目公司加强信息化技术应用，开发建设项目信息管理平台或工具
	（五）资金保障	确保项目资金（政府出资、项目公司融资）、财政补贴、拆迁补偿资金及时到位
十三、附件		主要内容包括：项目管理部组织结构图、项目总体管理工作流程图、项目责任分区图、项目总进度计划图、年度投资计划图等

第五节　PPP项目管理保障措施

为实现PPP项目总体目标、提升项目管理效能和环境、社会、经济效益，在做好项目管理策划的基础上，还需要综合运用组织、制度、机制、技术、政策与资金等多种保障措施，以确保PPP项目顺利实施。

一、建立适宜的组织机构

根据项目管理组织本身的特征以及管理目标的不同，可选择合适的组织结构。根据丁士昭《工程项目管理（第二版）》，常见的项目管理组织结构形式包括职能组织结构、线性组织结构和矩阵组织结构。

PPP项目管理组织机构的建立是指基于PPP项目运作方式、项目管理需求和管理目标，确定项目组织管理模式，配备与项目规模、行业特征、建设或运营难度相匹配的管理团队和技术资源，设置管理岗位，明确各岗位职责等。组织结构策划的主要任务是对各参建单位的分工、职责进行识别，明晰管理思路，以便于实施有效的管理调度与工作协同。项目的组织具有动态性，应随着管理对象的变化或管理阶段的不同及时进行调整。

（一）组织机构的动态调整

PPP项目管理组织机构的确定，总体上应遵循注重整体效率、兼顾各方需求、部门权责明确、协作与分工统一、管理跨度与层次合理、动态调整的原则。PPP项目管理对象和管理内容会随着项目进展而发生变化，相应的管理组织机构也应当动态调整，确保充分匹配管理需求，发挥管理资源效用。

以某大型PPP项目管理为例，项目建设期3年，运营期20年，技术与工艺复杂，且工程分布点多面广，招商阶段引进多个社会资本共同参与项目建设，因而本项目有多个项目公司。为了有效履行政府监管职责，确保项目顺利实施，项目实施机构决定通过公开招标引进第三方专业项目管理公司协助政府方开展项目监管。项目管理公司在充分分析研究PPP项目合同、现场实施条件以及项目建设需求的基础上，经过与委托方沟通，分三个阶段配备管理资源，开展项目的履约管理。

1. 项目启动阶段

项目初期，根据项目管理委托合同，明确管理职责和内容。项目管理公司成立了三级职能型管理组织机构。第一级为领导小组，第二级为总体统筹协调管理团队，第三级为驻现场PPP项目监管实施团队（结合各个项目公司的管控范围和规模进行人员配置）。同时，聘请商务顾问和技术顾问两个专家团队作为项目全过程外协支撑（商务顾问和技术顾问为"两翼"），从而形成"三级两翼"的管理组织构架。设置计划协调部、规划设计部、招标合约造价部、PMO监管部、综合办公室等职能部室，根据项目的区域分布设置若干片区项目部，接受各职能部门的业务指导，参见图2-5-1。

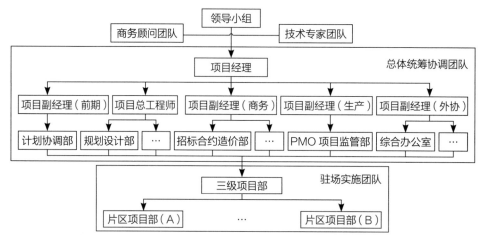

图 2-5-1 某 PPP 项目管理组织机构图（项目启动阶段）

2. 项目建设阶段

随着PPP项目进入建设阶段，管理工作的重点主要是监督社会资本方做好施工总包、分包管理，规范开展项目材料、设备招标采购工作，工程设计及变更管理，统筹做好现场施工进度、质量、安全、投资控制，协助政府方开展项目竣工验收、结算、决算审核等。

结合PPP项目实施情况，为了推进不同片区同类项目进展，在项目总体统筹团队层面，增加按项目类别划分的负责人，作为协调各部门及片区项目部的联系人，促进项目管理工作更好地开展。该阶段项目组织机构调整为以职能部门为主、以各类项目为辅的矩阵型组织机构，参见图2-5-2。

3. 项目运营阶段

项目运营阶段管理的重点工作是绩效监控与绩效评价、可用性服务费申请及

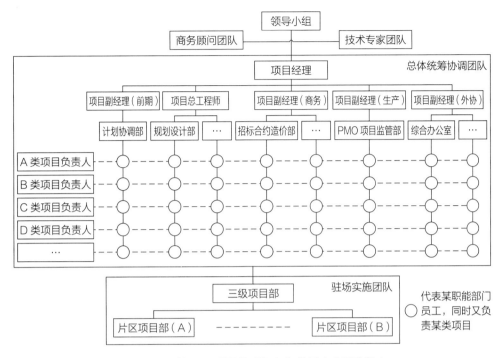

图 2-5-2　某 PPP 项目管理组织机构图（建设阶段）

运营服务费申请、拨付等。从建设阶段转入运营阶段，项目建设过程中的投融资管理、手续办理、设计审查、现场管理、沟通协调等管理工作显著减少，运营管理工作逐步增加。项目管理组织机构随之调整，更加突出绩效管理，调整后的项目管理组织机构为职能式，参见图 2-5-3。

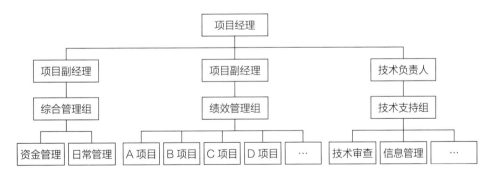

图 2-5-3　某 PPP 项目管理组织机构图（运营阶段）

（二）明确项目管理职责

根据建设阶段及运营阶段管理目标要求，结合各参建单位与项目实施机构的合同约定和职责分工，项目实施机构（或第三方专业项目管理公司）主要职责应包括

（不限于）：

（1）履行对项目公司的建设及运营监督管理职责，组织开展必要的组织、沟通、协调工作，履行必要的检查、督促职责，签署、确认相关的指令，组织编写相关的检查记录、资料。

（2）加强对项目公司履约能力全过程动态监管，防止项目公司超出自身能力过度投资、过度举债，或因公司股权、管理结构发生重大变化等导致项目无法实施。

（3）对项目公司提交的设计方案、初步设计、施工图设计、设计变更、竣工图等进行审查、评估。

（4）对项目公司提交的投资估算、设计概算、施工图预算等进行审查；对招标清单、招标控制价及中标价进行符合性检查；对工程款拨款申请、进度款支付进行符合性审查；组织项目公司开展竣工结算、决算工作。

（5）对施工现场进度、质量、安全等方面加强有效过程监管；组织竣工验收。

（6）开展建设阶段及运营阶段绩效管理工作，对可用性服务费、运营服务费进行审查。

（三）加强管理资源配置

PPP项目通常涉及的技术、工艺比较复杂，专业性强，项目实施机构或管理团队往往缺少与PPP项目管理需求相匹配的专业技术人员，通常需要社会专业机构或技术咨询公司提供相关服务，比如，在国际、国内相关领域相关政策、法律、法规方面，在国家、地区产业政策和投资环境方面，技术经济与财务分析方面，以及先进的管理技术与手段（如BIM技术）等方面的支持。

项目管理中的资源配置一方面是要求项目公司发挥其技术与管理优势，组织配置足够的人财物、技术等管理资源，以保证项目的顺利实施，另一方面，是指根据管理需要配置必要的管理和技术资源。

1. 第三方管理咨询单位引入

第三方项目管理公司可以由项目实施机构通过公开招标方式引入，第三方项目管理公司的职责是协助政府组织开展PPP项目建设和运营监督管理工作。通常情况下，PPP项目（产品）的最终使用者为公众，公众的满意度是衡量PPP项目建设成效的主要标准。但对于某些完全由政府付费的PPP项目，比如，区域水环境治理项目、生态治理项目、河道治理工程等，工程范围及分布点多、线长、面广，其建设目标通常为区域性的防洪排涝标准提高、环境质量改善等，通常的做法是委托第三方监督管理机构，协助政府对PPP项目建设和运营开展绩效评价，为政府合理付费提供支撑和依据。

通过委托专业管理单位协助政府（项目实施机构）履行政府监管职责，可以确保项目执行科学、高效，促进PPP项目规范建设和运营，发挥专业管理公司优势，针对项目建设和运营的关键环节，加强对项目公司建设过程的监管，确保项目执行的合法合规性，防止损害公共利益、不法获利行为发生。

2. 项目管理资源配置

以项目管理公司为例，管理资源配置取决于项目类型、规模、建设期、管理需求以及项目的重要程度，同时也取决于项目委托合同要求，既包括管理事项，也包含管理服务费用。其中，管理人员需求可以按项目部职能部门设置、管理职责进行估算。如果远离办公区，还应考虑现场办公用房租赁、交通工具配置等。

管理过程中，也可以通过WBS专业项目管理工具，为每项工作任务确定具有合适技能组合的最佳资源，跟踪和分析项目投资、费用情况，识别潜在风险源，辅助项目管理，提高管理策划的质量和效率。

二、建立完善的制度体系

完善的制度体系，是保证PPP项目规范运作和项目能否成功的关键，尤其是实操层面的制度设置是否合理，直接影响项目的正常推进和项目建设成效。

项目管理制度建设分两个层面，一是通过内部制度体系建设，规范管理机构组织内部项目成员的行为，使之按照规定的方法、程序和标准开展项目管理活动，从而保证管理组织内部的高效运行。二是针对整个项目实施以及项目管理全过程的制度体系建设，应覆盖项目准备、采购、建设、运营等全过程。通过明确相关单位和部门的职责权限，固化项目推进工作流程，强化对项目全过程的监控，可以确保PPP项目目标的实现。

（一）制定项目管理制度

各项管理制度之间应相互衔接，不能相互矛盾，且不得与现行的国家法律、法规、政策以及部门规章有抵触，不得危害公众利益。管理制度要结合PPP项目特点和具体情况，符合工程项目的实际需要，做到切实可行。制度建设一般应符合制度的规范性、适用性、合理性、动态性、必要性、完整性等原则。

项目管理机构组织内部管理制度,主要是指管理机构内部项目管理人员的岗位责任制度,重点对机构或组织内部各层次管理人员的职责、权限以及工作内容和标准进行规定。具体可以包括项目经理在内的全员岗位责任制度和部门职责、管理工作流程、办事流程,部门内部经济、财务、经营、安全和管理人员的岗位责任制度等。详见表2-5-1。

项目管理机构组织内部管理制度 表 2-5-1

管理要素	制度名称	主要内容
人员管理	考勤及考核管理办法	为严肃劳动纪律,规范工作秩序,对员工考勤、假期、加班等进行规定。为充分反映员工的贡献情况,正向激励引导员工,对员工工作绩效通过定性、定量相结合的方式进行客观评价
	信息沟通管理办法	建立沟通机制,规范和加强与参建单位、职能部门之间的信息沟通工作,及时、准确地完成信息传递
档案信息管理	档案资料监管办法	规范PPP项目档案资料的形成、收集和整理符合国家相关的法律、法规、施工质量验收标准和规范规定的;同时符合工程合同与设计文件的规定
	项目管理信息系统管理办法	规范PPP项目信息系统数据的填报管理,明确各参建单位数据维护职责,规范相关单位数据填报及审核管理工作,确保信息系统平台数据的及时性、准确性、完整性、安全性

针对整个项目实施以及项目管理全过程的制度,通常包括审批手续管理、招采合约管理、设计管理、投资管理、现场管理、运营管理、绩效管理、风险管理等制度设计。详见表2-5-2。

项目管理机构组织外部管理制度 表 2-5-2

管理要素	制度名称	主要内容
审批手续管理	审批手续管理办法	明确PPP项目审批手续办理工作流程,保障建设程序依法合规
资金管理	资金筹措监管办法	规范PPP项目的建设资金筹措程序,主要包括政府拨付资金、项目公司注册资本金、项目公司融资等,明确相关主体的管理职责,保证建设资金筹措的规范、高效和安全使用
	资金账户监管办法	明确项目公司应开设工程建设资金专户,专门用于建设资金的核算和管理,仅用于协议约定的PPP项目建设,不得随意支付挪作他用。加强资金的财务管理和使用监督管理
招采合约管理	招标采购管理办法	明确招标采购活动相关方主体职责,保护国家利益、社会公共利益和项目公司及招标投标当事人的合法权益,保证项目质量
	合同管理办法	规范PPP项目合同监管,维护合同双方合法权益,合理分配风险

续表

管理要素	制度名称	主要内容
招采合约管理	合同履约评价管理办法	对项目公司的项目融资、建设、运营和移交等合同履约行为进行评价，规范项目公司的履约行为
设计管理	设计监管办法	从可行性研究报告编制，初步设计、施工图设计，到设计变更、竣工图编制等活动进行的监督管理，提高设计文件质量、控制成本、加快进度
	工程变更管理办法	规范PPP建设项目工程变更行为，有效控制项目建设投资，全面实现项目投资和质量等管理目标
投资管理	投资控制监管办法	对PPP项目的投资估算、设计概算、施工图预算、竣工决算等各阶段的造价控制，规范管理工作程序，科学、有效地控制好投资
	认质认价监管办法	明确各PPP项目实施过程中需要进行认质认价的材料设备，规范材料设备认质认价程序
	建设资金拨、付办法	对政府资金的拨付及建设资金的支付进行审核和监管，规范资金管理流程，确保资金的安全合理使用，提高资金使用效益
现场管理	工程量计量确认管理办法	规范PPP项目工程量计量程序，明确相关主体职责，实现工程量准确计量
	进度监管办法	明确进度计划制定、报审、优化调整要求，进度计划执行情况监控和检查措施，以实现进度管理目标
	质量监管办法	落实工程质量强制性条文要求，确保工程质量和各项使用功能，最大限度地防范质量风险，消除质量隐患
	安全及文明施工监管办法	落实安全生产强制性条文要求，有效地防止安全事故发生，确保国家财产和劳动者生命的安全，最大限度地防范风险，消除隐患
	生产安全事故应急预案	明确项目参建各方生产安全事故应急管理职责及响应程序，规范突发事件应对措施，控制、减轻和消除突发事件引起的严重危害
运营管理	运营管理办法	监督管理项目公司对项目设施的运营、维护、改造和更新工作，确保项目设施完整、齐备，处于安全、良好运行状态；做好运营阶段投资管理，加强对可用性服务费、运营服务费的审核
绩效管理	绩效考核管理办法	对绩效考核主体、方法、程序和考核指标等做出相应的约定，以使绩效考核能够约束项目公司提供高质量的公共产品和公共服务，达到按效付费的目的
风险管理	风险控制监管办法	对PPP项目业务中的各种风险进行识别、评估，实施动态风险监控，有效防范和控制项目运作风险

由于PPP项目干系人众多，为保证管理效果，针对项目公司可能出现的不规范操作，应制定相应的罚则，对社会资本方形成足够的约束。同时，督促社会资本方（项目公司）认真编制与项目实施相关的招标、采购和管理制度、项目分包及劳

务管理制度等，确保项目材料、机械设备、施工总包分包采购规范操作，切实履行项目合同，体现社会责任。

（二）强化项目管理制度执行

在PPP项目管理制度制定完成并经项目实施机构审核通过后，应当组织开展系统化的宣贯培训工作，使项目管理团队及项目公司能够知悉管理制度相关内容。项目管理制度一旦确立，就必须保证其权威性和严肃性。要建立项目管理制度执行的检查与监督机制，管理制度的执行情况应作为绩效管理的重要内容。

项目管理制度颁布后要相对稳定，对于经实践检验不适应PPP项目管理与实施的制度，应当及时修订、完善。例如PPP项目因合同签订、增减投资、融资条件变化、合作期限变化、建设或运营边界变化、项目建设期运营期提前或延后等情形，应及时调整相应的管理制度，确保项目管理制度不脱离项目实际。要在PPP项目全生命周期内不断完善项目管理制度，保持PPP项目管理制度的可执行性。

三、建立高效的沟通决策机制

（一）决策议事机制

1. 成立政府层面决策机构

为确保PPP项目的顺利实施，应在政府层面成立由财政、规划、发展改革、国土、园林、水务、建设、司法等部门组成的项目领导小组或专班，并建立相应的决策议事机制，协调解决项目实施中出现的重大问题。领导小组全面负责本区域PPP项目管理和PPP模式项目运作。

PPP项目领导小组主要负责项目评审、组织协调和检查督导等工作，及时决策研究解决重大问题，提高决策的科学性和工作效率。

2. 组建PPP项目实施领导机构

针对具体的PPP项目，应组建该PPP项目的项目办公室，可以设在负责本项目实施的委办局（或项目实施机构）。建立以项目实施机构牵头的部门间协调沟通机制，做到各主管部门业务有机衔接。PPP项目办公室在领导小组的领导下，负责协调推进本PPP项目的实施，包括组织政府相关部门对本项目相关合同以及合同执行过程中的重大事项进行联审，形成一致意见后上报政府项目领导小组决策，并获取相关部门批复。

3. 建立专家评审机制

建立稳定、高水平、专业齐全的专家库，完善专家审查把关机制，提升评审质量，辅助政府或项目实施机构管理和决策。如果本地区PPP运作经验不足，可以聘请包括法律、财务、行业内专家学者的专业顾问团队，确保决策的科学性、操作的规范性。

（二）建立沟通与协调机制

1. 建立分级调度机制

沟通管理是为了确保项目信息的合理收集和传输所需的必要措施。可以根据项目管理需求，建立分级调度机制、联席会机制，由各层级参建单位人员参加联席会议，创建通畅的双向信息交流渠道，以及由政府相关部门组织的PPP项目联审机制，缩短审批流程，提高管理效率。建立周例会项目推进调度机制（可主要由项目管理公司协助项目实施机构组织）、项目管理专题调度会制度。

2. 建立沟通联络机制

定期收集各个项目的问题建议，定期召开相关部门工作协调推进会，定期通报本地区各PPP项目的工作进度，及时掌握项目进展情况，切实提高服务效能和工作效率，及时协调项目实施进程中出现的各种问题，注重项目跟踪，形成推进合力，确保项目顺利开展。

对于点多面广项目，如涉及村镇、社区、民扰、征拆等需要协调的事项，可派现场负责人，与项目实施机构、项目公司、村镇、社区建立沟通联络机制，及时协调可能影响项目正常实施的问题。

四、建立必要的技术支撑体系

（一）技术标准制定

协助项目实施机构开展设计方案的评审、评估，辅助政府决策，是项目管理的主要服务内容之一。对于前期工作相对薄弱的PPP项目、PPP+EPC项目、多项目实施主体（SPV）开展同类工程建设的项目以及由项目公司发起并委托开展项目设计的项目，组织编制或出台设计指导意见、技术细则、技术标准、工程建设标准、工程建设投资控制要求等，统一技术标准，对于优化设计方案，有效控制项目投资十分必要。

（二）信息管理与信息化技术应用

PPP项目信息化管理贯穿于项目管理全过程。为了实现项目管理的精细化和信息化，有效监控项目实施情况，提高信息沟通水平和效率，开发或建立（利用标准化信息管理软件和工具定制）适合PPP项目的信息管理系统（PMIS）是十分必要的。

BIM技术的应用可以提高工程建设、管理的效率，实现优化工程设计，减少变更，降低造价，避免返工，加快施工进度，降低运维成本，对工程投资全过程动态控制的目的，应在PPP项目管理中推广使用。项目实施机构在项目方案设计阶段就应该引入BIM技术，充分发挥BIM技术优势，开展多方案及技术合理性比选，并以BIM模型为基础，为项目参建各方以及项目实施不同阶段（项目策划、审批、设计、招标投标、建设、竣工验收、结算、决算、运行维护）提供及时的信息交互和信息共享，服务项目审批管理和决策。

至于项目建设管理中是否引入BIM技术，创建BIM协同管理平台，实现不同专业不同阶段的信息传递和共享应用，辅助项目管理，目前由于国家及行业管理层面尚未出台强制使用的政策，其应用主要取决于项目实施机构或项目公司的主观意愿以及项目的复杂性，比如是否涉及复杂的管线综合、碰撞检查、多专业交叉、跨区域图纸会审等需求，并是否有合适的资金渠道支付BIM专业咨询服务费用。如有必要，建议将BIM技术咨询服务费用纳入工程建设项目总投资。

五、有力的政策与资金支持

（一）政策保障

近年来，PPP项目在我国得到迅速发展，国家、地方层面针对PPP项目的实施与管理也出台了许多政策法规和部门规章，有利于简化项目审批流程，多种方式保障项目用地，加强财税支持政策，推进PPP项目依法合规开展。在地方层面，也可以结合当前正在实施或拟实施的PPP项目，围绕项目前期工作、手续办理、征地、拆迁补偿等方面出台相关政策，以保障PPP项目正常运行。

(二)资金支持

项目一旦确定采取PPP模式,就不得随意调整实施模式,应该按照PPP项目相关政策、规则、项目合同等,强化履约意识。政府方应根据PPP项目合同,落实项目建设资金,确保政府出资、财政补贴、拆迁补偿等及时到位。

财政部门应结合中长期财政规划统筹考虑,将PPP项目可用性服务费、运营服务费纳入同级政府预算。财政部门和项目实施机构应建立政府和社会资本合作项目政府支付台账,严格控制政府财政风险。根据国务院《关于在公共服务领域推广政府和社会资本合作模式的指导意见》(国办发〔2015〕42号),在政府综合财务报告制度建立后,政府和社会资本合作项目中的政府支付义务应纳入政府综合财务报告。

参考文献

[1] 黄华珍,等.完胜PPP:融资与建造的全域解析[M].北京:法律出版社,2016.
[2] 中国建筑业协会工程项目管理委员会.中国工程项目管理知识体系[M].北京:中国建筑工业出版社,2003.
[3] 杨宝坤,等.PPP+BIM项目全生命周期管理与咨询最佳实践[M].天津:天津大学出版社,2020.
[4] 丁士昭.工程项目管理(第二版).北京:中国建筑工业出版社,2014.

导 读

　　PPP项目建设阶段是政府方和中标社会资本落实招标成果、中标社会资本履约践诺的重要阶段，为支撑项目有序推进，各方将为筹措建设资金开展一系列融资工作，以确保资本金到位、融资交割完成。融资管理是PPP项目建设阶段管理的重要内容，成立项目公司代表股权融资落地，完成融资交割程序代表债权融资落地，两个环节均完成后，才标志着整个项目资金基本落地。本章首先介绍了PPP项目融资的基本概念和特点，融资涉及的相关主体和合同体系，以及PPP项目融资模式，尤其对融资模式中的PPP基金、资产证券化融资和基础设施公募REITs进行了重点介绍；其次针对PPP项目融资管理，明确了PPP项目准备、采购、建设和运营等阶段的主要管理内容，同时分析了PPP项目融资的主要风险及管理应对措施。

第三章

PPP项目融资管理

第一节　PPP项目融资概述

PPP项目融资以PPP项目为载体，融资规模一般为项目总投资的70%~80%，融资期限一般不短于10年，本息偿还主要来源于PPP项目本身。由于PPP项目融资具有金额大、周期长、风险高且成本较高等特点，同时合作期间影响项目实施的不确定因素较多，所以对PPP项目加强融资管理就显得尤为重要。

PPP项目融资，主要指项目公司或社会资本方通过股权和债权融资的方式来筹集项目建设与运营资金，并以项目自身未来的收入作为偿债基础和利润来源，即PPP项目融资活动主体是项目本身，项目融资主要依赖项目预计的未来收益、资产状况和政府扶持的力度等。还款来源主要依赖于经营该项目收取的项目服务费而形成的现金流，其中既包括用户支付的费用即使用者付费，也包括财政支付给社会资本的可行性缺口补助以及完全由政府支付的服务费即政府付费。

PPP项目融资管理，是政府方委托第三方专业项目管理单位开展PPP项目管理的重要内容之一。PPP项目融资管理主要是确认项目公司注册资本金、项目资本金是否足额、及时出资缴纳到位，项目资本金来源是否合规；项目融资贷款的条件是否按照协议约定达成，项目融资是否按约定及时到账，项目公司是否专款专用，是否影响项目的正常推进等。

一、融资特点

由于PPP项目具有参与方多、投资数额大、运营期限长、投资回报率低、交易结构复杂、合同体系庞杂等特征，因此，PPP项目融资与其他证券投资、股权投资、风险投资有很大的不同。总结起来，PPP项目融资主要具有以下特点。

（一）政府以少量投资带动社会资本投入

基础设施和公共服务领域建设投资往往金额巨大，采用传统直接投资建设模式，短期内政府需要注入大额的建设投资资金，可能增加地方政府的债务风险。利用PPP模式，可以吸引盘活社会资本存量，客观上分散并化解地方政府债务风险，拓宽项目建设融资渠道。通常，项目公司组建时，政府出资代表一般仅出资一定比例的项目资本金，其他项目建设资金均由社会资本方自投或引入融资。社会资本方投入的资金将在项目运营期内通过政府付费、可行性缺口补助或使用者付费模式平滑支付，使政府当期负债得到有效减缓，自有资金的使用效率得到提升，产品的供给能力得到增强。

（二）全生命周期融资

PPP项目合作期通常在10~30年，项目融资通常贯穿PPP项目的整个生命周期。在项目合作期内，项目公司可以采用银行贷款、发行债券等传统模式进行融资，也可以通过发起PPP项目基金等方式进行股权融资，还可以通过资产证券化方式实现项目退出。因此可以说PPP融资是全生命周期融资。

（三）全方位融资

对于项目公司来讲，PPP融资包括股权融资和债权融资。股权融资和债权融资的范围非常广泛，几乎包括了大部分的金融机构和金融工具。因此，PPP融资是综合性、全方位的组合融资业务。

（四）实现风险合理分配

传统的政府投资项目，项目风险一般由政府承担，而PPP模式一般要求政府授权企业与社会资本共同组建项目公司或社会资本单独成立项目公司，实现政府与社会资本风险共担。

当前我国对工程项目是否属于PPP项目的判断标准之一，就是社会资本必须承担经营风险，而经营时段在项目生命周期中所占比重较大，其相应风险也增大。除了规划、现场条件发生变化等少数特定因素外，项目建设期的风险也需社会资本承担。

（五）政府不同程度的信用支持

PPP项目融资过程中，政府方一般会提供不同程度的信用支持，即使是预期现金流能完全覆盖的经营性项目，政府也会以特许经营、资源配套等形式提供支持。在实践中，盈利前景较好的经营性项目，社会资本投入较积极，政府资本也愿意投入，如高速公路项目等，因此，政府股本支持也是常见的支持安排，政府和社会资本通常选择股权合作的形式。

二、融资相关主体

财政部办公厅《关于征求〈政府和社会资本合作模式操作指南（修订稿）〉意见的函》（财办金〔2019〕94号）第二十七条提出："项目融资由项目公司（未设立项目公司时为社会资本，下同）负责。项目公司（社会资本）应及时开展融资方案设计、机构接洽、合同签订和融资交割等工作。项目实施机构和财政部门应做好监督管理工作，防止企业债务向政府转移。项目公司（社会资本）未按照项目合同约定完成融资的，项目实施机构可提取履约保函直至终止项目合同；发生系统性金融风险或不可抗力的，项目实施机构、项目公司（社会资本）可根据项目合同约定协商修订合同中相关融资条款"。

由上可知，PPP项目融资涉及的相关主体通常包括政府、社会资本和金融机构三方。在PPP模式下，项目公司为独立法人，具体承办融资事项；社会资本负责配合并给予融资担保及授信，政府方也需要结合项目需求为融资提供积极协助，但不对项目公司的融资行为承担责任和义务。下面我们分别对这三个主体进行分析。

（一）政府

虽然PPP项目融资主体是社会资本，但政府方在PPP项目投融资环节中也有着非常重要的作用，即通过参与股权融资、开展融资管理、提供融资支持等工作，对PPP项目的实施起到引导、监管及推动作用。

1. 投资引导作用

财政部《关于印发政府和社会资本合作模式操作指南（试行）的通知》（财金〔2014〕113号）（以下简称《操作指南》）第二十三条规定："社会资本可依法设立项目公司。政府可指定相关机构依法参股项目公司"。在PPP项目的实际操作过程中，政府通常会通过地方国有企业或融资平台公司，在PPP项目公司中出资一定比例，持有一部分股权，持股比例一般小于50%。这一出资的目的一方面是起到引导社会资本投资的作用，另一方面是为项目经营期满时政府回购社会资本所持股权提供前提。

2. 投融资监管作用

《操作指南》第二十三条规定："社会资本可依法设立项目公司。政府可指定相关机构依法参股项目公司。项目实施机构和财政部门（政府和社会资本合作中心）应监督社会资本按照采购文件和项目合同约定，按时足额出资设立项目公司"。第二十四条规定："项目融资由社会资本或项目公司负责。社会资本或项目公司应及时开展融资方案设计、机构接洽、合同签订和融资交割等工作。财政部门（政府和社会资本合作中心）和项目实施机构应做好监督管理工作，防止企业债务向政府转移。社会资本或项目公司未按照项目合同约定完成融资的，政府可提取履约保函直至终止项目合同"。

从以上规定可知，政府在PPP项目中具有双重角色，既是社会资本的合作方、项目的参与者，又是项目的监督方、社会资本的考核者。政府方须在PPP项目合同中落实财政监管要求，承担融资管理责任。政府是否发挥了良好的监管作用也成为PPP模式能否成功运作的关键之一。

3. 项目融资支持作用

尽管政府方不承担PPP项目的融资责任，但在PPP项目融资过程中，政府方通常需要为融资提供支持。其中包括协助融资机构监管项目现金流、确保项目现金流稳定、协助提前终止、项目资产回购款用于还债等。通常的融资支持方式包括项目专项基金（如国家开发银行、中国农业发展银行专项基金）、PPP项目政府引导基金（如财政部1800亿元政企合作基金、省级PPP基金）、政策性银行贷款安排、商业银行投贷联动安排、项目沿线一定范围的土地开发使用权、财政可行性缺口补助等。

（二）项目公司（社会资本）

社会资本是PPP项目的参与主体，也是PPP项目的融资主体。PPP项目实际投入资金的一方为社会资本，但由于PPP项目通常需要注入的资金非常多，身为工程企业或运营企业的社会资本往往不具备投入全部投资的实力。即使有，受财务制度限制或投资收益最大化的目标约束，社会资本通常也不会全部自己投资，而是会采取部分投资、部分融资的策略。

在PPP项目的投融资实践中，PPP项目的融资主体通常是为该项目专门成立的项目公司，而非社会资本本身。项目公司设立的目的就是为PPP项目服务，PPP项目合同的签约主体也是项目公司，PPP项目具体的实施路径和运作过程由项目公司负责。项目公司自主经营、自负盈亏，属于有限责任公司，是拥有独立法人资格的经营实体。因此，项目公司通常被称为特殊目的公司。项目公司最大的好处在于可以将项目公司的风险与投资人进行有效的隔离，无论项目公司经营状况如何，债务水平怎样，投资人仅按照在项目公司中的出资额承担有限责任。项目公司的设立有两种方式，一种是只有社会资本进行注资，另一种是由政府和社会资本进行合资一起注入资金，但是项目公司中政府持股比例应低于50%，并且没有实际控制和管理权。

项目融资由社会资本或项目公司负责。如果未能完成融资，则由中标社会资本根据和项目实施机构签订的《PPP项目投资协议》承担相应违约责任。融资落地时，由项目公司和金融机构签订《融资协议》，并承担还本付息的责任。社会资本应及时开展融资方案设计、机构接洽、合同签订和融资交割等工作，同时还应关注投资PPP项目对自身财务结构平衡的影响，综合分析本企业长期盈利能力、偿债能力、现金流量和资产负债状况等。社会资本应具体做好以下工作：

一是要落实股权投资资金来源。在落实好拟用于PPP项目投资的自有资金基础上，根据项目需要引入优势互补、协同度高的其他非金融投资方。

二是做好债务资金安排。社会资本积极与各类金融机构建立PPP业务合作关系，使债务融资与项目生命周期相匹配。

三是积极盘活存量投资。社会资本可通过出让项目股权、增资扩股、上市融资等多渠道盘活资产，收回资金，实现PPP业务资金平衡和良性循环。

四是规范融资增信。社会资本在PPP项目股权合作中，应坚持"同股同权"的原则，不得以"名股实债"方式引入股权资金。

（三）金融机构

PPP模式产生的一个重要背景就是基础设施资金需求量大但财政资金有限，因此在我国PPP实践中，绝大多数PPP项目需要融资，如果没有银行等金融机构的资金支持，PPP项目很难在计划的时间内顺利完成。在PPP项目投融资环节中，金融机构通常以财务投资人的身份出现。即使金融机构通过私募基金或资管计划入股了项目公司，一般也是名股实债，不参与项目的建设、运营和管理。金融机构财务投资人角色是社会分工精细化的结果。PPP项目涉及的产业领域众多，且按照PPP规则，项目公司一般要承担建设、运营管理等职能，向社会公众提供专业化服务，这些都不是金融机构所具备的。

金融机构参与PPP项目，一般有两种方式：一是作为社会资本直接投资PPP项目。在这种方式下，金融机构可以与具有基础设施设计、建设、运营维护等能力的社会资本联合起来,与政府签订三方合作协议,并在约定范围内参与PPP项目的投资运作。二是在项目实施过程中提供资金。金融机构可以发挥其资金优势,为开展建设或运营的社会资本或项目公司提供大量资金,间接加入到PPP项目中。

三、融资合同体系

一般PPP项目所需资金除政府投入资金外,均由社会资本和项目公司负责筹措,其中项目资本金应由社会资本以自有资金投入,除项目资本金之外的资金由项目公司依法通过股权融资和债权融资的方式进行融资。

PPP项目融资合同体系(图3-1-1),主要包括PPP项目公司向金融机构借款时,项目公司与金融机构签订的项目贷款合同、担保人就项目贷款与金融机构签订的担保合同以及政府与金融机构和项目公司签订的融资人直接介入协议等多个合同。其中,项目贷款合同是最主要的融资合同。项目贷款合同一般包括陈述与保证、前提条件、偿还贷款、担保与保障、抵销、违约、适用法律与争议解决等条款。同时,出于贷款安全性的考虑,金融机构往往要求项目公司以其财产或其他权益作为抵押或质押,或由其母公司提供某种形式的担保,或由政府做出某种承诺,这些融资保障措施通常会在担保合同、资金控管协议、直接介入协议以及PPP项目合同中得到具体体现,内容基本与担保、增信或监控资金流有关。

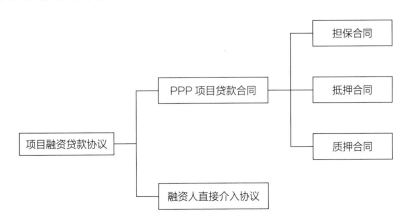

图 3-1-1　PPP 项目融资合同体系

第二节　PPP项目融资模式

PPP项目从前期策划、施工建设到最后进入长达10~30年的运营期，以项目为导向的PPP模式对融资方式的选择体现出了项目融资的理念和方法。不管是通过股权模式还是债权模式进行融资，PPP项目融资一般不依赖于项目投资人或项目发起人的资信状况而是依据项目的预期收益、现金流水平以及项目的风险水平和资产价值等。

一、PPP项目的股权融资和债权融资

PPP项目融资由项目公司负责，未设立项目公司时由中标社会资本负责。项目公司的融资方式，一般分为股权融资与债权融资。股权融资指的是社会资本对于项目公司的出资，通常满足项目公司成立时的注册资本或项目资本金的要求；债权融资指的是融资机构对于项目公司的债务性贷款融资，通过债权形式进入项目公司，通常满足项目建设资金需求。唯有这两种融资方式的顺利完成，项目才能推进。

（一）股权融资

2018年，财政部发布了《关于规范金融企业对地方政府和国有企业投融资行为有关问题的通知》(财金〔2018〕23号)。在该文件的"总体要求"中对国有金融企业提出："不得提供债务性资金作为地方建设项目、政府投资基金或政府和社会资本合作（PPP）项目资本金"；在"资本金审查"中提出："国有金融企业向参与地方建设的国有企业（含地方政府融资平台公司）或PPP项目提供融资，应按照'穿透原则'加强资本金审查，确保融资主体的资本金来源合法合规，融资项目满足规定的资本金比例要求。若发现存在以'名股实债'、股东借款、借贷资金等债务性资金和以公益性资产、储备土地等方式违规出资或出资不实的问题，国有金融企业不得向其提供融资"。

2019年，财政部在《关于推进政府和社会资本合作规范发展的实施意见》(财

金〔2019〕10号）中提出：规范的PPP项目应当符合的条件之一是"项目资本金符合国家规定比例，项目公司股东以自有资金按时足额缴纳资本金"。

2019年，国务院在《关于加强固定资产投资项目资本金管理的通知》（国发〔2019〕26号）中要求："投资项目资本金作为项目总投资中由投资者认缴的出资额，对投资项目来说必须是非债务性资金，项目法人不承担这部分资金的任何债务和利息；投资者可按其出资的比例依法享有所有者权益，也可转让其出资，但不得以任何方式抽回"。"项目借贷资金和不符合国家规定的股东借款、'名股实债'等资金，不得作为投资项目资本金"。同时，该文件还提出："金融机构在认定投资项目资本金时，应严格区分投资项目与项目投资方，依据不同的资金来源与投资项目的权责关系判定其权益或债务属性，对资本金的真实性、合规性和投资收益、贷款风险进行全面审查，并自主决定是否发放贷款以及贷款数量和比例。项目单位应当配合金融机构开展投资项目资本金审查工作，提供有关资本金真实性和资金来源的证明材料，并对证明材料的真实性负责"。

综合以上文件可以看出，PPP项目的股权融资对项目公司来说必须是非债务性资金，项目公司不承担这部分资金的任何债务和利息。

（二）债权融资

债权融资模式的工具主要包括银行贷款、发行债券、签发票据、融资租赁、资产支持证券化等。从现金流角度入手，项目建设期内一般只有支出，没有收入，是资金需求最大的阶段，项目公司成立初期到位的项目资本金自然难以满足需求，需要继续对外融通资金。

目前，多数PPP项目由项目公司依靠自身现金流做支撑，向金融机构申请债权融资。据财政部PPP中心数据显示，国内PPP项目的债权融资集中在银行贷款。

1. 贷款融资

（1）银行贷款

银行贷款模式主要是项目公司与贷款银行直接签订贷款合同，并将项目公司未来运营收益权作为质押，政府方不提供额外担保。

（2）股东贷款

根据《贷款通则》第六十一条，企业之间不得违反国家规定办理借贷或者变相借贷融资业务。因此股东贷款一般是指股东提供合法资金转入委托银行，委托银行根据股东确定的贷款对象（项目公司）、用途、金额、期限、利率等代为发放、监督使用并协助收回的贷款。

2. 债券融资

作为直接融资工具，发行债券也是PPP项目的一个主要融资途径。PPP项目公司或社会资本方可以通过发行PPP项目专项债券、项目收益债券、企业债券、公司债券、中期票据等进行融资。

2015年7月29日，国家发展改革委发布了《项目收益债券管理暂行办法》（发改办财金〔2015〕2010号）。该办法规定项目收益债券是由项目实施主体或其实际控制人发行的，与特定项目相联系的，债券募集资金用于特定项目的投资与建设，债券的本息偿还资金完全或主要来源于项目建成后运营收益的企业债券。发行项目收益债券募集的资金，只能用于该项目建设、运营或设备购置，不得置换项目资本金或偿还与项目有关的其他债务，但偿还已使用的超过项目融资安排约定规模的银行贷款除外。

2017年4月25日，国家发展改革委为创新融资机制，拓宽政府和社会资本合作（PPP）项目融资渠道，引导社会资本投资于PPP项目建设，扩大公共产品和服务供给，积极发挥企业债券融资对PPP项目建设的支持作用，发布了《政府和社会资本合作（PPP）项目专项债券发行指引》（发改办财金〔2017〕730号），以下简称《指引》。《指引》明确了"PPP项目专项债券"是指由PPP项目公司或社会资本方发行，募集资金主要用于以特许经营、购买服务等PPP形式开展项目建设、运营的企业债券。此外，《指引》还明确了募集资金的适用范围和支持重点，细化了债券发行条件，放宽AA+发行人的审核要求，鼓励上市公司及其子公司发行PPP项目专项债券，债券批复文件有效期延长至2年，专门规定了信息披露和投资者保护机制等。

二、PPP基金

基金是指将募集的资金交给基金管理人，用于特定的目的与用途，而实践中基金的主要目的是为投资获利。所谓PPP基金是指直接投资或间接投资PPP项目的基金。PPP基金分类有多种，按照基金组织形式的不同，可以分为公司型基金、合伙型基金和契约型基金。按照设立目的的不同，可分为政府引导型基金和社会资本融资型基金。目前，合伙型基金、契约型基金是主流基金形式。

PPP基金管理机构可与项目的政府方及社会资本方或项目公司签订协议，明确投入规模、投入方式、投入期限、收益回报、退出机制、权利和义务等。如基金投入在项目公司成立前，则基金的投入规模、期限、收益及退出机制等应写入PPP项目的实施方案中，并在项目采购中与合作方达成一致意见，写入PPP项目合作协议中。

一般PPP基金以股权方式投入PPP项目，每个项目股权投入的基金一般不超过注册资本金的50%，且与项目社会资本方出资按比例同步到位。PPP基金所投资具体项目期限一般不超过10年，到期可优先转让给社会资本方。PPP基金对投资项目的收益获取机制是按股权的比例享有收益或按约定回报率获取收益。基金的收益来源主要是所投资PPP项目的股权分红收益及股权转让增值收益。

由于PPP基金投资项目公司的性质属于股权融资，因此PPP基金的分配顺位次于银行债权；PPP基金投资项目公司所取得的股权和社会资本方投资项目公司所取得的股权相比，PPP基金股权属于特别的股权，也就是双方通过约定，使得PPP基金股权的分配顺位优于社会资本方股权。

PPP基金的退出一般有三种方式。一是股权回购：企业通过股权转让的方式退出，另一投资人接收其股权。二是股权收益权转让：不属于股权转让，因没有办理股权变更，实质上相当于"代持股"关系。三是基金份额转让：基金产品份额转让属于金融商品转让，按照卖出价扣除买入价后的余额为销售额，税率6%；基金公司份额转让不属于增值税征税范围，不征收增值税。

三、资产证券化融资

（一）基本概念和主要分类

资产证券化是指将企业表内流动性不佳但是现金流稳定的资产放入特殊目的载体做出破产隔离，并将资产池中的资产收益包装成不同条件的证券并发行，以提前回收未来现金流的一种融资方式。对应地，资产支持证券就是由上述具有自动清偿能力的资产组成的资产池支持的证券。

我国资产证券化主要有4种模式：中国人民银行和中国银行监督管理委员会主管的信贷资产证券化，中国证券业监督管理委员会主管的企业资产证券化（也称资产支持专项计划），中国银行间市场交易商协会主管的资产支持票据和中国银行保险监督管理委员会主管的项目资产支持计划。

1. 信贷资产证券化

信贷资产证券化是指银行业金融机构作为发起机构将信贷资产信托给受托机构，由受托机构以资产支持证券的形式向投资机构发行受益证券，以该资产所产生的现金支付资产支持证券收益的结构性融资活动。

2. 资产支持专项计划

资产支持专项计划是指以特定基础资产或资产组合所产生单独现金流为偿付支持，通过结构化方式进行信用升级，在此基础上发行资产支持证券的业务活动。

3. 资产支持票据

资产支持票据是指非金融企业在银行间债券市场发行的，由基础资产所产生的现金流作为还款支持的，约定在一定期限内还本付息的债务融资工具。

4. 资产支持计划

资产支持计划是指保险资产管理公司等专业管理机构作为受托人设立支持计划，以基础资产产生的现金流为偿付支持，面向保险机构等合格投资者发行受益凭证的业务活动。

（二）资产证券化与债务融资的区别

资产证券化与债务融资最大的区别在于控制资产负债率，前者是财务报表的左端融资，而后者是在财务报表的右端融资；前者是资产出售后，也就是资产出表后，换回了现金，而资产负债率没有因此改变，但是后者是债务性融资，也就是资产作为融资担保后，资产负债率增加了。因此通过资产证券化的融资手段，可以通过资产转让优化财务状况，达成轻资产运营模式。

（三）PPP项目资产证券化

为拓展PPP项目的多元化融资通道，国家相关部门对PPP项目的资产支持证券化采取支持态度，积极发布相关政策规定。

2016年12月，国家发展改革委、中国证监会共同发布《关于推进传统基础设施领域政府和社会资本合作（PPP）项目资产证券化相关工作的通知》（发改投资〔2016〕2698号）。以上"通知"中提出，PPP项目资产证券化是保障PPP持续健康发展的重要机制，对盘活PPP项目存量资产、加快社会投资者的资金回收、吸引更多社会资本参与PPP项目建设具有重要意义。同时明确了重点推动资产证券化的PPP项目范围：一是项目已严格履行审批、核准、备案手续和实施方案审查审批程序,并签订规范有效的PPP项目合同,政府、社会资本及项目各参与方合作顺畅;二是项目工程建设质量符合相关标准,能持续安全稳定运营,项目履约能力较强;三是项目已建成并正常运营2年以上,已建立合理的投资回报机制,并已产生持续、稳定的现金流;四是原始权益人信用稳健,内部控制制度健全,具有持续经营能力,最近三年未发生重大违约或虚假信息披露,无不良信用记录。

2017年6月,财政部、中国人民银行、中国证监会共同发布《关于规范开展政府和社会资本合作项目资产证券化有关事宜的通知》(财金〔2017〕55号)指出,分类稳妥地推动PPP项目资产支持证券化、严格筛选开展资产支持证券化的PPP项目、完善PPP项目资产支持证券化工作程序、着力加强PPP项目资产支持证券化监督管理。

2017年7月,国家发展改革委《关于加快运用PPP模式盘活基础设施存量资产有关工作的通知》(发改投资〔2017〕1266号)对采用PPP模式盘活存量资产的基础设施项目,鼓励通过资产支持证券化、发行PPP项目专项债券等方式开展市场化融资,提高资产流动性,拓宽资金来源,吸引更多社会资本以不同方式参与。

四、基础设施公募REITs

(一)基础设施公募REITs可盘活国有存量资产

不动产投资信托基金(Real Estate Investment Trusts,REITs)是通过发行收益凭证汇集多数投资者的资金,交由专业投资机构进行不动产投资经营管理,并将投资收益及时分配给投资者的一种投资基金。REITs有多种分类标准。根据法律载体不同,可以将REITs分为公司型和契约型。根据投资方式不同,REITs可分为权益型、抵押型和混合型。根据REITs的基础资产不同,可以将REITs分为商业零售REITs、基础设施REITs、租赁住房REITs、物流REITs等。

基础设施公募REITs是指依法向社会投资者公开募集资金形成基金财产,通过基础设施资产支持证券等特殊目的载体持有基础设施项目(不包含住宅和商业地产项目),由基金管理人等主动管理运营上述基础设施项目,并将产生的绝大部分收益分配给投资者的标准化金融产品。简单来说,基础设施公募REITs可以让投资者用较少的资金参与到大型基础设施建设项目中,从而分享项目的基础收益和资产升值。

改革开放40多年来，中国经济增长取得了世人瞩目的成就，也积累了大量固定资产库存。公募REITs的出台，为地方政府及国有企业提供了盘活存量资产的路径，能使其持有的大量基础设施资产在资本市场焕发新的活力，也为地方政府利用存量资产获得融资并投资新领域提供了资金来源渠道。

（二）基础设施公募REITs主要政策支持文件

2020年4月30日，中国证监会与国家发展改革委颁布了《关于推进基础设施领域不动产投资信托基金（REITs）试点相关工作的通知》（证监发〔2020〕40号）及《公开募集基础设施证券投资基金指引（试行）（征求意见稿）》，正式启动公募REITs试点。2020年8月6日，中国证监会公布《公开募集基础设施证券投资基金指引（试行）》（证监会公告〔2020〕54号）以及立法说明。

2021年1月13日，国家发展改革委颁布《关于建立全国基础设施领域不动产投资信托基金（REITs）试点项目库的通知》（发改办投资〔2021〕35号），于2021年6月又发布了《关于进一步做好基础设施领域不动产投资信托基金（REITs）试点工作的通知》（发改投资〔2021〕958号），与2020年4月《关于推进基础设施领域不动产投资信托基金（REITs）试点相关工作的通知》（证监发〔2020〕40号）和2020年7月《关于做好基础设施领域不动产投资信托基金（REITs）试点项目申报工作的通知》（发改办投资〔2020〕586号）相衔接，有序推进了我国REITs试点工作的开展。

2021年3月，《中华人民共和国国民经济和社会发展第十四个五年规划和2035年远景目标纲要》提出，规范有序推进政府和社会资本合作（PPP），推动基础设施领域不动产投资信托基金（REITs）健康发展，有效盘活存量资产，形成存量资产和新增投资的良性循环。

此外，2020年9月，北京市发展改革委等六部门联合印发了《关于支持北京市基础设施领域不动产投资信托基金（REITs）产业发展的若干措施》（京发改〔2020〕1465号），主要围绕产业要素、产业生态、政策保障等三个方面提出12条政策措施。2021年，成都、上海、苏州、广州、南京等城市也纷纷出台了REITs相关政策，支持和吸引本地区REITs产业发展。

（三）基础设施公募REITs发行情况

2021年6月21日，首批基础设施公募REITs试点项目在沪深证券交易所挂牌，中国REITs市场由此正式诞生。华安张江光大园（508000）、浙商证券沪杭甬杭徽高速（508001）、富国首创水务（508006）、东吴苏州工业园区产业园（508027）、中金普洛斯仓储物流（508056）5单基础设施REITs在上海证券交易所发行，规模合计170.32亿元；博时招商蛇口产业园（180101）、平安广州交投广河高速公路（180201）、红土创新盐田港仓储物流（180301）、中航首钢生物质（180801）等4单基础设施REITs在深圳证券交易所发行，规模合计143.71亿元。

首批9支公募基础设施REITs上市后备受市场关注，随后第二批2支REITs更是备受投资者追捧。2021年12月14日，华夏越秀高速REIT（180202）在深圳证券交易所成功发行上市，发行规模21.3亿元。2021年12月17日，建信中关村REIT（508099）在上海证券交易所成功上市，发行规模28.8亿元。

以上2021年发行的11支公募基础设施REITs中，特许经营权类有5支，产权类有6支。具体情况如表3-2-1所示。

2021年发行的11支基础设施公募REITs分类表　　　　表3-2-1

资产大类	类别	基金简称
特许经营权类	高速公路	平安广州广河REIT
	高速公路	浙商沪杭甬REIT
	高速公路	华夏越秀高速REIT
	环保	富国首创水务REIT
	环保	中航首钢绿能REIT
产权类	仓储物流	中金普洛斯REIT
	仓储物流	红土盐田港REIT
	产业园	东吴苏园产业REIT
	产业园	博时蛇口产园REIT
	产业园	华安张江光大REIT
	产业园	建信中关村产业园REIT

（四）PPP项目发行REITs的局限性和潜在风险

PPP项目发行REITs在项目层面需要关注的重要因素有：项目要有较好现金流和盈利能力、项目审批手续完备、资产产权、合同转让关系清晰等。在《关于进一步做好基础设施领域不动产投资信托基金（REITs）试点工作的通知》（发改投资〔2021〕958号）中，基础设施领域不动产投资信托基金（REITs）试点项目申报除满足项目基本条件外，PPP（含特许经营）类项目还需满足以下4个条件：① 2015年6月以前采用BOT、TOT、股权投资等模式实施的特许经营类项目，应符合当时国家关于特许经营管理相关规定。2015年6月以后批复实施的特许经营类项目，应符合《基础设施和公用事业特许经营管理办法》（国家发展改革委等6部委第25号令）有关规定。② 2015年6月以后批复实施的非特许经营类PPP项目，应符合国家关于规范有序推广PPP模式的规定，已批复PPP项目实施方案，通过公开招标等竞争方式确定社会资本方，并依照法定程序规范签订PPP合同。③收入来源以使用者付费（包括按照穿透原则实质为使用者支付费用）为主。收入来源含地方政府补贴的，需在依法依规签订的PPP合同或特许经营协议中有明确约定。④项目运营稳健、正常，未出现暂停运营等重大问题或重大合同纠纷。

需要说明的是，REITs作为一种创新的金融工具和基础设施投融资模式，本身也存在一定的局限性和潜在风险。首先，REITs作为权益型融资工具，相对债权融资，其融资成本和融资效率均不占优势，会影响原始权益人的发行意愿。其次，如何保障REITs上市后乃至原始权益人彻底退出后底层资产的运营管理质量，如何处理出表资产与原始权益人其他同类资产的同业竞争关系，以及如何解决原始权益人与基金管理人的代理风险，都需要监管部门进一步研究明确。另外，PPP项目发行REITs，更需要关注一些特殊问题，如社会资本方、政府出资人代表的股权转让问题，政府出资人代表作为原始权益人如何认购基金份额，以及REITs存续期与PPP项目移交期及清算期可能存在错配等问题。

第三节　PPP项目融资管理主要内容

在PPP项目中，政府方是公共事务的管理者，也是公共产品或者服务的购买者；在共同组建PPP项目公司时，政府和社会资本双方需要共同签署PPP项目合同，用于约定项目合作内容和双方的基本权利义务，由此决定了政府方对PPP项目融资监管有行政监管和协议监管两种基本方式。政府方要做好PPP项目的融资管理，一是要规范管理工作流程，依托合同条款建立双方认可的融资管理制度，根据制度要求开展具体融资及融资管理工作，强化资本金缴纳、融资交割、贷款文件审批管理；二是要充分利用内外部资源，行使政府方行政权力，与银行机构保持密切沟通与协作，对项目公司贷款审批过程、贷款条件、还款情况等环节进行跟踪，监督融资工作依法合规开展，确保融资规模与项目匹配；三是要强化信息监控手段，通过网络账户查询手段，实时监控项目公司账户资金到账情况及最终流向。

根据PPP项目的操作流程，从融资角度，政府方具体从PPP项目准备、项目采购、项目建设及项目运营四个阶段开展融资管理工作。

一、准备阶段融资管理

《政府和社会资本合作模式操作指南（试行）》（财金〔2014〕113号）第11条将"交易结构"阐述为："交易结构主要包括项目投融资结构、回报机制和相关配套安排。项目投融资结构主要说明项目资本性支出的资金来源、性质和用途，项目资产的形成和转移等"。由此可见，PPP项目投融资结构属于PPP项目交易结构的重要组成部分。在PPP项目准备阶段，项目实施机构组织编制的实施方案中应当确定项目投融资结构，并在采购阶段落实具体投融资模式。

二、采购阶段融资管理

招标信息发布阶段。政府作为发起人要将与项目相关的信息发布出去，吸引潜在的投资人前来投标。

资格预审阶段。政府发起人要获取投标人经济能力与风险应对能力方面的真实信息，验证其是否具有真正响应投标的条件。

采购文件编制阶段。政府方依据批复的可研报告、物有所值评价报告、财政承受能力论证报告和实施方案等文件，设计招标文件中财务方案的内容，确定评审标准，确保入围社会资本具备实施项目的资金筹措能力。一般情况下，政府方会在采购文件中要求社会资本提供融资计划，要求详述资金的使用、资金成本、项目风险、预计融资交割时间及其他重大事件进度表，以及贷款人为项目出具的贷款意向书或承诺函、预期的借款期限、利率、银行授信情况、担保方式、紧急状态下的资金应对方案等要素。

项目采购评审阶段。对于通过资格审查的投标人，政府应采取相关措施鼓励其积极参与投标，保证足够的竞争性，并通过对社会资本资金筹措计划的比较，以及对投标/磋商文件中融资方案、财务方案完整性及合理性的评估和审查，从中选择实力最强的一家作为合作者参与项目建设。

确认谈判与合同签署阶段。根据《招标投标法实施条例》（中华人民共和国国务院令第613号）第五十七条规定："招标人和中标人应当依照招标投标法和本条例的规定签订书面合同，合同的标的、价款、质量、履行期限等主要条款应当与招标文件和中标人的投标文件的内容一致。招标人和中标人不得再行订立背离合同实质性内容的其他协议"，PPP项目采购阶段与确认谈判合同签署阶段的管理是相辅相成的，确认谈判合同签署阶段的管理是对采购阶段的具体落实。

需要注意的是，在采购之前，对于政府的财政支出要尽可能锁死并控制，能达到此目的的最主要做法是，项目前期工作必须达到足够深度。在《关于依法依规加强PPP项目投资和建设管理的通知》（发改投资规〔2019〕1098号）等政策发布前，各地存在部分没有可研报告、没有设计方案、没有实施方案，甚至没有财政承受能力测算以及物有所值评价的项目推进招商工作，结果就是在社会资本引入后，双方仍然要对项目细节进行再磋商，对政府付费规模进行再谈判，致使投资无法控制、企业支出失控。

三、建设阶段融资管理

建设期是政府方和中标社会资本落实招商条件、筹措资金的主要阶段，该阶段也是PPP项目落实招标成果、中标单位履约践诺的重要阶段，涉及股权投资和PPP融资合同管理工作，是PPP项目融资管理的重要环节，主要管理目标为确保资本金到位、融资交割完成。各方将为筹措建设资金开展一系列融资工作，政府方在本阶段主要承担内外两类管理内容，对内组织政府出资代表履约缴纳资本金，对外监督项目公司落实建设资金筹措，确保融资资金及时、足额到位，支撑项目有序推进。该阶段管理应严格按照PPP项目合同约定，及时落实各项节点条款约定。此外，对于建设周期较短的项目，政府方要在进入建设期后着手将项目付费纳入财政支出计划，确保PPP项目公司还本付息工作有序开展。

（一）股权融资管理

1. 股东协议管理

股东协议是指项目公司成立之前，由股东针对股权出资以及筹办项目公司的相关事宜而签订的协议书。一般股东协议的内容包括股权融资的三个阶段（投资、经营、退出）、四权利（所有权、经营权、派任权、分红权）与五比例（出资比例、股权比例、席位比例、表决比例、分红比例）。

股东协议应作为采购文件的一部分，签署股东协议是政府方出资代表与成交社会资本确认股东职责的过程。因此，股东协议管理的重要内容是确保社会资本方与项目实施机构签署初步协议时，监督各方同时签订股东协议。

2. 公司章程管理

公司章程是指依照法定程序，召开股东大会，通过并生效的关于公司运作组织、基本活动以及重要事项基本规则的文件。因此公司章程的成立与生效条件来自于股东大会的法定决议程序，与其他采购文件经过中标社会资本方与政府方签署后即成立生效的文件，有着显著的区别。

3. 注册资本管理

《政府和社会资本合作模式操作指南（试行）》（财金〔2014〕113号）第23条规定，"项目实施机构和财政部门（政府和社会资本合作中心）应监督社会资本按照采购文件和项目合同约定，按时足额出资设立项目公司"。财政部办公厅《关于规范政府和社会资本合作（PPP）综合信息平台项目库管理的通知》（财办金〔2017〕92号）中，也将"违反相关法律和政策规定，未按时足额缴纳项目资本金、以债务性资金充当资本金或由第三方代持社会资本方股份的"已入库项目作为"不符合规范运作要求"的情形集中清理出库。所以，在PPP项目实施过程中，政府方一般会在采购文件中要求中标社会资本成立项目公司作为实施PPP项目的主体，并明确注册资本的数额和比例要求。项目公司成立阶段，监督注册资本金缴纳、追缴工作。

（1）对政府出资代表的注资管理。政府方应积极协调财政，落实政府出资代表注册资本金来源，确保政府切实履约。由于可行性缺口补助和政府付费的PPP项目普遍缺乏收益途径，可运用的融资手段较为单一，许多如基金融资、保险融资等融资工具设置的融资条件、融资成本较高，后期项目收益难以覆盖，政府方在实施该类项目时基本会参与股权融资工作，以提高金融机构参与的积极性。因此，政府方对出资代表的注资管理，是本阶段融资管理的重点之一，确保出资代表及时足额缴纳注册资本金，也是PPP项目公司能顺利取得债权融资的前提条件。

（2）对中标社会资本的注资管理。中标社会资本于股东协议中所承诺的资金如期到位，则可以进入到签约程序。由于《中华人民共和国公司法》已经取消了验资程序，因此项目实施机构可以在股东协议中要求，由项目实施机构或委托的第三方机构进行验资。

（3）对后续注册资本的追缴管理。成立项目公司阶段最关键的问题在于首批注册资本是否如期到位。项目公司成立后，对于项目公司注册资本按PPP项目建设进度分批实缴到位的情况，政府方除应保证政府出资代表的后续注册资本金如期到位外，还应根据PPP项目合同及投资协议相关约定，督促PPP项目公司其他各股东及时、足额缴纳后续的注册资本金，并在缴付后对注册资本金入账凭证（银行回单）进行核备。

（二）债权融资管理

1. 监督融资过程及融资交割

项目公司成立后，如果公司章程通过的内容符合股东协议以及协商的要求，且社会资本方于股东协议中所承诺的资金到位，则项目实施机构可以和项目公司签订正式的PPP项目合同，并要求项目公司编制并正式上报融资方案。项目实施机构应审核融资文件、监督项目公司融资过程及交割工作，确保项目公司按照PPP项目合同工程进度计划开展融资工作。涉及质押项目相关权益的融资模式，政府方应在项目公司签订贷款协议前对文件进行审核，并要求项目公司提供股东方全额担保证明；在贷款协议签订后，政府方应对融资交割证明文件（股东注资到账凭证、贷款协议及经银行确认的提款申请书或委托支付协议等复印件）进行审核，以确认融资交割完成。

融资交割，指项目融资所需的有关资信、协议、担保或承诺等文件已签署并提交政府方，且融资文件要求获得首笔资金的前提条件已得到满足或被豁免。考虑到能否如期完成融资交割将直接影响PPP项目是否顺利实施，并且项目融资风险应当主要由社会资本承担，如果项目公司未能按照合同约定履行项目融资义务时，中选社会资本应采取有效措施完成资金筹措，避免造成项目建设资金链中断。PPP各参与方应按照项目采购要求及双方确定的融资计划和方案明确项目公司完成融资交割的具体时限，并就中选社会资本的补充融资责任予以约定。

2. 监管项目公司专用账户

为规范资金管理，要监督项目公司设立建设资金专用账户，各项来源的资金应根据资金计划及资金支付需求及时拨款至资金专户，项目公司须通过资金专户向参建单位支付建设资金，由其他账户支付的任何资金不予认可，不可计入工程投资范围。为实现对资金专户的动态监管，需要项目公司提供银行账户网络监管查询设备，同时应要求项目公司对专户独立建账。

3. 跟踪建设资金合规使用

政府方应通过账户管理督促项目公司按照PPP项目合同规定的工程进度计划按时、足额向工程建设资金专户拨付项目建设资金，跟踪专户资金的合规使用。项目公司采用全额自主支付模式办理贷款时，应要求项目公司将贷款资金转入建设资金专户统一进行对外支付；采用受托支付模式办理贷款时，应要求项目公司及时向政府方备案相关开户文件及委托支付协议。

四、运营阶段融资管理

运营阶段PPP项目的建设已基本完成，项目融资将进入偿还阶段，建设资金融资已不再是管理工作重点。政府方管理向以下三个方面进行调整：一是对已融资部分偿还工作的监督保障；二是对项目公司开展的再融资工作进行合规性监管，做好风险隔离安排；三是资产证券化融资的预审核管理。

（一）融资偿还工作的监督保障

一是对已融资部分偿还工作的监督保障。政府方的管理重点将与PPP运营期绩效管理紧密结合，从账户监管向经营情况监管转移，关注项目绩效评价结果对项目公司融资偿还工作的影响，对项目公司现金流进行监督，结合绩效管理，协助项目公司平衡按效付费与债务融资的偿还工作。

二是通过积极落实年度财政支出责任，确保政府按效付费。财政部《政府和社会资本合作项目财政管理暂行办法》（财金〔2016〕92号）第18条规定："行业主管部门应当根据预算管理要求，将PPP项目合同中约定的政府跨年度财政支出责任纳入中期财政规划，经财政部门审核汇总后，报本级人民政府审核，保障政府在项目全生命周期内的履约能力"。

三是切实做好运营期绩效管理工作，确保项目公司提供优质服务、做到收支平衡并取得合理投资回报。

四是监督项目公司保险、保函文件的维持情况，确保项目公司持续稳定运营。

（二）循环融资与再融资的合规性监管

1. 循环融资

循环融资是融资期限短于项目的合作期，无法以单一贷款完全满足项目的资金需求，为此借款人须引进新贷款，以接替到期的旧贷款。由于目前PPP项目合作期一般最长可以达到30年，而目前在市场上调查到的贷款期限最长的只有13年，因此当贷款期限到期时，借款人必须再引进新的贷款来接替旧的贷款，以满足项目的资金需求。

2. 再融资

再融资，指运营期内为维持项目正常运作和保障现金流，在初始融资完成后对融资条件和工具进行调整的融资活动。一般再融资是指贷款期限虽未到期，但是借款人引进一个贷款利息更优的新贷款，提前偿还旧贷款。由于再融资的利息低于原来融资的利息，因此再融资将节省借款人的融资成本，给借款人创造更多的利润。在融资管理中，项目公司再融资可不需要经过项目实施机构的同意，其再融资所节省的融资成本，也不需要与项目实施机构分享。但是建议再融资应向项目实施机构完成备案程序。

（三）资产证券化融资的预审核管理

在项目运营期，社会资本可能会采取通过发行资产支持证券化产品的方式进行融资。当采用此种融资方式时，项目实施机构应予支持，提供相关的必要协助，PPP项目管理要加强对PPP项目资产证券化审核管理，配合主管部门严格筛选开展资产证券化的PPP项目，依据PPP项目合同、项目公司运营情况，对PPP项目证券化申请进行预审核，并组织项目公司配合发行部门接受尽职调查，提供相关材料，协助开展资产证券化产品的方案设计和信用评级等工作。

第四节　PPP项目融资风险管理及应对措施

PPP模式在我国切实解决了基础设施领域资金不足的问题，但是在实际运作过程中，许多PPP项目虽入库，但难以落地；也有些PPP项目可落地，但持续难；更有些PPP项目直接中断，由政府兜底回购等。2017年，财政部办公厅《关于规范政府和社会资本合作（PPP）综合信息平台项目库管理的通知》（财办金〔2017〕92号）就将"未按合同约定落实项目债权融资的"已入库项目作为"不符合规范运作要求"的项目集中清理出库。国家发展改革委于2019年6月发布《关于依法依规加强PPP项目投资和建设管理的通知》（发改投资规〔2019〕1098号），明确要求项目实施机构应依照《政府投资条例》和《PPP项目合同》约定，加强对社会资本履约能力全过程动态监管，防止因社会资本方超出自身能力过度投资、过度举债，或因公司股权、管理结构发生重大变化等导致项目无法实施。

PPP项目需要的资金量大、建设周期长，提供的公共服务和公共产品与群众利益密切相关，融资风险贯穿PPP项目整个融资过程，PPP项目融资过程中任何管理不善都可能产生风险，直接影响PPP项目进展，加重财政负担，甚至影响整个市场的健康发展。此外，PPP项目融资又为有限追索融资，一旦出现无法偿还融资本息，融资机构只能就PPP项目的现金流和项目公司的全部资产进行追索，不能要求项目公司股东承担该项目的全部融资责任或超出股东投资额、项目公司可处置资产额的融资责任。因此，在我国PPP模式快速发展的过程中，防范PPP项目融资中的风险，尤其是项目失败风险向财政转移是PPP模式健康发展的前提。

一、政府不应提供任何形式的融资担保

国家发展改革委《关于印发〈传统基础设施领域实施政府和社会资本合作项目工作导则〉的通知》（发改投资〔2016〕2231号）第十八条规定，"PPP项目融资责任由项目公司或社会资本方承担，当地政府及其相关部门不应为项目公司或社会资本方的融资提供担保"。

财政部办公厅《关于规范政府和社会资本合作（PPP）综合信息平台项目库管理的通知》（财办金〔2017〕92号）中，将存在"构成违法违规举债担保"情形的已入库项目集中清理出库。包括由政府或政府指定机构回购社会资本投资本金或兜底本金损失的；政府向社会资本承诺固定收益回报的；政府及其部门为项目债务提供任何形式担保的；存在其他违法违规举债担保行为的。

财政部办公厅《关于征求〈政府和社会资本合作模式操作指南（修订稿）〉意见的函》（财办金〔2019〕94号）第十九条提出：PPP项目合同中不得约定由政府或

政府方出资代表回购社会资本投资本金、承诺固定收益回报、为项目融资提供各种形式的担保、还款承诺等由政府实际兜底项目投资建设运营风险的内容,且不得提前锁定、固化政府支出责任,不得减轻或免除社会资本的投资建设运营责任。

由于PPP项目多采用质押收费权方式办理银行贷款,而收费权受绩效影响,存在一定的不确定性,因此政府方要对符合条件的PPP项目,尽力创造条件为其融资服务,但要严禁以担保等形式变相为项目公司融资,更不能帮助项目公司承诺来获取其他金融机构的贷款。政府方应更多关注贷款文件的审核,并要求PPP项目公司对质押权贷款进行全额担保,确保项目公司融资偿还能力。

二、防止企业债务向政府转移

近年来,我国PPP融资模式得到了长足发展,各地PPP项目大力推进,但在推进中也出现了诸多不规范操作现象。有些地方政府为了促进PPP项目快速落地,出现"伪PPP"项目,甚至直接为项目公司担保取得融资。也有些地方为了促成PPP项目,未合理考虑自身财政能力,随便承诺投资回报率与财政补贴数额,使得PPP项目在日后面临很大风险,一旦项目公司财务风险爆发,则项目公司的所有债务则很可能就转为地方政府负有直接偿还义务的债务。

财政部《关于印发〈政府和社会资本合作项目财政管理暂行办法〉的通知》(财金〔2016〕92号)第三十四条规定:"各级财政部门应当会同行业主管部门加强对PPP项目债务的监控。PPP项目执行过程中形成的负债,属于项目公司的债务,由项目公司独立承担偿付义务。项目期满移交时,项目公司的债务不得移交给政府"。

财政部办公厅《关于征求〈政府和社会资本合作模式操作指南(修订稿)〉意见的函》(财办金〔2019〕94号)第二十七条提出,"项目实施机构和财政部门应做好监督管理工作,防止企业债务向政府转移"。

国家发展改革委《关于依法依规加强PPP项目投资和建设管理的通知》(发改投资规〔2019〕1098号)提出,按照国务院有关规定,"投资项目资本金对投资项目来说是非债务性资金,项目法人不承担这部分资金的任何利息和债务;投资者可按其出资的比例依法享有所有者权益,也可转让其出资,但不得以任何方式抽回"。各行业固定资产投资项目资本金必须满足国务院规定的最低比例要求,防止过度举债融资等问题。PPP项目的融资方式和资金来源应符合防范化解地方政府隐性债务风险的相关规定。不得通过约定回购投资本金、承诺保底收益等方式违法违规变相增加地方政府隐性债务，严防地方政府债务风险。

由上可知，防范企业债务向政府转移、增加政府隐性债务风险是开展融资管理的主要目的之一。要规避此项风险，就需要规范PPP操作。第一，要严禁政府"兜底"，一旦"兜底"就意味着社会资本将自身应该承担的风险转移给了政府，加大了地方政府债务风险。第二，要科学测算财政承受能力，贯彻好《政府和社会资本合作项目财政承受能力论证指引》精神，坚持执行"PPP项目支出责任不得超过当地一般公共预算支出10%"的红线。

三、社会资本需承担补充融资责任

财政部办公厅《关于印发污水处理和垃圾处理领域PPP项目合同示范文本的通知》（财办金〔2020〕10号文）在"项目融资义务的承担"中提出：考虑到能否如期完成融资交割将直接影响PPP项目是否顺利实施，并且项目融资风险应当主要由社会资本承担，如果项目公司未能按照合同约定履行项目融资义务时，中选社会资本应采取有效措施完成资金筹措，避免造成项目建设资金链中断。政府方和中选社会资本应按照项目采购要求及双方确定的融资计划和方案明确项目公司完成融资交割的具体时限，并就中选社会资本的补充融资责任予以约定。

所以，PPP项目的中选社会资本应当确保项目公司采取多种渠道合法地筹集项目资本金以外的其他资金。如项目公司无法在规定的期限内全额获得项目债务性资金，中选社会资本负有补充融资义务。

四、吸引力和可融资性决定项目成败

通常PPP项目80%左右的资金来自于融资机构，PPP项目的吸引力和可融资性决定着PPP项目的成败。如果项目的自偿性低、政府没有足够的优惠政策吸引社会资本对该项目投资，将会导致项目融资难的问题。为切实提高PPP项目可融资性，提高项目落地率和融资交割率，可以采取以下两种途径。

一是开展PPP项目可融资性评估。项目实施机构可在实施方案中编制可融资性专章，PPP管理机构应对实施方案进行可融资性评审。鼓励PPP项目实施机构在采购咨询机构时选择具备投融资专长的咨询机构。潜在社会资本应聘请专业

PPP融资咨询机构，提供融资咨询、财务咨询服务，开展具体PPP项目的投融资分析，为PPP项目的签约落地和融资交割创造条件。

PPP项目的可融资性评估可以分为"招标前的（政府方）可融资性评估"和"投标前的（社会资本方）可融资性评估"两种。招标前的可融资性评估，主要是政府方作为评估主体，对项目的基本情况、政府财力、实施方案中对投融资有影响的内容，是否有利于招到社会资本、是否有利于项目融资进行评估；投标前的可融资性评估，主要是潜在社会资本作为评估主体，对自身参与该项目对融资的优劣势进行分析，对可以与政府方一起为项目提供融资的，对融资有影响的条件和因素进行评估。

二是开展金融机构可融性测试和潜在社会资本市场测试。财政部办公厅《关于征求〈政府和社会资本合作模式操作指南修订稿〉意见的函》（财办金〔2019〕94号）第十一条提出，项目实施机构可面向社会资本和金融机构开展市场测试，验证项目能否获得社会资本和金融机构的响应，优化项目实施方案，提高项目的可行性、竞争性和可融资性。

江苏省财政厅《关于进一步提高政府和社会资本合作（PPP）项目第三方服务机构工作质量的意见》（苏财金〔2020〕69号）中也提出，第三方服务机构可以接受委托，提供"金融机构可融性测试、潜在社会资本市场测试"：编制"两评一案"的第三方服务机构负责调研金融机构和潜在社会资本对项目的响应程度，测试的金融机构和潜在社会资本（联合体）分别不少于3~5家。金融机构可融性测试重点摸排金融机构对项目前期工作的要求、融资利率、期限、融资额度、审贷标准、资本金"穿透式"监管措施、资本金使用及放贷配比关系等。潜在社会资本市场测试应重点摸排潜在社会资本资格条件、建设和运营水平、资本金出资能力、是否组建联合体、联合体成员是否存在《中华人民共和国政府采购法》及实施条例等规定的不合格投标人事项（被列入失信被执行人、重大税收违法案件当事人名单、政府采购严重失信行为记录名单），项目使用者付费安排是否公允可行等；第三方服务机构应将测试结果作为"两评一案"编制的重要依据，提高相关数据的科学性、公允性。金融机构可融性测试和潜在社会资本市场测试底稿及结果应列为实施方案的附件。

五、项目自身现金流的稳定是债权融资的基本条件

很多PPP项目由项目公司依靠自身现金流做支撑，向金融机构申请债权融资。从债权融资的角度，银行贷款的基本条件，通常要求项目必须有稳定的现金流，银行才有可能放款，因此确保项目现金流的稳定非常关键。目前PPP项目中有关确保现金流稳定的保障性制度包括中长期的财政规划、分层次的付费机制、上级的扣款制度等。

确保项目现金流稳定是运营阶段政府方的主要责任。因此，在PPP项目融资设计中，需要在负债和项目资产、现金流间建立起直接联系。同时要求政府方做好财政预算管理。

六、解决贷款与项目实施期限错配问题

贷款与PPP项目实施期限错配可能会导致债务偿还成为问题。银行为PPP项目融资提供的期限一般仍然采用参考传统固定资产贷款期限的方式，故融资方案与实际贷款需求可能无法做到完全匹配。如项目合作期一般在10~30年，而银行对项目贷款期限一般控制在10~15年，超过15年的项目贷款在银行实际审批中确有较大难度。由于项目贷款方案中的时间仅仅覆盖到PPP项目合作时间的一半，未来在贷款到期时，企业是否能完全依靠经营和政府付费形成的现金流及时向银行还款，尚有不确定性因素。

覆盖到整个PPP项目实施周期的贷款才能为项目完整的提供服务。为此，可以替代性融资来解决期限错配问题。除了正常的债权融资外，可以合理搭配多种融资产品，探索使用资产证券化产品。另外，可以通过融资租赁、债券、永续债等其他方式来取得不同时限的资金支持。对于已经投入运营期满两年的项目，项目公司可以滚动发行理财产品，使理财产品交替到期并与项目特许经营权匹配，以解决期限错配问题。在项目建设期结束后，以新的融资来替代旧的融资，即借新还旧也是PPP项目解决期限错配的办法之一。集团成员企业还可以通过集团财务公司取得不同时点期限的融资支持，解决PPP因期限而临时出现的贷款现金流短缺问题。

七、健全和完善社会资本的退出机制

通常情况下,社会资本在运营期满后完成移交是最为理想的结果。然而,PPP项目合作周期长、投资金额大,投资期限较短的银行、信托资金投资PPP项目面临期限错配问题;PPP项目前期风险较大,使得社保、养老等追求安全低风险资金不宜在前期介入。因此,畅通的退出渠道、完善的退出机制是社会资本参与PPP项目的重要保障。为社会资本提供多元化、规范化、市场化的退出机制,可以增强项目资本流动性、提高社会资本参与积极性;可以发挥社会资本联合体优势,满足联合体成员不同诉求;同时可防范合作期内不可预见风险,为社会资本参与提供保障等。退出机制的健全和完善对政府和社会资本都有着深刻的现实需要。基于对PPP项目退出的现实需求,结合目前国内的实践情况,PPP项目中社会资本退出的常见路径主要有以下五种:到期移交、股权转让、项目公司减资、资产证券化和公开上市等。

对于社会资本的退出管理,应以政府方和社会资本签订的合同为抓手,满足合同中对社会资本的资格条件要求和锁定期等的相关规定。

第五节　PPP项目融资管理典型案例与分析

本节以某水环境综合整治PPP项目及中航首钢生物质项目REITs为例,阐述PPP项目融资管理相关做法与经验,供同类项目参考借鉴。

案例一

某水环境综合整治PPP项目融资管理

一、案例简介

（一）项目基本情况

为提升城市污水处理水平和改善水生态环境，属地政府通过采用PPP模式，引入多个社会资本同时开展水环境综合整治项目的建设和运营，以缓解项目时间紧、任务重、投资压力大等问题。项目合作期为25年，其中建设期2年，运营期23年。

（二）运作方式

本项目基本不具备直接的收费权，为保障项目顺利实施，采用BOT模式，即：项目公司负责投资、融资、建设、运营、维护和移交；在服务期内政府向项目公司支付服务费；服务期满，项目公司将项目设施完好无偿地移交给政府指定机构。

项目实施机构通过竞争性磋商方式选择社会资本，由中选社会资本与政府指定政府出资人代表合资设立项目公司进行具体运作。项目资本金比例为总投资的20%。社会资本持有项目公司90%股权，政府出资人代表持有项目公司10%股权，合资双方均以现金出资，资本金按此比例出资到位，其余资金由项目公司解决，运作方式见图3-5-1。

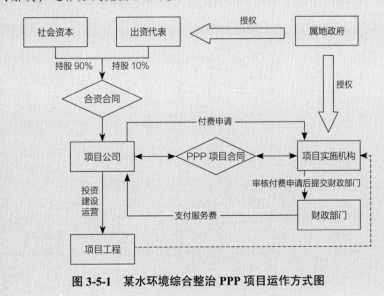

图3-5-1 某水环境综合整治PPP项目运作方式图

（三）回报机制

该项目分3个PPP项目包分别招标，中选社会资本与项目实施机构签订《PPP项目合同》。根据项目性质的不同，由项目公司或政府进行各项目的主导设计，并办理前期手续，项目公司按照批准的设计文件完成项目建设，工程经验收合格后，提供《PPP项目合同》约定的维护服务。属地政府按照《PPP项目合同》向项目公司支付服务费用，项目公司通过获得服务费用弥补其建设投资、运营维护费用、贷款利息等，并获得合理回报。

二、融资条款设置及融资管理要点

（一）融资条款设置

1. 项目融资

（1）项目建设资金来源包括政府固定资产投资部分和PPP融资部分。PPP融资部分中，除项目公司注册资本之外的投资，由除政府出资代表以外的其他股东负责依法筹集用于项目建设。

（2）政府固定资产投资安排的建设资金应由项目实施机构根据项目公司所提资金需求按时拨付到项目公司建设专用账户，并应按照项目实施机构或政府指定的方式进行相关会计处理。在服务期内，政府投资补助只能用于项目建设，而不能用于偿还项目公司的债务或弥补项目公司的亏损。

2. 注册资本

项目公司的注册资本应于项目公司成立时由项目公司各股东按照约定的出资比例以货币资金形式实缴。

3. 融资交割

（1）《PPP项目合同》生效日后三个月内，项目公司应按照项目的工程进度计划完成融资交割。

（2）项目公司在完成融资交割后七个工作日内，应向项目实施机构书面确认融资交割完成，并提交所有已签署的融资文件的复印件，以及项目实施机构合理要求的证明融资交割已实现的任何其他文件。

（3）若项目公司未能在《PPP项目合同》生效日后三个月内完成融资交割，或在完成融资交割后七个工作日内不能向项目实施机构证明其融资交割完成，且在项目实施机构提出要求后三十日内仍未完成，则项目实施机构有权兑取履约保函或磋商保证金（如尚未退还）。

（二）融资管理要点

（1）社会资本在招商阶段承诺通过自有资金解决项目资金来源。

（2）注册资本随项目投资确认进展，由政府出资代表与社会资本等比例分阶段缴纳。

（3）项目公司自行开展资金管理，政府方具有监督权。

（4）在政府方同意的前提下，项目公司可通过质押收费权方式办理融资。

三、项目执行过程中出现的融资问题及解决方案

1. 案例问题

社会资本承诺的融资方式发生了变化，项目融资从股东借款调整为质押贷款，改变了招投标阶段承诺的项目资金来源于股东自有资金的融资方式。在完成注册资本缴纳后，项目公司提出因宏观政策原因，使得PPP项目越发融资难、融资成本高、融资到位慢，加之受整体PPP环境下行影响，股东其他项目竣工决算周期长，项目回款慢，导致现金流严重紧张。因此，项目公司申请将原来由股东自有资金解决的除PPP项目注册资本以外的投资，改由项目公司通过质押贷款融资解决。

2. 问题分析

经对相关政策进行梳理，根据国家发展改革委联合财政部、住房和城乡建设部、交通运输部、水利部、中国人民银行2015年4月25日印发的《基础设施和公用事业特许经营管理办法》（第25号令）第二十三条："国家鼓励金融机构为特许经营项目提供财务顾问、融资顾问、银团贷款等金融服务。政策性、开发性金融机构可以给予特许经营项目差异化信贷支持，对符合条件的项目，贷款期限最长可达30年。探索利用特许经营项目预期收益质押贷款，支持利用相关收益作为还款来源"。根据中国人民银行《应收账款质押登记办法》，应收账款质押包括"能源、交通运输、水利、环境保护、市政工程等基础设施和公用事业项目收益权"的质押。因此，政府方判断水环境项目采用PPP项目质押贷款符合政策要求。

从推进项目健康发展的角度出发，项目管理仍需要求项目公司采用评标阶段同等分值的条件开展融资工作，确保政府方利益得到保障。

3.解决方案

结合上述分析，政府方认为调整融资方式需满足以下条件：

（1）满足磋商阶段财务方案评审标准。

由于社会资本在磋商阶段承诺采用自有资金，为维护磋商的公平公正性，政府方认为应按招商财务方案评分标准中提出的满分项融资方式"股东提供全额担保且担保能力较强或提供股东贷款"进行调整。

（2）需通过项目公司股东会决议。

根据《PPP项目合同》约定，PPP项目公司股东会职权包括"决定项目公司的经营方针、投资计划和经济性裁员"及"批准项目公司的融资方案及融资计划"，如果该项目融资方式按"股东提供全额担保且担保能力较强或提供股东贷款"进行调整，此融资方案的调整属于PPP项目公司股东会应履行的职责，因此政府方要求项目公司应组织股东会依法合规进行相关决议，全体股东决议通过后方可调整。

案例二

中航首钢生物质PPP项目REITs发行案例

一、项目概况

中航首钢生物质封闭式基础设施证券投资基金项目（以下简称"中航首钢生物质项目"，基金代码180801），原始权益人为首钢环境产业有限公司（以下简称"首钢环境"），基金管理人为中航基金管理有限公司，资产支持证券管理人为中航证券有限公司。该项目于2020年12月由国家发展改革委推荐至中国证监会，6月21日在深圳证券交易所挂牌上市，准予募集份额总额为1亿份，发行价格为13.38元，实际发售基金总额为13.38亿元，"首钢环境"及关联方作为战略投资人认购5.352亿元，实际净回收资金约8亿元。"首钢环境"拟将净回收资金全部以资本金方式投资于"中航首钢生物质项目"二期及河北永清生活垃圾焚烧发电厂项目。

该项目底层资产包含三个子项目，即生物质能源项目、餐厨项目、暂存场项目，位于北京市门头沟区鲁家山首钢鲁矿南区。其中生物质能源项目2014年1月起开始运行。垃圾处理能力为3000t/d，年实际处理量超过100万t，主要处理来自门头沟区、石景山区、丰台区及部分海淀区、东城区、西城区的生活垃圾。项目设计年均发电量3.2亿kW·h，年上网电量2.4亿kW·h。餐厨项目设计日处理量100t，垃圾分类后目前稳定在约150t/d。暂存场项目为生物质能源配套项目，用于暂时存储生物质能源项目产生的焚烧炉渣。

二、发行情况

（一）发行流程

该项目于2020年9月申报至北京市发展改革委，10月由北京市发展改革委申报至国家发展改革委，12月由北京市发展改革委正式推荐至国家发展改革委，国家发展改革委于2020年12月推荐至中国证监会及深圳证券交易所。

于2021年4月21日正式申报至深圳证券交易所，4月23日获正式受理，5月14日获交易所基金上市及资产支持证券挂牌转让无异议的函，并于5月17日获得中国证监会准予注册的批复。

于2021年5月19日发布询价公告，5月24日开展网下询价工作，网下认购配售比重为10.724%。5月31日～6月1日开展公众发售工作，公众配售比例仅为1.759%。到5月31日，该项目全部基金份额完成发售。

项目启动至正式上市挂牌期间，如期完成了资产重组，实现基金对项目公司的实际持有和控制。2021年6月21日，该项目在深圳证券交易所正式挂牌上市。

（二）产品结构

发行准备阶段，该项目底层资产由原始权益人首钢环境持有，资产重组后由北京首钢基金有限公司全资子公司北京首锝管理咨询有限责任公司（以下简称"首锝咨询"）持有。

产品发行阶段，基础设施REITs通过资产支持专项计划自首钢基金收购"首锝咨询"100%的股权。产品发行后，项目公司北京首钢生物质能源科技有限公司完成对"首锝咨询"的反向吸收合并，最终实现"公募基金+ABS+项目公司"的产品结构搭设。

产品存续阶段，基金管理人中航基金管理有限公司委托北京首钢生态科技有限公司作为运营管理机构，为该项目提供运营管理服务。

此外，该项目的财务顾问为华泰联合证券有限责任公司，托管人为招商银行股份有限公司，会计师事务所为普华永道中天会计师事务所，资产评估机构为北京戴德梁行资产评估有限公司，国有资产评估机构为北京天健兴业资产评估有限公司，法律顾问为北京市汉坤律师事务所。

"中航首钢生物质项目"交易结构如图 3-5-2 所示。

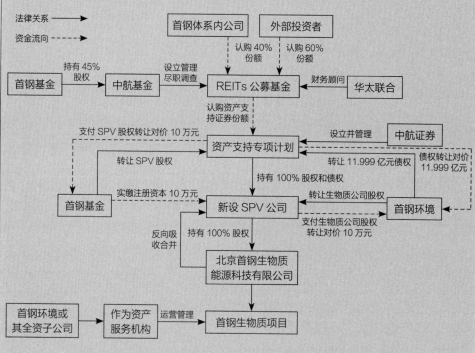

图 3-5-2 "中航首钢生物质项目" REITs 交易结构

（三）发行结果

该项目共发行基金份额 1 亿份，初始询价区间为每份 12.5～14 元，通过网下询价确定发行价格为 13.38 元，发行总规模 13.38 亿元。投资者包括战略投资者、网下投资者和公众投资者三类。其中，战略投资者包括原始权益人首钢环境及其同一控制下的关联方首钢基金等 9 家，共认购 8.028 亿元，占比 60%；参与询价的网下投资者共 29 家，最终获配 24 家，有效认购倍数 9.32 倍，共认购 3.7464 亿元，占比 28%；公众投资者基金认购申请确认比例为 1.76%，共认购 1.6056 亿元，占基金发售总额的 12%。

参考文献

[1] 胡恒松,陈德华,黄茗仪,等.PPP项目可融资性评价研究与应用[M].北京:经济管理出版社,2018.

[2] 余文恭.PPP模式与结构化融资[M].北京:经济日报出版社,2017.

[3] 林华.中国资产证券化操作手册[M].2版.北京:中信出版集团,2016.

[4] 韩志峰,张峥,等.REITs:中国道路[M].北京:人民出版社,2021.

导 读

　　PPP项目招采与合同管理是指对PPP项目各阶段对招标、采购以及围绕合同的缔约与履约实施管理的过程。在PPP项目采购阶段，招采与合同管理工作主要包括：明确合作边界条件，依法合规确定政府采购代理机构，组织专业力量对项目风险做出分析，充分论证并识别实施阶段风险，提出有效对策措施，并在缔约阶段将各项措施在PPP项目合同条款中予以落实。当PPP项目完成采购及缔约，正式进入建设阶段后，为PPP项目实施所成立的项目公司已基本具备项目运作条件，这一阶段的管理重心将围绕对项目公司及各参建单位的招采与合同管理而展开，以履行PPP项目合同赋予的监督管理和风险防控权利，主要工作包括：项目层面招采与合同管理制度体系搭建，项目层面总体的招标采购管理策划，项目主要招采活动组织及建设期各参建单位履约管理等。PPP项目进入运营期后，项目开始形成产出绩效。有关合同管理则主要侧重第三方评估机构委托及合同争议处置以及围绕运营阶段对社会资本方实施履约管理。上述管理工作均是以PPP项目合同为基础。PPP项目的招采管理主要是围绕项目建设和运行做出前瞻性的谋划，并将策划主要内容纳入PPP项目合同条件。

第四章
PPP项目招采与合同管理

第一节　PPP项目招采与合同管理概述

在PPP项目实施前期确定社会资本方过程中，主要依据《中华人民共和国政府采购法》以及财政部于2014年印发的《政府和社会资本合作项目政府采购管理办法》实施管理。社会资本方确定后，在成立项目公司组织开展项目实施过程中，项目建设阶段确定各参建单位，以及在项目运营阶段委托相关服务主体，均适用于《中华人民共和国招标投标法》。PPP项目招采与合同管理就是在上述两阶段分别由政府方为主体确定社会资本方的采购过程的管理，以及在确定社会资本方后对具体实施主体组织开展建设与运营过程所实施的交易管理。与一般工程建设项目的招采与合同管理不同，PPP项目的招采与合同管理所面向的标的无论是规模体量还是实施难度都大于一般建设项目工程招标或传统政府采购，这一采购过程完全基于项目招标采购的顶层设计，区别于非PPP项目招采与合同管理，具有更强的前期策划性质。PPP项目招采与合同管理主要目标是通过高效招标、采购与合同管理，确保全面构建起以政府部门为引领、以PPP项目实施机构为主导的，权责清晰、关系明确、管理科学的高质量治理体系。

一、采购概念与法律依据

为规范政府和社会资本合作项目政府采购（以下简称PPP项目采购）行为，维护国家利益、社会公共利益和政府采购当事人合法权益，《中华人民共和国政府采购法》和有关法律、行政法规，2014年财政部印发《政府和社会资本合作项目政府采购管理办法》（以下简称《办法》），对PPP项目采购进行了定义。

《办法》指出，PPP项目采购方式包括公开招标、邀请招标、竞争性谈判、竞争性磋商等。项目实施机构应当根据PPP项目采购需求特点，依法选择适当的采购方式。公开招标主要适用于采购需求中核心边界条件和技术经济参数明确、完整、符合国家法律法规及政府采购政策，且采购过程中不做更改的项目。不同于非PPP采购项目，PPP项目采购应当实行资格预审。项目实施机构应当根据项目需要准备资格预审文件，发布资格预审公告，邀请社会资本和与其合作的金融机构参与资格预审，验证项目能否获得社会资本响应和实现充分竞争。

《办法》还指出，PPP项目采购评审结束后，项目实施机构应当成立专门的采购结果确认谈判工作组，负责采购结果确认前的谈判和最终采购结果的确认。采购结果确认谈判工作组应当按照评审报告推荐的候选社会资本排名，依次与候选社会资本及与其合作的金融机构就项目合同中可变的细节问题进行项目合同签署前的确认谈判，率先达成一致的候选社会资本即为预中标、成交社会资本。

《办法》要求，项目实施机构应当在中标、成交通知书发出后30日内，与中标、成交社会资本签订经本级人民政府审核同意的PPP项目合同。需要为PPP项目设立专门项目公司的，待项目公司成立后，由项目公司与项目实施机构重新签署PPP项目合同，或者签署关于继承PPP项目合同的补充合同。

2015年，《基础设施和公用事业特许经营管理办法》（六部委25号令）指出：项目实施机构根据经审定的特许经营项目实施方案应当通过招标、竞争性谈判等竞争方式选择特许经营者。

2019年，财政部推出《关于推进政府和社会资本合作规范发展的实施意见》（财金〔2019〕10号），以规范PPP项目实施。在招标采购方式方面，进一步强调采购活动要公开透明，确保采购过程公平、公正、公开，采购信息应在PPP项目信息平台进行充分披露，提出新项目应采用公开招标、邀请招标、竞争性磋商、竞争性谈判等竞争性方式选择社会资本方。在招标条件设置方面，该意见进一步明确采购文件中风险分担机制的设置原则，即由社会资本负责项目投资、建设、运营并承担相应风险，政府承担政策、法律等风险。在合同签订主体方面，意见对政府方签约主体进行了明确，要求由县级及县级以上人民政府或其授权的机关或事业单位作为合同签订主体。同时，该意见对公共服务领域公益性项目的合作期限设置（10年以上）、资本金比例等重要采购条件进行了明确。

2019年末，国务院、国家发展改革委分别发布了《政府投资条例》和《关于依法依规加强PPP项目投资和建设管理的通知》（发改投资规〔2019〕1098号）（以下简称《通知》），在PPP基础设施投资领域引起了重大反响，根据《政府投资条例》第十条"除涉及国家秘密的项目外，投资主管部门和其他有关部门应当通过投资项目在线审批监管平台（以下简称在线平台），使用在线平台生成的项目代码办理政府投资项目审批手续"，明确了PPP项目采购前又一重要审批事项，即通过在线平台审批备案。在《通知》中，发改部门对这一要求进行更为详细的规定，要求所有的PPP项目（除涉密项目外）均纳入在线平台进行监管，未录入在线平台的项目为不规范项目，并提出只有通过实施方案审核的PPP项目，方可开展社会资本遴选，且社会资本遴选主要应采取公开招标方式。

二、采购管理内容

（一）项目采购准备工作

PPP项目资格预审公告的内容应包括项目授权主体、项目实施机构和项目名称、采购需求、对社会资本的资格要求、是否允许联合体参与采购活动、是否限定参与竞争的合格社会资本的数量及限定的方法和标准以及社会资本提交资格预审申请文件的时间和地点等。与非PPP项目不同，项目实施机构、采购代理机构应就PPP项目成立评审小组，评审小组负责PPP项目采购的资格预审和评审工作。评审小组由项目实施机构代表和评审专家共5人以上单数组成，其中评审专家人数不得少于评审小组成员总数的2/3。评审专家可以由项目实施机构自行选定，但评审专家中至少应当包含1名财务专家和1名法律专家。项目实施机构代表不得以评审专家身份参加项目的评审。当PPP项目有3家以上社会资本通过资格预审的，项目实施机构可以继续开展采购文件准备工作；项目通过资格预审的社会资本不足3家的，项目实施机构应当在调整资格预审公告内容后重新组织资格预审；项目经重新资格预审后合格社会资本仍不够3家的，可以依法变更采购方式。

（二）项目采购文件编制

采购代理机构应编制采购文件，项目采购文件应当包括采购邀请、竞争者须知（包括密封、签署、盖章要求等）、竞争者应当提供的资格、资信及业绩证明文件、采购方式、政府对项目实施机构的授权、实施方案的批复和项目相关审批文件、采购程序、响应文件编制要求、提交响应文件截止时间、开启时间及地点、保证金交纳数额和形式、评审方法、评审标准、政府采购政策要求、PPP项目合同草案及其他法律文本、采购结果确认谈判中项目合同可变的细节以及是否允许未参加资格预审的供应商参与竞争并进行资格后审等内容。项目采购文件中还应当明确项目合同必须报请本级人民政府审核同意，在获得同意前项目合同不得生效。采用竞争性谈判或者竞争性磋商采购方式的，项目采购文件除上款规定的内容外，还应当明确评审小组根据与社会资本谈判情况可能实质性变动的内容，包括采购需求中的技术、服务要求以及项目合同草案条款。项目实施机构应当在资格预审公告、采购公告、采购文件、项目合同中列明采购本国货物和服务、技术引进和转让等政策要求，以及对社会资本参与采购活动和履约保证的担保要求。项目实施机构应当组织社会资本进行现场考察或者召开采购前答疑会，但不得单独或者分别组织只有一个社会资本参加的现场考察和答疑会。项目实施机构可以视项目的具体情况，组织对符合条件的社会资本的资格条件进行考察核实。

（三）项目采购评审

评审小组成员应当按照客观、公正、审慎的原则，根据资格预审公告和采购文件规定的程序、方法和标准进行资格预审和独立评审。对于已完成资格预审的入选社会资本，评审小组在评审阶段可以不再对社会资本的投标、响应资格进行审查。采用资格后审的采购项目，评审小组应在投标、响应文件评审环节对社会资本进行资格审查。

评审小组成员应当在资格预审报告和评审报告上签字，对自己的评审意见承担法律责任。对资格预审报告或者评审报告有异议的，应当在报告上签署不同意见，并说明理由，否则视为同意资格预审报告和评审报告。评审小组发现采购文件内容违反国家有关强制性规定的，应当停止评审并向项目实施机构说明情况。PPP项目采购评审结束后，按照相关政策规定，项目实施机构可会同属地PPP主管部门、采购监督管理部门，以及第三方咨询机构专家（如有）共同成立专门的采购结果确认谈判工作组，开展采购结果确认前的谈判，以及对最终的采购结果进行确认。

（四）项目采购结果确认

项目实施机构应成立采购结果确认谈判工作组，采购结果确认谈判工作组成员及数量由项目实施机构确定，但应当至少包括财政预算管理部门、行业主管部门代表，以及财务、法律等方面的专家。涉及价格管理、环境保护的PPP项目，谈判工作组还应当包括价格管理、环境保护行政执法机关代表。评审小组成员可以作为采购结果确认谈判工作组成员参与采购结果确认谈判。确认采购结果时，谈判工作组应当按照评审报告推荐的候选社会资本排名，依次与候选社会资本及与其合作的金融机构就项目合同中可变的细节问题进行项目合同签署前的确认谈判，率先达成一致的候选社会资本即为预中标、成交社会资本。按照《中华人民共和国政府采购法》规定，确认谈判不得涉及项目合同中不可谈判的核心条款。同时，为了维护采购工作的公平公正性，谈判组不得与排序在前但已终止谈判的社会资本进行重复谈判。项目实施机构应当在预中标、成交社会资本确定后 10 个工作日内，与预中标、成交社会资本签署确认谈判备忘录，并将预中标、成交结果和根据采购文件、响应文件及有关补遗文件和确认谈判备忘录拟定的项目合同文本在省级以上人民政府财政部门指定的政府采购信息发布媒体上进行公示，公示期不得少于 5 个工作日。项目合同文本应当将预中标、成交社会资本响应文件中的重要承诺和技术文件等作为附件。项目合同文本涉及国家秘密、商业秘密的内容可以不公示，项目实施机构应当在公示期满无异议后 2 个工作日内，将中标、成交结果在省级以上人民政府财政部门指定的政府采购信息发布媒体上进行公告，同时发出中标、成交通知书。

（五）采购后期合同签订

根据相关政策要求，项目实施机构应当在中标、成交通知书发出后 30 日内，与中标、成交的社会资本签订 PPP 项目合同，所签订文本需按照当地 PPP 项目实施政策流程，取得人民政府审核同意。需要设立专门项目公司的，待项目公司成立后，由项目公司与项目实施机构根据已签订的合同，以调整签约方为目的重新签署 PPP 项目合同，或者签署继承 PPP 项目合同权利义务的补充合同。一般而言，项目实施机构应当在采购文件中要求社会资本交纳参加采购活动的保证金和履约保证金。社会资本应当以支票、汇票、本票或者金融机构、担保机构出具的保函等非现金形式交纳保证金。参加采购活动的保证金数额不得超过项目预算金额的 2%。履约保证金的数额不得超过 PPP 项目初始投资总额或者资产评估值的 10%，非固定资产投资或者投资额不大的服务型 PPP 项目，履约保证金的数额不得超过平均 6 个月服务收入额。

三、合同管理的基本内涵

（一）PPP 项目合同管理的概念

为科学规范推广运用政府和社会资本合作的合同管理，财政部印发《关于规范政府和社会资本合作合同管理工作的通知》（以下简称《通知》）。《通知》指出 PPP 模式是在基础设施和公共服务领域政府和社会资本基于合同建立的一种合作关系。"按合同办事"不仅是 PPP 模式的精神实质，也是依法治国、依法行政的内在要求。加强对 PPP 项目合同的起草、谈判、履行、变更、解除、转让、终止直至失效的全过程管理，通过合同正确表达意愿、合理分配风险、妥善履行义务、有效主张权利，是政府和社会资本长期友好合作的重要基础，也是PPP项目顺利实施的重要保障。《通知》提出了PPP项目合同管理的核心原则，即依法治理、平等合作、维护公益、诚实守信、公平效率、兼顾灵活。此外，《通知》还就各级财政部门如何加强合同管理提出了三点要求：一是加强组织协调，保障合同效力；二是加强能力建设，防控项目风险；三是总结项目经验，规范合同条款。该要求也成为PPP项目实施合同管理的根本要求。

2020年2月21日，财政部办公厅发布了《关于印发污水处理和垃圾处理领域PPP项目合同示范文本的通知》（财办金〔2020〕10号）（以下简称"示范文本"），该通知对PPP运用最为广泛和成熟的污水处理和垃圾处理领域PPP项目合同文本提供了政策支撑，预示国内PPP项目合同体系经过多年运作和经验总结，向着规范化、标准化稳步发展。

"示范文本"的合同体系基于财政部PPP项目平台多年以来积累的大量项目运行信息，借鉴了PPP典型项目当中的优秀成果，将合同结构定义为《合作协议》+《PPP项目合同》+《承继协议》，并在《使用说明》中详细介绍了各阶段协议签约模式。同时，"示范文本"的合同体系亦可为其他领域PPP项目合同规划提供借鉴意义，其中的《合作协议》和《承继协议》的内容也具有普适性，同样适用于其他领域的PPP项目。

"示范文本"以新建项目为主，同时对PPP实际运用中占比很大的存量项目采用PPP模式运作进行了一定支撑，在合同结构上采用了"合同标准条款+特殊条款"的设计，对于存量设施委托运营和利旧改造的PPP项目以特殊条款代替或增补相应的标准条款内容。

自此，环保领域PPP项目将进入有政策性文件支持的高质量、规范化发展阶段，面对新型冠状病毒肺炎疫情对经济、民生的影响，相信未来在保障医疗、养老、教育和城镇老旧小区改造等基础保障性强、外溢性好、社会资本参与性高的项目领域，国家将不断出台规范性政策文件，指导政府和社会资本深入合作，为中央提倡的内循环和全国大市场的建立提供新动力。

（二）PPP项目合同体系

2014年11月，财政部颁布《政府和社会资本合作模式操作指南》财金〔2014〕113号，就PPP项目的合同体系做了阐述。合同体系主要包括项目合同、股东合同、融资合同、工程承包合同、运营服务合同、原料供应合同、产品采购合同和保险合同等。项目合同是最核心的法律文件。其中，项目边界条件是项目合同的核心内容，主要包括权利义务、交易条件、履约保障和调整衔接等边界；项目权利义务边界主要明确合作期内项目资产的权属、政府方承担的行政责任、社会资本承担的公共责任、政府支付方式和风险分配结果等。交易条件边界主要明确项目合同期限、项目回报机制、收费定价调整机制和产出说明等。履约保障边界普遍通过设置强制保险方案以及由投资竞争保函、建设履约保函、运营维护保函和移交维修保函组成的履约保函体系等手段维系。调整衔接边界主要明确应急处置方案、设置临时接管流程、制定提前终止模式，以及合同变更、合同展期触发条件等内容，为应对PPP项目长周期合作的诸多不确定性，也可将项目新增改扩建路径等内容纳入合同保障体系。

在2020年发布的"示范文本"中，财政部结合多年来PPP项目运行情况及监管经验，对污水处理和垃圾处理两个领域的PPP项目合同体系进行了优化，在《合作协议》《PPP项目合同》基础上，增加了《运维协议》和《承继协议》的概念：

（1）《运维协议》由PPP项目实施机构与社会资本方签署，对社会资本或项目公司在合作期内的运营维护责任、项目产出标准、政府方监督管理方式和程序予以详细约定，解决了PPP项目合同条款体系"重建设、轻运营"的普遍现状。该协议作为PPP项目合同的附件，在签署《承继协议》后，由项目公司承担该合同项下乙方即社会资本方的义务。当然该合同义务的最终实际实施义务，应在选定具体的运营维护单位后由该单位具体承担。

（2）《承继协议》在项目公司成立后，由PPP项目实施机构、社会资本方和项目公司签署的三方协议。该协议一定程度上解决了引入社会资本后，向项目公司过渡权利义务阶段合约关系的缺失，对合约体系的补齐起到重要作用。

四、合同管理重点内容

PPP项目需要在合同签订时明确项目边界和主体责任，并设置合理的绩效考核模式，才能有效推动项目。双方职责划分、项目边界确定、建设目标、工期目标、验收和运营、绩效考核、付费机制等，是PPP项目合同签订重点和难点。

（一）PPP项目合同管理职责划分

在PPP项目中，政府方除了作为公共事务的管理者，在承担PPP项目的规划、采购、管理、监督等行政管理职能时，形成与社会资本间的行政法律关系外，还是公共产品或服务的购买者，基于 PPP 项目合同，与社会资本之间形成平等民事主体关系。PPP 项目合同的另一方签约主体是社会资本或由社会资本出资成立的项目公司（或与政府出资代表共同成立），是项目实际投资人（建设单位）并负责项目具体实施。PPP 项目中，政府授予项目公司特许经营权，申请项目获得财政拨款和相关政策奖补资金，监督、考核项目建设、运营，并向项目公司支付可用性服务费和运维服务费，同时负责协调规划、园林、市政、住建等部门。项目公司在特许经营权范围中负责项目的设计、投资、建设、运营、维护和更新改造，服务期满时将项目设施完好无偿移交给政府或其指定机构。

（二）PPP 项目合同约定的项目边界

PPP 项目建设过程是一个系统工程，通常由若干子项目构成。如果项目划分不合理会破坏建设的系统性。比如对于建筑和小区改造类 PPP 项目，多以小区、建筑为单位划分子工程，保证子工程建设完整性，权责较为明确。除此之外，在合同签订之前根据 PPP 项目特征进行子工程的划分，实现建设边界与绩效考核边界对应，便于项目考核和按效付费。

（三）PPP 项目建设目标

PPP 项目合同、项目实施方案以及政府批复项目可行性研究报告确定的项目建设目标是开展 PPP 项目合同管理的基本依据。结合项目实际情况选取量化指标作为项目建设目标，同时也作为实现目标考核的主要内容。例如，就进度管理而言，PPP 项目建设时间长，在使用需求和资金成本管理方面均存在较大压力，尤其是 PPP 项目服务期包含建设期和运维期，建设期延误会造成运维期缩短，运维服务费因此也有所降低，所以合理地缩短工期是政府部门和项目公司双方共同的诉求。

（四）PPP 项目验收和运营

建设项目工程验收应严格按照相关施工验收规范执行。以某海绵城市 PPP 项目为例，项目除按要求组织工程验收外，还重点约定了对设施规模、竖向、进水设施、溢流排放口、防渗、水土保持等关键设施做好验收记录，进行海绵城市建设项目专项验收，完成工程验收和海绵效果专项验收后，经政府部门同意方可进入运营期。针对建筑和小区可能会出现沟通不畅而无法施工的问题，在合同中还约定了非项目公司原因无法实施情况下责任划分问题。由于海绵城市PPP项目效果的滞后性，在进入正式运营期之前，在合同中还设置了临时运营期，子工程完成各项验收并具备投入使用条件后，先进入临时运营，临时运营期内海绵城市PPP项目建设目标达标后，方可申请进入正式运营。

（五）PPP项目绩效考核

绩效考核的考核主体为政府部门，考核对象为项目公司。为确保考核的专业性和公平性，可引入三方机构组成考核小组。绩效考核是对于项目全生命周期的绩效评价，分为建设阶段考核和运营阶段绩效考核。其中，对于建设情况考核，又可以分为过程考核、可用性考核和竣工考核。过程考核是项目建设过程中的考核，自开工日起至单位工程验收通过前进行，主要考核内容为工程质量、工程安全及文明施工、管理指令、管理团队、环境保护等，通过过程考核确保建设目标顺利完成；可用性考核主要针对项目建设完成后临时运营期间的使用情况考核，从是否通过单位工程验收、行业专项验收及是否达到项目建设目标等方面进行；在竣工考核中，项目质量符合法规要求，完成竣工决算，并通过竣工验收备案后视为通过。

（六）PPP项目付费机制

PPP项目通过设置合理的付费机制调动项目公司的积极性，同时可以防范项目公司在漫长的服务期间出现消极履约的风险。固定报酬过多，无法调动项目公司的积极性，而过分强调激励费用则会加重政府方监督的负担。合理的付费机制需平衡二者之间的关系，政府通常依据项目设施的可用性、产品或服务的质量和使用量付费。

（七）PPP项目合同的若干细节

由于PPP项目在实施过程中往往受到多种因素的影响，需要应对各类风险，因此，原则上PPP项目合同约定应尽可能详细。从PPP项目管理的角度看，需要根据项目特点，对合同涉及的诸多细节进行专题论证与研究，并在此基础上做出详细的约定。不同项目所细化约定的内容有所不同，关于细化的具体示例详见表4-1-1。

PPP 项目合同的若干具体细节一览示例　　　表 4-1-1

合同管理重点	相关说明
项目投资控制要求	针对建设阶段项目公司作为主体组织的项目建设过程投资控制进行总体约定
经济成果评审要求	对由项目公司组织实施的各类建设阶段各类经济成果进行评审
商务成果评审要求	对由项目公司组织实施的各类建设阶段各类招采与缔约过程文件等商务成果进行评审
项目运营初始化要求	对建设期结束后，运营阶段开始前及启动后，项目公司所开展的工作做出详细要求
运营期政府付费要求	对运营期政府支付的可用性服务费和运营服务费的调整和支付做出详细要求
政府出资计息的约定	根据政府资金支付时间、资金来源等变化对支付的影响，对计息做出详细约定
绩效考核比例调整约定	受包括建设成本变化等在内的多种因素影响，相关内容对应的绩效考核比例调整做出约定
强化政府管控力度约定	增加涵盖工程质量、工程安全及文明施工、政府方需求落实、项目公司人员力量及施工考评等方面的管控和考核条款

第二节　社会资本方选择与PPP项目合同要点

在PPP项目采购阶段，项目招采管理的主要工作包括：明确政府方与社会资本方在PPP项目中的边界条件，确定具有丰富经验的招采代理机构，并提出精细化管理要求，对项目风险做出分析，并在缔约阶段提出有效对策措施。

一、准备阶段合同要素的关注重点

在启动遴选社会资本方之前，政府方需对项目风险分配进行考虑，以选择合适的项目运作和采购方式，面向投资、建设、运营的基础设施和公共服务领域PPP项目以及PPP项目合同所涉及的事项内容，制定合理的交易结构，设计合理的回报机制，以达到"共赢"的合作目的。准备阶段应重点关注采购活动所涉及问题事项的完备性，具体需要考虑政府与社会资本方的具体合作方式、合作期限、各方投资与收益规则、协议签订的时间与地点以及双方的责任、权利和义务等。有关PPP项目社会资本方选择所要考虑的一般事项详见表4-2-1。

PPP项目社会资本方选择所要考虑的一般事项一览　　　　表 4-2-1

序号	合同管理重点	相关说明
1	风险分担	协议各方按照风险分配优化、风险收益对等和风险可控的原则合理分担风险等做出约定
2	项目投资与产权归属	包括项目投资构成、投资计划安排，投资控制与监管，以及项目资产的抽成、存量资产与权属、新增项目资产与权属、资产使用的限制性要求等做出约定
3	项目公司	包括对项目公司设立、增资扩股、破产解散、政府与社会资本方违约等做出一般性约定；对项目公司治理结构包括股东会、董事会、公司管理体系及制度安排做出约定；对股权转让、担保限制等做出约定
4	政府方资产移交	对政府方向项目公司移交资产做出约定，包括对移交准备、移交程序、移交义务、移交后果等做出约定
5	项目融资	包括融资介入、融资计划与方案、融资交割、资金筹措与到位、补充融资责任等，以及政府方提供的融资支持、融资违约及处理、再融资等做出约定
6	运营与服务	包括有关运营维护的一般内容如范围、期限、标准、计划等，以及双方运营维护的义务、试运行与正式运营要求、运营成本规定、运营服务计量、更新改造和追加投资、运营期政府方监管和特别补偿、双方违约处理等做出约定
7	绩效评价	包括绩效评价的主体、范围与标准、绩效评价程序，如评价的周期、评价的方法以及评价结果的应用等做出约定
8	项目移交	包括移交的范围、移交的期限、移交的方式、移交的标准与要求、各方移交的义务、移交准备、项目公司资产移交、权益转让、移交费用、风险转移、项目提前终止时的移交和移交违约与处理等做出约定
9	收入与回报	包括项目运营收入与付费机制、服务收费价格与调整、针对项目公司的财务监管、违约事项处理等做出约定
10	担保、保险和保障	包括社会资本方的履约保证金、项目公司建设履约保证金、项目公司运营履约保证金、项目公司移交履约保证金、费用承担及金额补足、保险及保障等做出约定
11	不可抗力	不可抗力的定义和情形、不可抗力事件的认定和评估、不可抗力事件通知、不可抗力事件的处理等做出约定
12	特别事件和介入权	包括特别事件的情形、特别事件中各方的权利、介入权的行使程序等做出约定
13	协议解除与终止	包括协议终止的情形、协议解除的条件和程序、协议解除后的清算、协议解除后的移交等做出约定
14	违约处理与赔偿	包括违约行为认定、违约处理原则、违约通知、违约适用、违约处理、赔偿范围和标准等做出约定
15	争议处置	包括行政争议、民事争议、争议的解决方式、争议期间协议的履行

二、采购阶段合同规划的核心事项

（一）明确项目边界条件

1. 权利与义务边界

权利义务边界主要是指项目资产权属、社会资本承担的公共责任、政府支付方式和风险分配结果等。一般而言，政府方的权利义务主要包括：按照国家和政策法规严格履行行政监督管理以及行业管理的职责，协助社会资本方开展项目前期工作，协助办理项目手续的义务；在自身权限范围内，协助社会资本方取得相关行政许可的义务；由于法律与政策调整变化，承担相应风险的义务；对项目实施过程提供必要支持，且不得干扰项目的实施；按照项目运作方式接收项目资产的权利。社会资本方的权利义务主要包括：承担项目的融资、设计、建设、运营和维护的责任；提供项目所需资金，承担环境保护、地质、文物保护、安全生产及其他社会责任；此外还包括根据运行模式向政府方提交项目资产的义务。

2. 交易条件边界

交易条件边界主要明确项目合作的期限、项目的投资及回报机制、运营收费定价机制及费用调整机制，以及项目产出目标和说明等。其中有关项目回报机制主要是明确运营收入范围、计算方法，具体包括社会资本方提供公共服务而获得收入范围及计算方法，运营期间获得的其他收入，与政府方的分成机制。要根据项目提供的公共产品和服务是否可计量，确定项目收入与回报条款，以适当的灵活性对项目的收入与回报条款予以调整。收入与回报条款考虑项目的可融资性，此外还要考虑财政的承受能力等。

3. 履约保障边界

主要明确强制保险方案以及由投标保函、建设履约保函、运营维护保函和移交维修保函组成的履约保函体系。重点约定建设履约保证金、运营维护保证金和移交维修保证金。在履约担保约定中，重点明确担保的类型、提供时间、兑取条件、保证金退还等。

4. 调整衔接边界

主要明确应急处置、临时接管和提前终止、合同变更、合同展期、项目新增改扩建需求等应对措施。PPP项目实施周期长，过程中受干扰因素影响，项目合同违约、提前终止等情形可能发生，应该对合同违约与终止的处置需要在招采阶段就做出安排,并纳入合同条件。一方面,应梳理一般影响因素并提出一般违约条款。对于政府方而言,一般违约表现在,未能按期支付项目公司费用,或未能提供必要的协助,未能提供必要的配套设置及其他履约义务。对于项目公司而言,一般违约责任包括未能实现既定的建设目标任务。另一方面,应针对重大影响因素梳理提出重大违约条款。例如未能对项目资产进行征收,在运营期间对运营标准做出重大调整等均属于政府方的典型重大违约情形。

(二)具体核心事项

1. PPP项目准备阶段典型问题

PPP项目前期准备阶段所应考虑的典型事项包括:协议签订时机、工程投资控制、施工图预算评审、运营开始日调整、政府出资部分计息、绩效考核比例以及政府方管控力度等。只有在社会资本方选择阶段充分考虑上述事项,才能使得后期建设管理过程更加顺利。以某河道治理PPP项目前期工作为例,梳理有关前期面临的常见问题详见表4-2-2。

某河道治理PPP项目前期面临的常见问题一览 表4-2-2

问题序号	问题类型	具体问题说明
1	工程投资控制无依据	项目初期因项目边界不清晰导致投资控制目标不明确,项目公司出于利益考虑,将项目范围及方案做大、标准做高,初始报送实施方案概算工程投资远高于PPP实施方案中投资额
2	施工图预算评审原则存在争议	在项目施工图预算评审过程中,地方财政投资评审中心评审原则与《PPP项目合同》约定计价原则不一致,在工程建设其他费下浮和财评预算评审阶段部分材料价格采用市场询价方式定价方面产生争议
3	运营开始日设置不合理	根据水利行业验收规程的相关规定,竣工验收应在工程建设项目全部完成并满足一定运行条件后1年内进行,并完成竣工财务决算审计。若按《PPP项目合同》约定竣工后方可运营,河道治理工程将存在一年左右的运营维护空窗期
4	政府出资无法及时到位的问题	《PPP项目合同》对建设资金来源、资金申请及拨付模式、政府资金未及时到账、可用性服务费最终值确认等方面均按市级固定资产项目模式设定,未能考虑市级财政专项资金项目特点。河道治理工程中截污管线工程政府出资部分由地方财政奖补资金支付,为"先干后补"方式划拨,预计将产生利息
5	政府方管控缺乏有效手段	关于建设期政府方对项目的管控方面,《PPP项目合同》仅约定"在乙方原因造成有关项目实际进度落后于经甲方认可的进度计划时,每延误1日罚款*万元,且总金额不超过建筑安装工程费用总价的百分之二",导致建设过程中政府方管理无抓手,无法对社会资本方进行处罚和约束

2.《PPP 项目合同》核心内容

《PPP 项目合同》针对项目实施过程中无法就项目实施的具体过程对主体双方形成有效的约束，所约定的内容应具有很强的针对性，侧重以问题为导向，尤其需要围绕具体细节进行约定。仍以上述河道治理 PPP 项目为例，梳理有关《PPP 项目合同》核心内容详见表 4-2-3。

某河道治理《PPP 项目合同》核心内容一览　　　　　　表 4-2-3

条款类型	核心条款	合同条款说明
服务期	服务期	详细约定服务期×年，自合同生效之日起，至×年×月×日止（含建设期）
项目建设	建设内容	详细约定×条段河道治理涉及清淤工程、管线工程及污水处理厂站建设工程
	建设期	详细约定自开工日起至本项目运营开始日止的期间
	建设的考核	详细约定考核方式，可分为过程考核和一次性考核。其中，过程考核由甲方自开工日起至单位工程验收通过前进行，一次性考核由甲方自单位工程验收通过之日起进行
运营与绩效考核	运营开始日	详细约定签发单位工程验收鉴定书并投入使用后，经政府方确认日期
	运营维护内容	详细约定运营维护内容，主要包括河道养护、截污管网、泵站、污水处理厂（站）四类。其中，污水管道、泵站维护检修，污泥、渣土消纳费，水面保洁、岸坡保洁、边坡养护、水质检测、污水处理等内容纳入常规运营内容计入运营服务费；河道清淤、管线防洪应急等费用不计入运营服务费，发生时据实结算
	运营绩效考核	详细约定考核依据与方式，可按照运营效果、管理体系、安全生产、社会影响等方面进行考核。考核每月进行一次，绩效考核的结果作为项目可用性服务费和全部运营服务费的支付依据
服务费计取与支付	可用性服务费的计费	详细约定双方计费方式，可用性服务费以经地方财政评审的施工图预算为基准，扣减政府出资额和某社会资本方出资额，按项目公司投报的运营期投资收益率进行计算
	可用性服务费的支付	详细约定支付方式，可用性服务费分为初始值与实际值，结算审计报告出具前，按初始值的X%比例支付，结算审计报告出具后按实际值支付，并补齐实际值与初始值的差额
	服务金额	详细约定服务金额，包括预算投资金额、年度可用性服务费、年度运营服务费、政府付费合计

（三）PPP 项目风险应对与履约要点

1. PPP 项目风险总体特征

对于 PPP 项目，除了具备一般工程项目特征，还具备阶段性、复杂性、偶然性等特征。其中对于阶段性特征，PPP项目涵盖了从设计、建设到运营，项目全生命周期的不同阶段，面临不同风险。有些风险只可能在特定阶段发生，有些风险则可能在全过程出现。在建设阶段，融资风险较大；在运营阶段，绩效考核不达标，可能使项目功败垂成。对于复杂性特征，由于PPP项目组织结构、运营模式、融资渠道复杂，使得风险管理呈现复杂性。PPP项目涉及的机构多，包括政府各部门、社会资本方、项目公司、施工方、金融机构、运营商等，在合作的过程中，面临复杂关系和协调工作。只有参与各方共同努力、密切配合，才能保证PPP项目的正常运转。对于偶然性特征，PPP项目客观环境和参与者的主观意识不同，导致PPP项目的风险存在着较高的不确定性。一般经验难以准确全面地指导PPP项目风险的识别与管控。在整个PPP项目生命周期内，政策环境变化的不确定性，也使风险的偶然性增加。

2. 招采与合同管理风险识别与应对

项目合规性风险。合法合规是PPP项目顺利运转的首要前提。例如PPP项目参与主体合规性，包括项目实施机构以及社会资本方合规性；项目的适用领域、运作方式、合作期限合规性，项目实施程序合规性，是否符合城市总体规划，程序履行合规性，物有所值评价以及财政承受能力论证合规性，实施方案政府审批的合规性等。有必要将上述合规性要求纳入PPP项目合同条件。

防范税收政策不明确风险。关于PPP项目实际操作下的涉税问题，涉及各个方面，但总体看，缺乏具体针对PPP项目的条款要求。由于PPP项目的特殊性。虽然就部分PPP项目的税务问题做出了解释，但无法从根本上消除PPP模式中税务问题争议。因此，PPP项目合同中应考虑对于政府方支付费用部分和社会资本方融资部分产生的税务问题做出约定。

合同对变更、材料调差风险。PPP项目投资规模大、建设周期长，由于施工条件限制以及市场和政策因素影响，不可避免地遇到项目变更、材料调差。有必要对工程变更、材料调差及对应的价款调整做出约定。

3. 建设管理风险识别与应对

项目融资风险。PPP项目的资金来源主要为政府方和社会资本方投入的资本金、项目的融资，及时取得项目融资，防止项目因融资不到位而搁置甚至失败，成为PPP项目是否能成功的关键制约因素。项目融资的影响因素包括政策环境变化、市场环境变化、参与方经营管理水平、特定项目本身因素等。对此，PPP项目合同应考虑对这方面做出详细约定。

防范征地拆迁滞后影响项目工期的风险。PPP项目实施过程中，征地拆迁工作一般由政府方主导，社会资本方配合。由于征地拆迁工作不能顺利开展，阻碍项目的正常施工，加大项目的成本，严重的甚至造成社会资本方主动退出PPP项目。为规避征地拆迁风险，项目公司根据施工计划对征拆工作进行统筹安排。PPP项目合同应考虑对这方面做出详细约定。

防范重大事项无相关标准流程的风险。实际操作中，大部分PPP项目，社会资本方既是投资方，又是施工方，即项目公司—总承包—项目部。作为施工方在项目层面向项目公司申请变更、材料调差，按照正常流程即可。但是作为业主投资方，项目公司的变更、材料调差没有标准的流程，各地执行的标准各不相同。PPP项目合同中有效约定项目公司的变更、材料调差流程，将有利于PPP项目的顺利实施。

防范竣工验收延迟的风险。PPP项目的竣工验收工作复杂且繁琐，能否高效通过竣工验收关系到社会资本方资金回笼的速度，以及项目能否顺利进入运营期。PPP项目验收工作包含施工单位及业主单位的水保验收、环保验收、档案验收及竣工验收，其中水保验收、环保验收要在施工过程中形成数据。项目应在施工过程中积极和当地档案管理部门沟通，在施工同时做好施工档案及相关资料的收集整理，保证项目实体工程完成同时完成竣工验收工作。PPP项目合同中应就此做出约定。

防范费用超支、超概算预算的风险。一般情况下，决算不能超过预算，预算不能超过概算，概算不能超过估算。实际操作中，一般不存在概算、预算的调整，项目公司在施工建设中，要严格控制费用支出，严禁出现超预算、概算等情况发生。对于部分有限额的费用支出更要严格控制，PPP项目合同应对此做出约定。

防范审计扣减的风险。项目竣工审计是指项目完工后对建设项目全部成本的真实性、合法性进行的审查和评价。竣工审计中，如果项目公司未能提供相关支持性资料，会导致已经发生的成本被审计单位扣减，这将会极大损害社会资本方的利益。除支持性资料因素外，如果费用项目超过政策限额，超过部分也将被审计核减扣除，为减少项目审计扣减风险，项目公司加强项目过程跟踪审计的管理，在项目施工过程中指派专人与地方审计单位进行沟通，明确地方审计单位的审计标准，在施工过程中，完善审计相关支持性资料，有效降低项目审计扣减的风险，PPP项目合同应对此做出约定。

4. 运营管理风险识别与应对

防范绩效考核不达标的风险。在PPP项目中，项目运营期的资金回报与绩效考核挂钩，项目实施机构掌握绩效考核的主导权。因此，项目公司要保证建设工程的质量，按照规定进行运营维护，保证公共设施的正常使用。除此之外，为限制项目实施机构对绩效考核的主观性，要在合同条款中约定绩效考核的具体细则，增加定量考核，减少定性考核，以避免考核不达标风险，PPP项目合同应对此做出约定。

防范项目实施机构拖延付费风险。在"使用者付费模式+可行性缺口"补助模式下，如果收费不及预期，项目实施机构又不能及时支付项目资金，而项目公司又必须偿还大额融资资金，势必给项目公司带来极大的资金压力，进而使项目公司不能顺利取得应有收益。因此，项目应在合同中约定相关违约条款，增加项目实施机构的违约成本，防范项目实施机构拖延付费风险，PPP项目合同应对此做出约定。

第三节　PPP项目建设阶段招采与合同管理

PPP项目建设阶段是项目实现采购目标、双方履行合约职责、兑现商务承诺的核心合作期。因此，这一阶段政府方的合同管理是针对社会资本方的履约管理以及各参建单位的履约管理，促进社会资本提升履约效果，确保项目建设阶段产出符合采购阶段制定的既定目标。招采管理主要针对在项目公司下的各参建单位的招标采购管理。对于社会资本方在执行层面的履约管理，是为了保证项目建设期总体稳定，确保项目建设目标的全面实现并为后期运营提供基础。对于项目公司负责的招标采购活动实施管理包括两个方面，一是助力政府方履约过程中自身权利义务的履行，二是为了对社会资本方工作实施校验与深度监督。本阶段的招采与合同管理工作包括：围绕政府方权利义务，搭建项目层面招采与合同管理制度体系，策划项目层面总体的招标采购管理方案，开展项目主要招标采购活动组织管理以及建设期各参建单位履约管理等，并对社会资本的招采合约工作进行规范性审查和指导。

一、招标采购与合同管理原则与内容

由于建设阶段的项目管理策划与要求实现需要通过项目公司主导，各参建单位

协同配合完成。为此，招采与合同管理作为项目管理的重要过程管理内容，其核心目标就是确保项目管理过程的顺利以及项目建设与管理目标的实现。由于招标采购活动涉及项目管理方方面面，尤其是通过合同条件，形成对各参建单位的约束，为此，有必要结合项目管理的总体部署对招标采购与合同管理做出谋划。项目的招标采购管理总体策划就是针对项目所有招标活动的部署与安排所编制综合性专业方案。初步的项目招标采购与合同管理总体策划是项目公司科学开展项目管理规划的重要组成部分。招标采购与合同管理总体策划主要论述了项目管理与实施过程中有关招标采购管理的原则与思路，分析各参建单位围绕项目实施机构管理协同关系的构建过程，详细阐述招标采购管理各过程事项的处置思路，以及根据项目管理的目标要求落实要素管理计划的对策措施等。招标采购与合同管理活动易受多种因素影响，事关项目管理要求的落实，方案制定十分必要，充分体现预控的思想，为化解应对危机和复杂招采与合同管理局面提供重要保障。

（一）招标采购和合同管理基本原则

招标采购和合同管理策划过程应秉持如下原则：

1. 针对性原则：指所编制的工作方案能够与本项目相适应。工程管理人员应从弄清项目内外环境及所具备的招标条件入手，分析项目需求与相关要求，并从解决招标实际问题的角度提出管理方案。

2. 可操作性原则：指管理方案具有可实施性和实用性，而非只停留在理论或形式般的描述上。工程管理人员应从管理经验出发，应用具体管理方法，对问题进行深入分析，提出切实可行对策。

3. 科学性原则：指管理方案满足对项目招标采购管理科学的指导需要，工程管理人员要能够站在项目全过程管理视角，提出对项目进展起到积极推动作用的做法。

4. 时效性原则：指管理方案编制要反映建设项目所具有的时间特征，反映出项目管理的进度成效，并随着项目实施进展及整个方案调整而动态更新。

5. 客观性原则：指管理方案所包含的内容、提出的问题要尊重客观事实，处理措施和解决方法实事求是，抓住事物本质，按科学规律办事。

6. 低风险原则：指管理方案中所提出的问题解决措施有利于招标活动开展平稳运行，有利于缓解项目事态发展，有利于管控复杂局面。

（二）招标采购和合同管理主要内容

按照目标体系制定切实可行的管控方案，并围绕目标控制提出对策。招标采购管理在这一领域的核心工作就是落实具体项目要素管控的方案。结合项目建设目标管控方案要求提出招标阶段的应对方案，或者说在项目各招标环节如何落实相关项目管理策划与要求应纳入缔约合同条件。上述管理内容决定着招标活动的成效和水平，是招标采购管理评价与成效量化的切入点，招标采购管理评价专项方案是考虑的重点，体现了招标工作的具体方向。这一方面的具体管理内容还包括：项目招标活动时间进度计划专项内容、招标质量管理专项内容、招标范围管理的专项内容、中标优选专项内容、招标档案管理专项内容、招标风险管理专项内容等。

二、招标采购与合同管理制度建设

统筹组织好招标采购活动需要在项目层面做出制度性安排。管理制度应明确参与单位的职责、工作任务及时序安排等，是理顺管理关系、规范项目运行的规则，也是各参建单位围绕项目实施机构有效协同的保障。项目管理制度将确保招标采购活动高效、有序、平稳开展。实践中，管理制度体系设计跟不上，尤其招标采购管理制度得不到足够重视，或未能抓住与其他制度内在联系，将在一定程度上降低项目管理质量与成效，管理局面很可能陷入被动。为此，有必要从招标采购活动管理内在规律出发，探究招标采购管理制度设计的过程。

制度体系核心方向就是面向政府方对项目公司招标采购与合同管理形成有效监督的条件下，构建以项目公司为中心，各参建单位与之保持管理协同局面的制度体系。在体系设计中，招标采购与合同管理的政府监督及项目管理策划思想贯穿始终。鉴于招标采购活动在项目建设中所发挥的重要作用，以及招标采购活动作为实现项目管理策划的重要手段，制度订立应确保项目最终形成的各参建单位围绕项目法人的管理协同局面，应严格基于面向合同的约束管控体系。简言之，制度订立就是围绕招标采购管理核心路线展开，完整的招标采购管理制度所涉及的内容应包括活动前期阶段的策划、代理机构选择、过程阶段的文件编审及后期阶段的代理服务评价与对参建单位的履约管理等。

三、招标采购与合同的管理过程

(一)PPP 项目招标采购过程文件审查

政府方可对项目公司组织开展的各类招标活动的过程文件进行审查。由于招标过程文件的专业性以及招标采购活动的复杂性,应聘请专业化的项目管理咨询机构实施审查。审查过程应以 PPP 项目合同为依据,从 PPP 项目总体管理策划和实施目标出发。审查应秉持针对性、前瞻性、系统性、合法性、管理性以及延续性原则。具体详见表 4-3-1。

PPP 项目招标采购过程文件编审主要原则一览 表 4-3-1

序号	制度类型	具体说明
1	针对性	招标采购过程文件的内容应与紧密围绕项目特性、实际情况、面临的重点难点问题展开
2	前瞻性	招标采购过程文件的内容应科学预见缔约以及履约过程可能遇到的主要问题与风险,作为招标采购过程文件发出后为项目的管理与实施提供可靠的依据,为处置有关问题提供指导,对可能发生的有关情况做出积极的调整
3	系统性	招标采购过程文件涉及的技术、经济、商务以及项目管理的有关部署应确保完整、关联且得到统筹的考虑
4	合法性	招标采购过程文件内容应遵循工程建设领域以及标的物所涉及的有关法律、法规、政策及国家标准规范的要求,符合行政监管规制要求等
5	管理性	招标采购过程文件中有关内容应确保项目管理策划得到有效落实,确保项目管理要求充分显现,尤其是招标文件合同条件要充分融入项目管理的思想理念与方法等
6	延续性	招标采购过程文件内容要确保与招标活动的前期条件、必要准备工作以及项目招标前期相关工作保持紧密衔接,要依托于项目招标前期有关行政审批、项目技术、经济等文件编制,形成对招标前期文件的进一步延续,凸显项目管理与实施进程
7	一致性	其中招标文件各章节、各有关内容在各方面保持一致,确保严谨性而避免出现相互矛盾、遗漏等情况

可以说,招标采购过程文件编制初衷就是要确保招标活动高效、平稳开展,实现各参建单位围绕项目实施机构的管理协同,确立 PPP 项目公司针对各参建单位的管理关系,并由此形成基于合同约束的管控体系。通过招标活动,招标人不仅履行了法定招标义务,更推进了竞争性价格的形成,实现了项目投资管理与造价控制目标,规避或转移了主体管理责任与风险。通过缔约过程实现了对项目管理要求的

部署，为确保建设项目高质量开展奠定基础。

（二）PPP 项目招标采购活动进程推进

在建设阶段，项目招标采购活动进程的推进主要涉及两个层面。首先是项目公司负责的项目各类前期咨询服务活动的委托进程，以及勘察、设计、施工总承包及监理等主要参建单位的招标采购活动组织进程。总体看，项目公司负责的各类合同委托进程以及招标采购活动进程依托于项目所具备的各类前置条件。项目招标准备活动越充分，则项目招标采购与合同委托工作越顺利，且缔约的成效将更加显著。作为招标采购活动本身而言，由于法律规定的招标采购活动各环节法定时限，在正常推进情况下，招标与采购活动的整体周期是相对固定的。但在过程中遇到异议、投诉等情况，或由于环境条件影响，而使得招标或采购程序执行被迫受到影响，则活动的周期将变得不可控。对于招标与采购活动的进度管理，消除影响活动进程推进的不良因素，提早识别风险并采取必要措施是十分必要的。

另一方面，就是项目暂估价工程内容招标与采购进程的推进。这一进程的推进对项目整个实施进程影响巨大，尤其是对于房建 PPP 项目而言。暂估价工程内容一般对应专业工程，尤其是与使用功能密切相关的专业工程，这就需要对功能需求不断细化与确认，针对性地提出设计成果，过程中可能伴随反复论证与调整。这些将大大影响暂估价工程内容招标与采购活动的时间。

（三）PPP 项目招标采购的资料管理

作为法定缔约活动，招标采购活动的资料是十分丰富的，作为政府方的监管，根据项目的重要程度有必要对招标采购活动文档实施备案管理。

招标采购活动文档是招标人及其委托的招标代理机构组织招标活动、履行法定程序中直接产生的，被称为工程招标活动文档，详见表 4-3-2。该类文档主要体现了工程招标中有关交易主体法定权利的行使过程。该类文档又具体分为两类，一是行政主管部门出于监管需要而颁布的监管类文件，二是招标人履行法定程序而形成的文档，主要是由招标代理机构开展服务所形成的。招标公告、资格预审文件、招标文件、投标文件、资格预审及评标报告、中标通知书均为该类文档。

招标活动文档清单一览　　　　　　　表 4-3-2

序号	文档名称	序号	文档名称
1	招标方式登记材料	15	招标文件
2	委托招标登记材料	16	招标文件补充修改及答疑澄清文件
3	招标公告（资格预审公告）	17	投标文件报送签收记录
4	投标报名记录	18	投标文件
5	资格预审文件	19	投标担保提交记录
6	资格预审补充修改及答疑澄清文件	20	开标记录
7	资格预审文件领取记录	21	招标人拟派评标代表申请
8	资格预审申请文件	22	评标委员会专家抽取申请
9	资格预审申请文件递交记录	23	招标投标情况书面报告（评标报告）
10	招标人拟派资格预审代表申请	24	中标候选人公示
11	资格预审评审委员会专家抽取申请	25	中标通知书
12	资格预审评审报告	26	中标通知书送达记录
13	资格预审结果告知材料	27	中标结果公告
14	投标邀请书	28	合同

四、PPP项目的履约管理

PPP项目在执行阶段的合同管理就是围绕社会资本方以及项目公司项下各参建单位实施履约的管理过程。这一过程具体包括履约风险管理、履约评价管理、面向合同条件的项目全过程管理等。

（一）履约风险管理

履约风险管理旨在确保PPP项目各参与主体科学稳健履约，避免出现可能引发的各类履约风险。对此，PPP项目需全面建立履约担保机制。自上而下形成担保体系。担保体系的形成是由政府方在PPP项目合同过程中构建的。PPP项目在履约阶段的风险是多样的，主要包括：法律风险、政策风险、市场风险、融资风险等等。履约风险管理的关键是有针对性地对风险进行识别，并提出应对措施或方案。具体而言，在建设期风险包括：完工风险，天气/环境恶劣，建造成本超支，配套基础设施不到位，技术不过关，材料费上涨，原材料供给不足，环保风险。国内学者有关PPP项目风险开展了大量卓有成效的研究，目前有关应对措施与方案也十分翔实。

但围绕项目重点与难点，把控履约总体局面始终是PPP项目执行的难题。

　　为了确保PPP项目能够按照合同约定履约，政府通常会要求社会资本或项目公司提供一定的担保。常见的担保方式包括保证金、保函、收益权质押、第三方担保等。第一，保证金是招标方在招标文件或项目合同中约定的应标方或中标方应缴纳的一定金额的责任担保。目前在PPP项目中较为常见的有投标保证金、履约保证金、工程质量保证金三种。第二，履约保函是金融机构（通常是银行）应申请人的请求，向第三方（即受益人）开立的一种书面信用担保凭证，用以保证在申请人未能按双方协议履行其责任或义务时，由金融机构代其履行一定金额、一定期限范围内的某种支付责任或经济赔偿责任。第三，PPP项目中特许经营权收益权质押担保，特许经营权的收益权可作为应收账款予以质押。第四，第三方担保为社会资本方或项目公司提供其他形式的担保，如母公司（股东）担保和专业担保公司保函等。

　　现有PPP项目普遍面临着融资难的困境，主要原因是初始期的PPP项目的融资方式较为单一，多以债权融资为主，商业银行对PPP项目的要求与传统放贷无异，对资信要求较高，但由于PPP项目存量资产短缺，难以满足商业银行的抵押要求，需要政府给予对应的担保，弥补PPP项目增信不足的缺口。现有的政府担保方式主要有承诺函、设定保底量、通过人大决议纳入预算、回购安排四类。

　　第一，承诺的内容是"本息还款安排"的行为承诺，且是融资还款的现金流，并不是担保法上的保证，但具有融资增信作用。第二，保底量为政府在项目合同中承诺，在项目运营过程中，当公共产品或服务的需求低于一定的标准时，政府会给予社会资本或项目公司相应的补贴。第三，通过人大决议纳入预算为财政部门在编制年度预算和中期财政规划时，将项目财政支出责任纳入预算统筹安排。第四，回购安排包括资产回购和股权回购两大类，其中资产回购在PPP项目中是明令禁止的，而股权回购仍有一定的适用空间。

（二）履约评价管理

　　履约评价内容确定应以合同条件为基础，并结合项目实施目标及过程管理要求确定。将评价有关要求与事项纳入合同条件，其本身也应作为履约单位合同义务或权利，须根据履约评价结果对违约责任进行认定。履约评价须和违约条款相互关联并保持一致，依据评价结果所形成的违约责任认定情况进行追偿。必要时将评价结果与工程款支付或履约担保关联，从而进一步对履约单位形成约束力。在缔约过程中，利用招投标竞争机制，可使得中标单位承诺遵守项目的履约评价制度。实施过程中，亦可单独针对项目具体情况，订立详尽的履约评价细则。在工程实施过程中，应周期性地开展评价工作并合理安排周期。一般而言，对施工单位的评价周期较短，如按月进行评价。对于监理单位和项目管理单位的评价周期可相对较长，可按季度进行评价。也可根据具体情况，加大评价频率。由于评价结果须与价款支付相关联，因此评价周期可与价款支付周期保持一致。此外，为使得评价工作更具针对性和系统性，还可分阶段实施评价，即分别进行履约的前期、中期以及后期评价等。根据工程不同阶段实施特点，修正评价要素及方法。在评价过程中，无论客观还是主观性质评价均应寻求有力证据作为依据，须尊重事实、客观公正。待评价完成后，应对评价结果进行检查。

实践证明，将初步评价结果与履约单位进行沟通十分必要。一方面旨在公开、透明地向履约单位说明评价情况，核实证据，检查评价结果准确性，化解争议或分歧，听取履约单位意见。另一方面，针对不合格事项，敦促履约单位进行改进，提高履约质量。初步沟通完成后，可结合履约单位意见对评价结果进行最终确认。凭借评价结果对应的违约条件对被评价单位进行追责。需要指出的是，追责并非最终目的，而是谋求进一步提升履约质量，改进履约过程。同时，由于项目环境条件、过程管理要求以及履约状况等因素不断变化，履约评价过程是动态的，应不断改进和完善评价内容和方法，并展开新一轮评价。

第四节　PPP项目运营阶段招采与合同管理

PPP项目进入运营期后，项目开始产出绩效。有关招采与合同管理主要侧重在对于项目运营期的维护服务的采购管理、履约评价以及合同争议的处置过程，上述层面的工作均是以PPP项目合同为基础。

一、运营阶段的招采与合同管理

PPP项目进入运营阶段后，建设阶段已经结束，一方面围绕建设阶段未竟事项，实施必要的委托活动。根据PPP项目性质和内容的不同，运营阶段的委托事项有所不同。一般而言，运营期间往往需要开展项目运营管理团队、开展项目维护团队、开展运营所需材料与设备供应商的委托，以及根据PPP项目合同及项目实施方案的总体安排，面向项目绩效管理就绩效评审单位开展委托等。由于运营的时间比较长，受多种因素影响，需要组织开展的招采事项因项目不同而存在差异。但与建设期相比，所实施招标采购及委托工作的强度已大幅降低。

为确保运营阶段的招采与合同管理科学开展，应首先对运营阶段事项做出详细梳理，对可能开展委托的情形做出分析，对PPP项目的合约规划做出修正，进一步补充、丰富运营阶段委托事项，明确各参与主体的管理关系。其次，根据修正的PPP项目合约规划，编制运营阶段招采计划，明确招采具体内容、资金来源、招标与采购规模和招标采购的具体时间。此外，根据PPP项目方案和协议，结合运营阶段项目公司的运营管理要求，对参与运营阶段的各类委托事项在缔约阶段进行部署。PPP项目招标与采购相关制度，往往在运营阶段可能做出适当调整，这是因为运营阶段不同于建设阶段，由于招标与采购事项减少，运营阶段的实施目标与建设阶段有所不同，以及实施主体在运营阶段可能变化等因素。在项目建设期，项目公司及各实施主体往往关注建设目标的实现，而运营阶段，则更加关注PPP绩效的实现以及项目运营的平稳。因此该阶段招采与合同管理更应从实现运营维护目标和风险防控的角度出发，围绕项目运营过程中出现的问题和偏差，开展履约管理工作。

二、运营阶段的履约管理

运营阶段的履约管理具体而言主要是针对项目公司所提供的服务进行履约评价。当前，不少PPP项目在运营阶段尚未引入履约评价机制，不少项目运营阶段合同义务、责任行使不畅，管理过程失控，导致运营效果不佳。为此，结合项目运营管理实际，有针对性地建立合同履约评价关系，确定履约评价流程，研究提出履约评价内容，分析各级履约评价的差异，研究建立履约评价机制体系十分必要。结合本书总结并列举某PPP项目履约管理评价的示例内容，详见表4-4-1。

PPP项目运营阶段针对项目公司履约评价示例内容一览　　表4-4-1

编号	分项内容	履约评价关注重点	备注
1	组织机构		
1.1	机构健全	组织机构是否健全，重要岗位是否配备专业人员	根据响应文件或经批准的项目公司组织机构方案
1.2	经营场所	（1）经营场所布置与组织机构内容是否一致	

续表

编号	分项内容		履约评价关注重点	备注
1.2	经营场所		（2）场所面积设施是否满足运营维护需求	
2	人员情况			
2.1	人员情况		（1）项目公司运营人员配置情况	人员变更未经委托方认可，按人次考核
2.2			（2）项目公司运营人员培训情况	
3	绩效制度			
3.1	运营、移交、档案及其他相关管理办法		是否编制管理办法	按每个办法单独考核
3.2			管理办法是否可行	按每个办法考核，实施过程中发现无法执行项时进行扣分
3.3			管理办法是落实	按每个办法考核，实施过程中发现不按照管理办法实施的分别对应标准扣减此项分值
4	绩效监控			
4.1	绩效周、月报		是否按绩效考核体系要求及时报送	按次考核
4.2			周、月报内容是否规范、完整	按次考核
4.3			周、月报内容未贯彻落实	按次考核
4.4	专项报告及报表		未按规定及时报送项目信息（督察、纳统等）	按次考核
4.5			内容不规范、完整或出现明显错误	按次考核
5	运营维护			
5.1	运营维护专项成果		PPP协议运维绩效考核得分，根据各自得分区间相应分级扣分	运维绩效考核得分100分≥总分≥90分，不扣分；90分＞总分≥80分，扣3分；80分＞总分≥70分，扣6分；70分＞总分≥60分，扣10分。每月考核，履约评价期内各子项累计扣分
5.2			不能妥善处理突发紧急事件，造成不良社会影响	按次考核
5.3			处理公众监督相关事宜不妥当，造成不良社会影响	按次考核
5.4			不积极配合临时接管工作	按次考核
6	移交管理			
6.1	移交专项成果		未按时成立移交委员会	按次考核
6.2			未按时明确移交程序	按次考核
6.3			移交的档案资料有缺陷	按次考核
6.4			移交的权利存在瑕疵	按次考核

续表

编号	分项内容	履约评价关注重点	备注
6.5	移交专项成果	移交的资产状态存在瑕疵	按次考核
6.6		未及时修复设备设施缺陷	按次考核
6.7		未在移交前按照方案完成人员技术培训	按次考核
7	绩效配合		
7.1	配合现场工作检查	不按照工作检查要求提供相关资料	按次考核
7.2		不为工作检查提供便利条件，不能保障检查工作顺利进行	按次考核
7.3	配合项目审计检查	不按照审计要求提供相关资料	按次考核
7.4		不为审计提供便利条件，不能保障审计工作顺利进行	按次考核
7.5	工作沟通顺畅	未积极配合政府方及项目管理单位日常管理工作	按次考核

三、运营阶段的维护服务管理

运营维护服务是PPP项目运营期主要的履约管理内容，面对运营服务的管理就是典型的履约管理过程。有关服务管理的要点，需首先在PPP项目合同中约定，或者与项目公司签订更为详细的维护服务合同。仍以前述的污水处理项目为例，运营阶段合同约定的一般维护服务要点示例内容详见表4-4-2。

某污水处理PPP项目运营阶段合同约定的一般维护服务要点示例内容一览　表4-4-2

类型	相关说明
基本要求	（1）乙方应确保本项目设施的正常功能需求、安全管理、运营及维护 （2）乙方应根据适用法律及规范要求，配备管理人员、巡查人员及日常养护人员 （3）日运营维护指标要求，如乙方应每日二十四小时（24h）连续接收并处理污水，并在日设计能力的120%范围内将从进水流量计接收的进水经处理达到出水水质标准后排放 （4）乙方应在24h内向甲方上报并采取有效的临时设备或相应措施，保证超出日设计能力的20%的部分全部处理并达标，若该情况持续7天以内，相关费用乙方自行承担；持续7天以上，经甲方同意后，相关费用据实结算
维护内容	运营维护的具体对象内容：乙方提供的运营维护范围为建设范围内的各污水处理厂（站），运营维护内容主要包括：各厂（站）出水稳定、达标；格栅、提升泵、沉砂池、曝气池、鼓风机房、污泥脱水机房、中控室、在线监测设备、化验室、消毒设施、排污口等设备设施正常运行；厂（站）入厂道路通畅，车辆摆放整齐，保持厂（站）周边环境卫生等

续表

类型	相关说明
维护标准	对项目设施进行运营维护的工作内容及质量标准应符合适用法律和现行的国家、地方相关行业规范、标准进行约定。未来因适用法律以及国家行业规范、标准的调整，新的法定标准高于原标准，或高于承诺标准的，执行新的法定标准；因执行更高标准而增加的运营维护费用，乙方有权依据本合同第某条的规定调整运营服务费。新的法定标准低于承诺标准的，仍执行承诺标准
维护手册	对手册编制、手册内容作出约定
	（1）在运营开始日之前，乙方应根据适用法律和谨慎运营惯例编制本项目的运营维护手册，并向甲方备案后遵照执行。运营维护手册在运营期内应根据运营和维护的实际情况随时进行修改、补充和完善，并向甲方备案后遵照执行。项目公司每一运营年向甲方提交运营维护手册
	（2）运营维护手册应包括项目工程进行定期和年度检查、日常运行维护、大修维护的程序和计划，并制定应对突发事件的应急服务预案。运营维护手册应列明运营维护服务所需的消耗性备品备件和事故抢修的备品备件
记录报告	对运营期在开展维护服务过程中，向甲方提交的过程记录等作出约定
	（1）乙方应按照下述规定的时间和要求向甲方提交相应的资料：自运营开始日后第二个月起，乙方应于每月10日前向甲方提交本项目上一月份的运营维护记录
	（2）乙方应于每年12月31日之前提交下一运营年运营维护计划，将其下一年度的重大运营维护计划书面通知甲方
	（3）乙方应当在某事项出现后7个工作日内向甲方提交书面备案报告，报告该等事项的具体内容。甲方在收到乙方提交的上述报告或备案材料后7个工作日内应提出反馈意见，逾期不提出的，视为没有异议
日常维护	对日常维护提出要求，比如就污水处理厂项目
	（1）在服务期内，乙方应对项目设施进行日常养护维修保障项目设施正常运行，并自行承担相关费用
	（2）根据项目批复的实施方案、设计文件及设备使用说明，服务期内，泵站及污水处理厂（站）工程由乙方实施更新改造/重置，相关费用已计入运营服务费
未履约责任	就未按合同责任及处理作出约定，如
	（1）乙方未能按照适用法律和本合同的约定履行本项目的维护义务，造成维护质量下降或月度运维绩效评价结果低于90分，甲方有权向乙方发出整改通知，责令乙方在限定期限内采取必要措施有效纠正未适当履行维护义务的行为
	（2）乙方未在甲方依上款规定发出的整改通知确定的期限内采取必要的措施纠正违约行为或未能在合理的时间内有效纠正违约行为，则甲方可以但无义务自行或委托第三方采取必要的纠正措施，乙方应对此予以配合，并承担因此而发生的全部费用
	（3）因采取上述纠正措施而发生的费用，甲方应向乙方开具账单和所发生费用的详细清单，如果乙方在收到该账单后7个工作日内未能全额支付账单所列金额，则甲方有权从履约保函中兑取相应款项以支付账单

续表

类型	相关说明
临时接管	对因特殊原因，甲方临时接管乙方服务的情形和要求作出约定，如
	（1）乙方擅自转让本合同约定的权利义务的；乙方擅自转让、出租或质押特许经营权或相关收益权的；乙方擅自将项目设施以及项下的土地使用权进行处置或抵押的；乙方因管理不善，发生重大质量、生产安全事故的；乙方擅自停业、歇业，严重影响到社会公共利益和公共安全的等
	（2）甲方有权在决定临时接管之日起临时接管项目，并有权指定第三方临时提供该工程的运营维护服务。临时接管期间乙方无权获得该项目的运营服务费，并且此期间发生的一切费用均由乙方承担
应急管理	对服务期内出现的应急情形作出处理的相关约定，如
	（1）服务期内，乙方应根据运维方案、实际运维内容及地方相关法律法规等编制应急方案，上报甲方予以认定并根据认定后的方案落实
	（2）应急方案内容应至少包括以下内容：在发生大修、重置、断电、进水水量超出设计水量等情况下的处理措施方案
	（3）若因非乙方原因导致断电，发生的相关应急费用，经甲方认定后，据实结算

四、运营违约与合同终止

PPP项目进入运营期，这个阶段持续的时间比较长，受多种因素的影响，项目的履约过程可能受到干扰。在理想情况下，项目正常履约并按照绩效付费。所谓非正常履约就是合同双方出现违约、合同提前终止等对继续履约构成威胁的情形。运营期的合同管理除了开展绩效管理外，还有面向非正常履约的管理。但需指出，这一阶段的非正常履约与其他阶段不同，是根据PPP项目实施方案，以及PPP项目合同的所要求的，针对项目运营事项的非正常履约过程。具体而言，就是针对运营的双方违约和针对运营过程的合同终止等。

（一）运营期违约典型情形

这一阶段的违约情形可以分为一般性违约和重大违约。就一般性违约而言，常见的政府方一般性违约包括：未按照合同约定的期限和方式支付项目的补贴和服务费用；对运营质量做出调整与变更，对项目施加干扰而使得运营期中断或不能正常进行等。而社会资本方的一般性违约包括：未按照国家规定的技术规范或操作规程进行运营维护；未达到合同要求的运营目标或运营质量；未向政府方提交足额的运营履约担保等。

就重大违约而言，常见的政府方重大违约包括：未按照合同约定向项目公司支付费用或未提供补助达到一定的期限或金额，经催告仍然不履行。没有按照合同约定的事由，对项目设施或项目公司股份进行征收或提前收回项目成本。由于政府可控的法律与政策变化导致项目合同无法继续履行。对运营标准做出重大调整，使项目无法正常运行；对于社会资本方的重大违约包括：在项目运营中抽回、侵占和挪用项目资本金及其他资金。违反合同约定，转让合同或本合同项下任何权利或义务，或任何资产，或者改变乙方内部的股权比例未经政府方同意或批准。不愿或无力继续经营，或发生清算、不能支付到期债务、破产的。

（二）政府方违约与对策

政府违约是指政府故意或过失地不履行项目合同的义务，或虽履行合同义务但不符合合同约定的行为。包括国家政策变化引起、违反唯一性条款引起、政府征收征用引起、为协助解决项目配套设施引起。由于国家政策变化引起的违约可能包括：社会资本方应对政府的承诺进行合规性审查，合同中细化政府违约条件，评估政府方的财政支付能力等。对于违反唯一性条款引起的违约，社会资本方将"唯一性"条款以书面形式写入合同，不能仅凭借政府"红头文件"为依据，应细化明确政府方违反"唯一性"条款对应的违约责任。对于政府征收征用引起的违约，社会资本方应在合同中约定限制政府征收征用项目资产和项目公司股份的条款。如果政府违约，应当赔偿项目公司的实际损失、可得利益及支付一定数额违约金等；对于未协助解决相关配套设施的违约，社会资本方应在合同中约定如果政府不履行协助义务，应当承担具体违约责任和赔偿责任。

（三）合同终止与对策

因合同一方严重违约或不可抗力等原因，导致项目合同无法继续履行或项目合同约定提前终止事由出现时，项目合同可以提前终止，具体包括违约导致的合同提前终止、单方面终止项目合同、不可抗力时间结束后的合同终止、协商提前终止合同。在有关违约导致的合同提前终止情形中，政府方重大违约导致的合同提前终止情形又包括：政府方未办理或协助办理项目的审批手续，政府未提供或协助获得项目用地，政府未解决项目的配套措施，使得项目无法履行。社会资本方违约导致的合同提前终止情形包括：擅自转让出租特许经营权，擅自将所经营的项目资产进行处置或者抵押，因管理不善发生重大质量、生产安全事故，未根据本合同约定提供、更新、恢复履约保函或者维护保函，擅自停业、歇业、严重影响到社会公共利益和安全等。在有关单方终止项目合同的情形中，政府方单方终止的情形具体包括：国家法律、政策和规范性文件的颁布对合同履行产生重大影响而终止，客观情况变化而终止，为了公共利益需要而不得不终止等。对于社会资本方的对策为：在项目合同中政府享有单方面解除权的，应明确公共利益的定义和合同解除的具体条件。对于合同解除同时明确赔偿社会资本方的具体损失情况，明确解除后补偿的范围和标准等。针对项目公司单方终止的情形是比较复杂而随机的。政府方应根据法律、行政法规、标准规范和合同的约定，详细约定社会资本方所负有的向社会公众提供持续、稳定、安全的公共产品和公共服务的义务。为了保护公共利益，政府方有必要在项目合同中订立项目公司行使单方面解除权的限制性条款。有关不可抗力导致的合同终止以及协商提前终止合同的情形，需要双方在合同中就不可抗力做出具体的约定。合同经过协商提前终止的，双方应在终止协议中对合同终止后的善后事宜做出约定，并应与债权人协商，对项目的债务做出妥善安排。

第五节　招标采购与合同管理典型案例与分析

案例一

某体育场馆项目开标会投标异议处置

（一）案例背景

某大型公共体育场馆建设PPP项目，面向社会以公开招标方式确定社会投资人，并接受联合体形式投标。招标人聘请招标代理机构M组织开展该项目招标活动。在开标会现场，按照开标程序，当进行到最后一项开标议程即各投标人现场确认是否对本次开标会持有异议时，投标人C当场提出了异议认为：投标人A与投标人B存在关联关系。于是招标人安排招标代理机构通过某公共资源系统的公司间股权关系查询功能，查询并确认投标人A与投标人B在三级子公司层面确实存在控股关系。于是，投标人C当场要求招标人取消投标人A与投标人B本PPP项目的投标资格。

(二)案例问题

问题1:案例中开标现场出现的问题反映出招标代理机构M的服务是否存在问题?

问题2:针对案例情形,招标人及招标代理机构下一步该怎么办?

(三)分析与对策

一般而言,PPP项目投资规模较大,对于社会关注度高的项目,竞争也比较激烈。本项目招标人允许投标人以联合体形式投标,潜在投标人间的关系可能较为复杂。依据《招标投标法实施条例》第三十四条第一款规定:"与招标人存在利害关系可能影响招标公正性的法人、其他组织或者个人,不得参加投标。单位负责人为同一人或者存在控股、管理关系的不同单位,不得参加同一标段投标或者未划分标段的同一招标项目投标。违反前两款规定的,相关投标均无效"。

作为有经验的招标代理机构,应对所代理项目风险提早做出识别,应就投标人可能存在的关联关系,在投标报名阶段,就应运用相关公共资源交易查询系统,对各潜在投标人可能存在的关联关系进行查询排除。如果出现违反招标活动公平、公正性的情况,应及时向招标人报告。这将有效避免在开标会现场出现案例中问题。在开标会现场查询锁定的投标人A与投标人B的关联关系问题,给开标组织工作带来了难度,降低了开标的效率。案例反映出招标代理机构缺乏类似项目的组织经验。

案例中,招标人及招标代理机构M应针对投标人提出的异议、通过公共资源系统所查询的投标人A与投标人B的关联关系情形以及开标全过程做出详细记录,并将记录提交评标委员会,由评标委员会根据招标文件的约定做出评定。实践中,一般要求投标人将异议以书面形式提交给招标人,招标代理机构协助招标人在开标记录表上对开标情况进行记录,而后由招标人将开标记录表提交评标委员会,最终由评标委员会组织完成评标。

案例二

某污水治理项目合同条款设置

（一）案例背景

某市农村地区长期存在生活污水直排沟渠问题，对区域水环境造成一定影响。市政府决定委托水务局作为项目实施机构，采用PPP模式进行农村地区污水治理，解决农村地区截污管网建设缺失，生活污水直排入河造成的污染问题。经过调研，该地区未来几年将统一开展美丽乡村建设，解决村庄内污水支管和入户管线铺设，从避免重复投资、加快推进污水收集的角度出发，该项目拟采用村外截污方式铺设截污管线，并根据实际需求，通过"单村""联村"方式，以目前村外截污方式收集污水的规模配套建设污水处理设施。

（二）案例问题

问题1：在实施美丽乡村工程解决污水入户收集之前，污水收集量较小且不稳定，如何确保村外截污模式污水处理场站正常运转，保障设施有序运营？

问题2：在实现污水入户收集后，如何统筹已建成污水处理设施提升处理能力，有序解决新增收集污水与PPP运营边界的关系？

（三）分析与对策

作为PPP模式，项目实施机构一般将自己行政管辖范围内的基础设施建设委托社会资本或项目公司开展合作，社会资本在特许经营的范围内承担新建项目融资、建造、运营、维护和用户服务职责，合同期满后项目资产及相关权利等移交给政府。由于"进村入户"涉及村庄内行政区域管线建设，项目实施机构水务局在基层协调、行政权力划分等方面不具备实施条件。因此，为确保污水应收尽收，项目实施机构从村庄外沟渠（即项目实施机构管辖范围）入手，从水环境层面先期解决了污水直排入沟、河的问题，并根据详细的测算提前布局了污水处理设施，为后续开展的美丽乡村"管线入户"创造了良好的基础条件，也避免政府投资的浪费，最重要的是解决PPP项目建设、运营的限制，并确保"污水收集、处理"等运营内容据实发生、合理付费，符合PPP项目公平、共赢的核心目的。关于案例问题的主要解决对策，来源于对PPP合同条款的合理设置，具体如下：

（1）为解决入户前污水量不稳定的问题，项目实施机构在合同中采用"三段计费"模式，在监督社会资本对可收集污水应收尽收的情况下，确保社会资本可正常运转，并通过第三方绩效监控确保"按效付费"。

即：

水量充足计费段：当厂站实际来水量为设计水量的60%及以上时，月度运营服务费＝实际运维内容工作量×单价÷12×该月绩效评价结果对应的支付比例＋Σ[（污水处理固定费用×设计水量×当月实际运维天数＋污水处理变动费用×实际月污水处理量）×该月该厂站绩效评价结果对应的支付比例－罚金]。

水量半充足计费段：当厂站实际来水量为设计水量的60%以下，30%及以上时，月度运营服务费＝实际运维内容工作量×单价÷12×该月绩效评价结果对应的支付比例＋Σ[（污水处理固定费用×50%×设计水量×当月实际运维天数＋污水处理变动费用×实际月污水处理量）×该月该厂站绩效评价结果对应的支付比例－罚金]。

水量不足计费段：当厂站实际来水量为设计水量的30%以下时，月度运营服务费＝实际运维内容工作量×单价÷12×该月绩效评价结果对应的支付比例＋Σ（污水处理单价×实际月污水处理量×该月该厂站绩效评价结果对应的支付比例－罚金）。

（2）为解决入户后污水量提升的问题，项目实施机构在合同中设置了厂站改扩建的相关约定，规范了扩建需求调查、扩建模式选择、扩建后运作模式等重点方面，确保待入户后实际水量增长稳定，可立即启动处理设施扩建工作，且避免与社会资本产生纠纷。

即：

扩建调查：如任一污水处理厂（站）进水量在任意90天内累计有60天达到或超过设计规模的120%时，社会资本应及时上报项目实施机构，并：

（a）对建设范围内的管网开展水量调查并及时向项目实施机构提出扩建申请。

（b）对村镇建设的既有管网，社会资本应配合村镇开展水量调查并及时向项目实施机构提出扩建申请。

扩建模式：如果项目实施机构书面同意社会资本提出的扩建申请或项目实施机构在服务期内根据情况自行提出扩建需求，项目实施机构将根据适用法律法规选择采用如下两种方式的一种实施扩建工程：

（a）在满足政府采购法追加合同相关规定的范围内，可直接委托社会资本实施扩建工程；

（b）通过公开招标方式选择第三方公司实施扩建工程。

扩建后运作模式：如项目实施机构直接委托社会资本实施扩建工程，扩建工程的条件和要求以本合同和《PPP项目合同》为基础，双方协商确定，扩建部分的可用性服务费及运营服务费在补充合同中约定，其中运营服务费项目实施机构可根据当期服务合同中约定的运营服务费确定，可用性服务费根据政府方审定的投资额进行核算

如项目实施机构选择第三方公司实施扩建工程：

（a）在不影响社会资本正常建设、运行的前提条件下，社会资本应无条件配合项目实施机构及第三方公司工作，且确保不影响第三方公司建设并配合其运营。如果社会资本无合理理由拒绝配合项目实施机构及第三方公司开展扩建工作，或因社会资本原因（影响社会资本正常建设、运营除外）影响第三方正常运营，则视为社会资本违约，项目实施机构可选择兑取全部/部分履约保函或提前终止本合同。

（b）如在扩建工程完工前，社会资本连续6个月运营绩效评价得分不低于90分，同时在12个月之内任一月的运营绩效评价分数不低于60分，项目实施机构将优先保证社会资本水量，否则不予优先保证。

（c）如影响社会资本正常生产运营及绩效评价，则项目实施机构、社会资本需与第三方公司另行签订三方合同约定施工、运营等界面。

参考文献

[1] 中国招标投标协会.政府和社会资本合作（PPP）项目选择社会资本方招标文件和资格预审文件示范文本[M].北京：中国计划出版社，2021.

[2] 中国招标投标协会.政府和社会资本合作（PPP）项目社会资本方遴选工作指南[M].北京：中国计划出版社，2018.

[3] 中国招标投标协会.政府和社会资本合作（PPP）项目合同示范文本（试行）[M].北京：中国计划出版社，2018.

[4] 杨晓敏，袁炳玉.PPP项目策划与操作实务[M].北京：中国建筑工业出版社，2015.

[5] 崔德高.PPP项目执行阶段操作指南[M].北京：法律出版社，2020.

[6] 李成林.PPP项目合同操作指引——起草、修改与谈判[M].北京：法律出版社，2017.

[7] 吴振全.高质量工程招标指南[M].北京：中国建筑工业出版社，2021.

[8] 王革平，等.政府投资建设项目全过程管理——以投资管理为核心[M].北京：中国建筑工业出版社，2021.

[9] 王革平，吴振全.谈工程咨询行业高质量发展的能力建设[J].中国工程咨询，2020（2）.

[10] 吴振全.政府投资建设项目服务类合同规划与缔约问题探析[J].中国工程咨询，2016（10）.

[11] 吴振全，刘松桥.工程建设项目履约评价机制的构建研究[J].工程经济，2016（4）.

导 读

PPP项目的投资具有政府投资属性,应按照《政府投资条例》(国务院令第712号)及政府各部门规章规范开展投资管理。由于PPP项目参与主体多元化,较传统政府投资项目管理复杂,投资控制需进行全生命周期的动态控制,降低超投资批复、资金支付及项目实施风险。本章重点围绕PPP项目准备阶段、建设阶段的投资管理,针对PPP项目准备阶段的投资估算及"两评一案"审核评估,PPP项目建设阶段的设计概算编审管理、施工图预算编审管理、变更管理、资金管理、结(决)算编审管理进行阐述。

第五章 PPP项目投资管理

第一节　PPP项目投资管理概述

2019年7月1日起施行的《政府投资条例》（国务院令第712号）从政府投资的依法管理、科学决策、贯彻高质量发展要求等方面，对政府投资管理提出了新要求。为落实《政府投资条例》加强PPP项目投资和建设管理、提高PPP项目投资决策科学性，国家发展改革委颁布了《关于依法依规加强PPP项目投资和建设管理的通知》（发改投资规〔2019〕1098号），进一步规范了PPP项目的投资决策程序。该通知中对拟采取PPP的项目，要严格论证项目可行性和PPP模式必要性，严格实施方案审核，依法依规遴选社会资本，旨在从源头上规范PPP项目。同时《财政部关于推进政府和社会资本合作规范发展的实施意见》（财金〔2019〕10号），强化了PPP项目的财政支出责任监管。《政府投资条例》及政府各部门规章规范了PPP项目的立项、投资限额，为PPP项目规范、健康发展提供了法规支持。本节主要分析PPP项目投资管理的特点、目标，提出了投资管理的主要内容。

一、投资管理特点

（一）具有政府投资属性

《政府投资条例》规定了政府投资范围以非经营性项目为主，应当投向市场不能有效配置资源的社会公益服务、公共基础设施、农业农村、生态环境保护、重大科技进步、社会管理、国家安全等公共领域的项目。同时国家完善有关政策措施，发挥政府投资资金的引导和带动作用，鼓励社会资金投向上述领域。这表明在政府投资发挥主要引导作用带动下，社会资本进入了政府投资领域。《政府投资条例》同时规定政府投资的方式以直接投资为主，对确需支持的经营性项目，主要采用资本金注入，也可适当采用投资补助、贷款贴息等方式。项目如果涉及政府投资或资本金注入、投资补助、贷款贴息等方式的，均应按照《政府投资条例》的规定对政府投资项目实施监督管理。在PPP交易结构和运作过程中，从资本金注入、运营期政府付费或可行性缺口补助两个方面体现出政府投资的属性。

PPP 项目表面上看是以社会资本投资、建设、运营，但因 PPP 项目的所有权归属政府，并于经营期满后移交政府，其实质是政府用未来财政预算购买公共基础设施。

（二）较传统政府投资项目管理复杂

与传统基础设施建设项目相比较，PPP 项目往往具有投资巨大、合同周期长（特许期一般为 20~30 年）、融资结构复杂、利益主体目标不同等特点，PPP 项目面临的风险比一般建筑工程项目多而复杂，在一定程度上增加了投资控制的难度。由于参与主体较多，实际操作中需要协调不同方面的投资管理意见。同时，PPP 项目投资审批所涉及的部门也较多，考虑各种不确定因素，其审批时间也较长。因此，PPP 项目投资管理较传统项目投资管理更为复杂。

（三）需进行全过程动态控制

全过程的动态投资控制需贯穿 PPP 项目的各阶段，在准备阶段需全面、深入开展 PPP 项目可行性论证和审查，在可行的建设方案的基础上，准确、合理地确定经济指标，编制投资估算，使其真正地起到决策和控制的作用。同时通过"两评一案"的编审，综合考虑政府风险管理能力、项目回报机制和市场风险管理能力等要素，以及项目是否采用 PPP 模式。在采购阶段从招标文件的编制到 PPP 合同条款的制订，须对各阶段投资的确定做出详细的规定，以确保建设阶段投资处于受控范围，从而有利于政府和社会资本准确进行测算投标报价及成本控制扎管埋，仕基础、标准、规则一致的情况下将投资控制活动贯穿于项目的采购、建设和竣工结算全过程。在 PPP 项目的建设阶段，需要投入大量的人力、物力、财力，是项目投资控制的重要阶段，固定资产投资项目需加强设计概算编制和审查，财政投资项目通过施工图预算编制和审查，进一步明确投资控制目标，并加强施工过程中的施工方案的审查、变更管理，对实际投资与投资控制目标进行对比分析，及时进行纠偏，根据竣工图纸据实开展竣工结算，规范决算编制，为运营期的支付奠定基础，项目建设总投资是影响 PPP 项目运营阶段可用性付费测算的重要因素之一。

二、投资管理目标

投资控制是为了尽可能好地实现建设项目既定投资目标而进行的一系列工作，

其基本要求是使投资目标不被突破，或在不可避免突破投资目标的情况下，使得突破的幅度尽可能地小。PPP项目投资管理的主要目的是保证项目实际建设成本、费用不超过批复的估算、概算和预算。需要注意的是PPP项目众多的参与主体中，各参与主体的利益诉求均会有所差异，因此政府和社会资本作为PPP项目的主要参与方，在PPP项目运作过程中需要在相关利益主体间明确工程投资控制责任和风险承担方法，在项目投资控制方面与传统模式下政府作为单一投资主体的情形将有明显区别。无论是政府还是社会资本或项目公司都有各自的投资控制职责。对于政府付费和可行性缺口补助类项目，项目建设成本直接影响政府在运营期的支付责任，因此，政府出于对投资的控制需要进行履约监管，可以通过委托第三方咨询单位监督管理项目各阶段成本、费用支出，实现对PPP项目的精细化管理，辅助政府方决策，降低项目资金风险。

三、投资管理主要内容

PPP项目总投资的确定和管控活动，贯穿于PPP项目准备阶段、采购阶段、执行阶段（包括建设阶段、运营阶段）、移交阶段等各个阶段。政府和各参与方需建立全过程投资控制的思维和理念，针对不同行业、项目制定各阶段详细的投资控制措施。在保证项目质量、进度的前提下，最大限度地合理确定项目总投资，减少政府支出责任，使PPP项目更加物有所值。

（一）准备阶段投资管理

PPP项目准备阶段投资管理工作主要包括投资估算及"两评一案"审核评估。其中，投资估算包括投资估算编制、审核及优化。"两评一案"包括实施方案、物有所值评价、财政承受能力评价。

1. 投资估算编制与审核

项目投资估算依据规划设计内容编制、审核及优化，既要防止漏项少算，又要防止高估冒算。作为PPP项目的投资估算，首先，要在可行的建设方案的基础上，根据有关规定认真、准确、合理地确定经济指标，使其真正地起到决策和控制的作用。其次，从投资估算编制依据、选用的投资估算方法、投资估算的编制内容、投资估算的费用项目、费用数额等方面进行审核。最后，从精度和费用两方面进行优化。

2. "两评一案" 编制与审核

在编制实施方案过程中应综合考虑政府风险管理能力、项目回报机制和市场风险管理能力等要素，实施方案中的风险分担是社会资本和政府的核心关注点，通常会把项目投资、建设和运营维护等商业风险分配至社会资本方，而法律、政策等风险由政府承担，不可抗力等风险由政府和社会资本合理共担。物有所值评价是项目是否采用PPP模式的关键，需从定性、定量两方面进行评价，定量评价因涉及成本、收益、利息、补贴、税费等一系列测算，加之政策体系尚未成熟，导致测算指标难以精确确定，一般以定性评价为主，定量评价为辅。财政承受能力评价部分将针对实际操作过程中存在的预算差别大、预测方法简单直接、未考虑地区财政收入情况等预算支出预测问题进行重点阐述。

（二）建设阶段投资管理

PPP项目建设阶段，可能存在由于前期工作深度不够、初步设计文件编制深度不够、现场条件变化、设计变更等因素导致投资审核口径不一致、签证滞后、结算编制工作滞后、投资超批复等问题。针对建设阶段的问题，项目在前期阶段就需深化相关工作，设计阶段需强化限额设计、注重施工方案的审核、把握概算调整原则。在施工阶段，需要严控设计变更、保证审核口径一致、注重签证时效性、预算编制的及时性、加强建设过程管控与风险防范。到竣工阶段，尽可能将竣工结算工作前置。在建设阶段投资管理中，重要节点包括：设计概算编制审核管理、施工图预算编制审核管理、变更管理、资金管理、结算编审管理。

1. 设计概算编制与审核

设计概算编制审核管理包括概算编制、审核及优化。设计概算编制方法一般有概算定额法、概算指标法、类似工程预算法。PPP项目的投资规模与设计概算一般是在项目可行性研究之后确定的，大多数项目在筛选社会资本方的过程中没有施工图设计，而社会资本方选择确定后则由其或项目公司组织正式的设计工作，编制设计概算。设计概算编制完成后需报政府投资主管部门审批。报政府审批前，项目公司需组织对概算进行审核，概算审核时，应根据项目特征，在已批复投资估算限额内，对概算的准确性、完整性进行审核。同时开展设计优化工作，在投资额度不变的情况下，实现使用功能、效益和效果的最大化。

2. 施工图预算编制与审核

施工图预算是根据施工图、预算定额、各项取费标准、建设地区的自然及技术经济条件等资料编制的建筑安装工程预算造价文件。施工图预算编制要保证编制所依据资料的完整性、时效性，预算与相关资料的一致性，预算的准确性、合理性。施工图预算审核可选取全面审核法、标准预算审核法、对比审核法、重点抽查法等审核方法。

3. 工程变更管理

PPP项目变更与传统项目相比，变更涉及主体不同，变更主要内容不同，变更产生后果不同。针对以上差异，需要从项目前期工作、工程变更管理制度建设、合同履约管理几个方面加强管理。

4. 资金管理

建设期资金管理主要目标为项目风险防范。实际中，对合同约定的付款时间、付款要素、应付金额、延迟付款等条款，政府和社会资本方一般存在分歧，在一定程度上影响社会资本参与PPP项目积极性。因此，资金管理是确保PPP项目平稳运营的重要保障因素。

5. 结算编制审核管理

结算编审管理包括结算编制、审核及投资分析。PPP项目工程结算为两级结算，"一级结算"为项目实施机构与社会资本方之间的工程结算，"二级结算"为社会资本方与各参建单位的工程结算。

PPP项目工程结算要严格依据经批复的初步设计概算/施工图预算为投资限额，依据合同、竣工图、施工方案、工程变更等工程资料编制工程结算。结算审核要从手续、资料齐全性、工程量与实际一致性、价格可靠性、取费标准合理性等方面进行审核。PPP项目结算投资分析是在工程结算定案后对工程投资情况的总结，通过投资分析，总结PPP项目投资管理经验，为后续同类工程投资管理提供借鉴。

第二节 PPP项目准备阶段投资管理

PPP项目的总投资、折现率、融资成本、合理利润率、运营维护费等成本要素对政府合作期内的支出责任、社会资本的回报和利润高低具有决定性的影响。根据PPP项目财务测算模型，在众多成本要素中，项目总投资对政府最终的支出责任影响最大，项目总投资的确定与控制关乎各方利益，意义重大。PPP项目准备阶段即PPP项目发起之后到采购社会资本之前，该阶段主要开展可行性论证及审查以及"两评一案"编审，以项目总投资为控制重点。

一、项目准备阶段投资管理重点

（一）开展可行性论证和审查

国家发展改革委《关于依法依规加强PPP项目投资和建设管理的通知》中要求"全面、深入开展PPP项目可行性论证和审查"，PPP项目涉及公共资源配置和公众利益保障，其建设的必要性、可行性等重大事项应由政府研究认可。所有拟采用PPP模式的项目，均要开展可行性论证，通过可行性论证审查的项目，方可采用PPP模式建设实施。

（二）"两评一案"的编制与论证

PPP项目准备阶段，项目实施机构组织编制项目实施方案，报发展改革部门批复根据实施方案的内容，提请财政部门开展项目物有所值评价、财政承受能力论证工作。物有所值评价就是对项目在PPP模式下和传统政府运营模式下，政府财政支出折现后进行比较；财政承受能力论证主要是保证把当前PPP项目加进去后不会让政府的支出突破红线。实施方案主要包括项目概况、风险分配框架、运作方式、交易结构、合同体系、边界条件、监督管理构架、项目采购、财务测算等内容。

二、投资估算编制审核管理

（一）投资估算编制内容

投资估算应完整准确反映可行性研究报告涉及的全部范围，并对工程建设其他费等进行描述，编制可采用生产能力指数法、系数估算法、比例估算法、混合法和指标估算法，在方案设计阶段应采用指标估算法以满足对估算精度的要求，主要包含各单项工程所需建筑工程费、设备及工器具购置费、安装工程费，汇总各单项工程费后，估算工程建设其他费和预备费，形成的工作成果包含以下内容：

（1）投资估算编制说明，主要包括工程概况、编制范围（说明建设项目总投资估算中所包含的和不包含的工程项目和费用）编制依据、特殊问题的说明（包括采用新技术、新材料、新设备、新工艺）等。

（2）明确编制方法，根据项目特征可采用资金周转率法、生产能力指数法、比例估算法、指标估算法、建设投资分类估算法等。

（3）进行主要技术经济指标及投资估算分析，计算工程投资比例，分析影响投资的主要因素，分析主要工程项目、辅助工程项目及其他各单项工程的建设内容及工程量，主要材料总用量，主要设备的数量和价格，分析工程建设其他费及税费利息的构成等。

（4）编制资金筹措、资金总额的组成及年度用款安排。

（5）有关参数、率值选定的说明，编制投资估算遇到的问题及其他需要说明的情况。

（6）编制各项目总投资估算表、单项工程估算表、主要技术经济指标、其他费用计算表等内容。

（二）投资估算审核重点

投资估算重点审核编制依据的时效性、准确性和实用性，选用的投资估算方法的科学性、适用性，投资估算的编制内容与拟建项目规划要求的一致性，投资估算的费用项目、费用数额的真实性等。

（1）投资估算编制内容的完整性。可行性研究报告编制应保证项目投资估算编制内容的全面性、费用构成的完整性、编制深度的合理性，分析投资估算成果是否满足建设项目决策对经济评价的要求。

（2）工程建设其他费用类别完整性。工程建设其他费用名目繁多，取费依据不同，计费基础不同。重点审核项目前期发生的费用类别是否完整，计算费用是否合理。应特别关注项目土地的征拆费用是否计入，计取标准是否合理。

（3）项目建设预备费用计费审核。项目建设预备费用分为基本预备费、涨价预备费。审核的重点是基本预备费在项目现有条件下的计取是否合理；对于具体项目应考虑建设期材料、设备及人工费用上涨是否导致投资增加，而计取相应的涨价预备费，计取费用是否过高或过低。

（4）项目建设期利息审核。项目建设期利息作为资本化资金成本进入项目总投资估算中，在项目执行阶段作为项目融资金额的一部分。建设期利息的审核主要关注建设期利率的选择大小，利息计取方式是否按建设进度分年计算。

（三）投资估算优化

（1）投资估算精度的优化。对项目投资估算进行优化，需要投资历史数据的支持，需要把建设内容及建设规划、建设标准进行细化，需要政府部门费用计算文件的支持。优化工作在可行性研究报告投资估算基础上，充分对接可行性研究报告编制单位，提高设计文件的深度，加强与设计人员的沟通，了解设计细节及现场条件，材料设备价格需多方询价，对投资估算的各项费用进行细化、优化，甚至可以达到设计概算的精度，从而达到控制项目总投资的目标。

（2）投资估算费用的优化。投资估算费用的优化，可通过技术方案的优化，技术经济的合理性分析开展，在此基础上分析工程建设其他费用合理性，以更接近市场竞争的价格优化估算费用；细化投资估算项目费用后，可进一步优化预备费用。

三、"两评一案"的编制与审核管理

（一）实施方案

实施方案体现PPP项目的核心条件，是政府审批决策的依据。实施方案主要包括项目概况、风险分担、运作方式、交易结构、合同体系、监管架构和采购方式等内容。

（1）项目概况。项目概况中除一般项目的规划、立项等内容外，建设范围和服务目标是必须说明的。

（2）风险分担。风险分担是社会资本和政府的核心关注点，风险分担的设计时应考虑有对该风险最有控制力的一方承担，如政府层面政策、法规、税收调整等风险应有政府承担；市场层面的风险，如项目的唯一性、市场需求变化是社会资本方比较关注的环节。PPP项目具有公益性质，项目周期长，市场环境不确定，需求量精准测算比较困难，为了吸引社会资本参与，政府往往需要保证最低需求购买量，使社会资本能够收回投资成本，获得合理利润。同时风险的分担要有上限，政府和社会资本方都不能因一个项目某各方面的风险使整体工作受到影响。

（3）运作方式。PPP项目运作方式的选择主要由项目类型、融资方式、改建扩建需求、收费定价机制和期满处置等因素决定，其运作模式主要有BOT模式、BOO模式、BT模式、TOT模式、ROT模式、TBT模式等。

（4）交易结构。交易结构是PPP方案的核心，包括投融资方案的设计、投资回报模式设计等，在本书第三章中重点介绍。

（5）合同体系。PPP项目中，除项目合同外，项目公司的股东之间，项目公司与项目的融资方、承包商、专业运营商、原料供应商、产品或服务购买方、保险公司等其他参与方之间，还会围绕PPP项目合作订立一系列合同来确立和调整彼此之间的权利义务关系，共同构成PPP项目的合同体系。

（6）监管架构。监管架构一是做好运营和服务监管，约定好项目的验收和技术标准、政府提供的支持条件、项目运营的技术标准、运营服务内容和范围、政府监管内容和方法等，二是做好移交监管，规定相应的退出机制。

（7）采购方式。政府和社会资本合作项目政府采购管理办法中规定，PPP项目的采购方式包括公开招标、邀请招标、竞争性谈判、竞争性磋商和单一来源采购，根据PPP项目采购需求特点，依法选择适当的采购方式。项目实践中采用竞争性磋商模式较多，竞争性磋商较适合ppp项目，在模式、条件不太清晰情况下，通过磋商使条件和模式清晰，但要注意竞争的充分性。

（二）物有所值评价

物有所值评价是项目是否采用PPP模式的关键，其中定量评价主要是从经济测算的角度，分析采用PPP模式较传统采购模式节省的成本。在实际执行过程中，因定量评价涉及成本、收益、利息、补贴、税费等一系列测算，测算指标难以精确确定。以下主要对补贴测算、折现率确定进行分析探讨。

1. 政府补贴计算办法

PPP项目支付模式分为使用者付费模式、政府付费模式和可行性缺口补助模式。使用者付费模式下，政府不承担运营补贴支出责任；政府付费模式下，政府承担全部运营补贴支出责任；可行性缺口补助模式下，政府承担部分运营补贴支出责任。在可行性缺口补助和政府付费的支付模式下，需要政府通过财政补助来弥补社会资本的投资。在政府付费模式下，实际工作中测算政府补贴主要有以下三种方法。在可行性缺口补助模式下，用以政府付费模式计算出的当年补贴后再减去当年使用者付费额。

（1）方法一：等额本金法。

$$当年补贴 = \frac{社会资本方建设投入}{n} \times (1-参与运营考核比例) \times 可用性绩效考核系数 + (社会资本方建设投入 - 已支付金额) \times i + (年度运营成本 + \frac{社会资本方建设投入 \times 参与运营考核比例}{n}) \times 运营绩效考核系数$$

式中：i——投资年化收益率；

　　　n——运营期。

（2）方法二：等额本息法。

当年补贴＝社会资本方建设投入 $\times \dfrac{i\times(1+i)^n}{(1+i)^n-1} \times$（1–参与运营考核比例）

　　　　$\times$ 可用性绩效考核系数+（年度运营成本

　　　　$+\dfrac{\text{社会资本方建设投入} \times \text{参与运营考核比例}}{n}$）$\times$ 运营绩效考核系数

式中：i——投资年化收益率；

　　　n——运营期。

（3）方法三：按《政府和社会资本合作项目财政承受能力论证指引》（以下简称"财金[2015]21号文"）补贴计算。

当年补贴＝社会资本方建设投入 $\times$（1+合理利润率）$\times \dfrac{(1+\text{年度折现率})^n}{\text{运营补贴周期（年）}}$

$\times$（1–参与运营考核比例）$\times$ 可用性绩效考核系数+[年度运营成本

$\times$（1+合理利润率）$+\dfrac{\text{社会资本方建设投入} \times \text{参与运营考核比例}}{\text{运营补贴周期（年）}}$] $\times$ 运营绩效考核系数

式中：n——折现年数。

合理利润率以商业银行中长期贷款利率水平为基准。

考虑财政补贴支出发生年份，并参照同期地方政府债券收益率合理确定年度折现率。

在实践中，每种方法各有优劣，需要根据不同情况采用不同的计算方式。等额本金法比等额本息法支付的总额低，但是前期政府支付的压力大，对投资人来说，前期收回的投资较多，本金回笼快，风险相对小。

2. 折现率取值测算方法

对PPP项目进行物有所值定量分析的核心思想是通过比较传统模式与PPP模式全生命周期建设、运营维护净成本大小，进而得出物有所值的结论。但由于现金流入流出发生的时间点不一，因此要比较方案的经济性就需要进行资金时间价值的计算，故涉及折现率。其中"财金〔2015〕21号文"中提到参照同期地方政府债券收益率合理确定过于简单，在实际执行过程中以折现率作为衡量项目经济可行性参考标准，其合理确定应充分考虑融资、物价、风险报酬、市场需求等风险，而资本资产定价模型最能够反映收益率和风险之间的匹配关系。

（1）折现率累加法。累加法反映的是资本投资风险报酬率与年度折现率之间的关系。年度折现率应为投资风险报酬率、通货膨胀率、无风险报酬率之和。投资风险报酬率为财务风险、经营风险、开发风险的报酬率之和。如果要采用累加法，关键是要准确地判定各项风险的报酬率，这一点的难度是非常大的。

（2）折现率市场比较法。该方法是指通过选取相同或相近的对象来进行评估，参考相似规模资产案例的风险报酬率及折现率，按照不同的权数进行分析调整，排除一些特殊的影响因素，得出评估对象的较为准确的折现率，这种方法只有部分的PPP项目可以采用。

（3）资本资产定价（CAPM）模型。CAPM被广泛应用于项目投资决策和公司理财等领域，目前国内PPP项目的分析大都采用资本资产定价模型的分析方法，使用CAPM计算的折现率为无风险折现率（一般会参考长期国债或商业银行的长期利率）加上投资风险溢价。

资本资产定价模型为：

$$R_i = R_f + \beta (R_{im} - R_f)$$

式中：R_i——年度折现率；

R_f——无风险投资收益率；

R_{im}——预期的市场回报率；

$\beta(R_{im}-R_f)$——特定的风险溢价，因承担风险而获得相应的补偿。

PPP项目中政府在评估社会资本时，CAPM没有充分考虑双方风险分配因素，其直接利用CAPM所计算出来的R_i则为项目利率。实际计算过程中，应考虑双方的风险分担，采用不同的方案进行测试计算调整该值。

（三）财政承受能力评价

《财政部关于推进政府和社会资本合作规范发展的实施意见》提出了对PPP项目政府出资的财政限制，PPP项目列支的财政支出部分，不得超过本级公共预算的10%。但是在实际操作过程中存在如下几个问题：一是咨询公司各自采用不同标准，导致同一地区的一般公共预算支出预测存在较大差别；二是在实际执行过程中，一般公共预算支出采取的预测周期不同，按照平均环比增长率预测，导致计算的环比增长率不同，同时该方法过于简单直接，由于每一年的经济增长并不一致，简单的环比方式不严谨；三是未考虑地区财政收入情况，应该有效结合财政收入、政府负债、本地区经济结构和相关规划进行财政支出预测。

因此，可借助数学回归如指数、对数、多项式、幂等方法进行预测。在实际操作过程中也可采用多种方式进行预测并结合当地财政收入、经济增长情况综合对比分析预测结果，对存在较大出入部分可进行调整。

第三节　PPP项目建设阶段投资管理

PPP项目产生社会资本方后，社会资本方投资设立的项目公司是PPP项目的实施主体和PPP项目的合同签订主体。一般PPP项目的立项单位为政府行业主管部门，由政府行业主管部门与PPP项目公司签订合同。目前，在PPP模式下，设计、施工、监理单位均由项目公司委托，政府如何对PPP项目进行建设阶段投资监管，如何实事求是地审核PPP项目所形成的固定资产，都需要在项目实践中持续探索。从项目管理单位对PPP项目的建设阶段投资监管实践来看，政府聘请项目管理单位的管理模式，有利于政府与社会资本方的合作，奠定了公开、公平、公正的合作基础。

一、建设阶段投资管理问题和风险

（一）设计阶段

1. 前期工作深度不够问题

勘察设计是项目建设的基础和依据，其深度和准确性对PPP项目成败影响很大。传统工程建设项目通常在政府方完成施工图设计后进行施工承包商招标程序，PPP项目由于引入社会资本，政府方负责项目决策阶段的相关前期工作，包括可行性研究报告、"两评一案"、初步设计编制完成并获得批复即进入招标阶段，有些项目政府方将初步设计也交给社会资本。由于项目前期时间紧张，项目勘察设计周期短，"重建设、轻前期""重设计，轻勘察"，在PPP项目中存在勘察设计不到位、概算编制缺漏项等问题，导致在后续的施工过程中发生设计变更，增加了工程投资的不确定性。

2. 不确定性因素影响

PPP项目通常建设周期长、投资规模大，特别是一些跨行政区域的线性项目，往往涉及地域广，政策多样，给项目总投资带来不确定性。实践中，征地拆迁费用和材料价格上涨是超概算的两大主要因素。一方面，近年来征地拆迁补偿费用普遍大幅攀升，征地赔偿标准存在较大的增幅，而概算编制时往往未能够充分考量上述因素和情况。另一方面，近年来人工费和建筑材料价格逐年上涨，变化较大。工期较长的项目容易由于人工、材料价格上涨引起工程超支。

（二）施工阶段

1. 设计变更多

与传统工程建设项目一样，设计变更在PPP项目中也普遍存在。施工阶段会产生由于修改工艺技术、增减工程内容、改变使用功能、设计错误或遗漏、勘察资料不准确等而引起的设计变更。

2. 签证确认滞后

PPP项目投资体量较大、工程耗时较长，现场签证较多。实际中往往存在只关注施工进度而忽略签证确认时效，导致签证确认滞后的问题，造成后期结算资料缺漏。

3. 审核口径不一致

PPP项目采用费率合同的形式，预算需先于计量上报审核。在项目初期，由于施工进度时间紧迫，上报计量时预算还未上报，会造成计量审核与上报的预算清单项或定额子目不一致的情况，造成审核过程中的反复，增加审核的工作量。

4. 投资管控内容较传统项目增多

与传统项目相比，PPP项目的投资管理需要关注合同、财务、融资渠道、资金流向等各方面的内容，整个施工过程投资控制的难度比传统项目要大，某一个方面的问题可能会影响整个项目的进展，对投资管控提出了更高的要求。

（三）竣工阶段

1. 工程结算编制工作滞后

PPP项目竣工结算/决算编制需完整的竣工资料，包含工程竣工图、施工组织设计、专项方案、工程变更、洽商等，竣工资料搜集、梳理、分析、确认需要大量专业技术人员。结算/决算编制需要投资专业人员依据竣工资料，按合同约定及现行政策要求组织开展，投资体量大，编制周期较长。加之工程结算工作涉及项目实施机构、社会投资方、工程参建单位等各方投资利益的分配，编制单位在结算/决算编制中需平衡各方利益，开展谈判、磋商等工作。往往导致结算/决算工作耗时较长，对投资的最终稳定造成不利影响。

2. 投资超批复

PPP项目立项阶段，受限于项目前期勘察、设计等技术条件，投资编制工作不够深入，同时受现行政策的影响，批复的方案、投资会出现偏于保守的现象，项目实施中可能出现不利的客观因素，导致工程变更、洽商的发生，带来投资的增加。

二、建设阶段投资管理措施

（一）设计阶段投资管理措施

1. 强化限额设计

限额设计是控制工程投资的有效手段，从项目设计开始设计人员就要有控制投资的意识，设计人员与经济人员相互协调配合，实现技术与经济的统一。项目管理单位要监督设计团队严格按照批准的设计任务书和投资估算来控制初步设计，按照批准的初步设计总概算来控制施工图设计。在工程设计过程中，项目负责人要按专业分解投资限额并下达至各专业设计人员，各专业要在保证使用功能的前提下，按分配的投资限额进行设计。工程造价专业人员要动态跟踪项目设计进度，与设计人员密切配合，及时跟进、及时反馈，设计人员及时进行调整优化设计方案，确保按照限额完成施工图设计。

2. 注重施工方案的审核

工程投资应注重工程技术与工程经济的相互结合。经审批过的施工图、施工组织设计和施工方案是预算审核的重要依据。如工程施工中常见的土石方调配方案，利用多少，外弃多少、外弃运距等，而这些往往在设计图纸中不能反映，但对建设工程投资影响却很大。因此，需要技术人员对施工方案合理性进行审核，才能保证工程投资准确合理。

3. 把握概算调整原则

（1）确保概算调整政策合规性与合约性的统一。

《政府投资条例》《企业投资项目核准和备案管理条例》《中央预算内直接投资项目概算管理暂行办法》以及各地关于政府投资项目概算调整的管理办法等法律法

规和规范性文件，对政府投资项目概算调整的依据、条件、程序等作出了相应的规定。同时，从《民法典》关于合同的约定来看，PPP项目的概算调整是对PPP合同的重大变更。其实质是对PPP合同双方权利义务的调整。因此，特别需要处理好政策法规与PPP合同之间的关系，分析PPP合同关于概算、总投资调整的约定，分析PPP合同以及《实施方案》中相关风险的分配机制。综合概算调整的政策法规依据以及PPP合同的约定，确定概算调整的范围、风险分配，明确责任分担，实现概算调整的合规性和合约性的统一。一般而言，PPP项目合同中涉及了合同各方的权利义务、风险分担主体、合同变更、补充协议的签订、违约责任、损害赔偿等条款。在合同履行过程中，若一方想要对合同内容进行变更，需要与对方达成合同变更的一致性意见，以防止对项目工期造成影响。同时，双方应建立合同再谈判机制，在依法合规的基础上达成一致，并签订补充协议，对原PPP合同的条款进行变更并履行相关审批手续，保证项目稳定性和持续性。

（2）处理好概算调整与项目风险分担机制的关系。

"风险共担，利益共享"是PPP项目的核心和关键。因此，在明确引起概算调整的原因后，需要启动风险分配机制，确认引起概算调整的风险承担主体和承担方式。一般而言，PPP合同体系中均有项目总投资控制机制的约定。通常，项目投资控制责任由社会资本方（项目公司）承担，但超概的情形多种多样，一些情形并非社会资本方所致。PPP项目超概后，超概部分费用往往存在不被认可、手续难以报批、审计无法通过等风险，直接关系着超出概算部分能否计入项目总投资，进而影响社会资本方项目的投资收益。因此，概算调整特别需要处理好调整依据和PPP项目风险分担机制之间的关系，落实PPP项目的投资控制责任，合理制定超概的风险分配机制，完善PPP项目的合同体系，深化超概风险分配、投资控制的相关条款，合理分配和约定政府方与社会投资人之间超概风险的分担机制。

（3）处理好概算调整与可行性缺口补助的关系。

PPP项目其回报机制包括政府可行性缺口补助，通常会在物有所值评价和财政承受能力评价中，明确政府可行性缺口补助的具体金额和支付节点，政府可行性缺口补助与地方政府公共预算支出能力直接相关。受PPP项目政府可行性缺口补助不超过财政一般公共预算支出10%的约束，可能会影响当地其他PPP项目的入库。若项目超概算总投资增加，则可行性缺口补助支出可能会超出政府公共预算支出额度。因此，需要根据概算调整和可行性缺口补助关联关系，重新对项目财政承受能力进行分析，调整后不符合当前PPP政策的项目可能会被调整出库。因此，PPP项目概算调整导致项目总投资发生重大变化的，须对可研报告、立项批复、实施方案，物有所值评价报告、财政承受能力论证分析、采购文件、项目合同等进行相应补充和调整。

（二）施工阶段投资管理措施

1. 严控设计变更

项目公司应建立设计变更管理程序，并严格按照变更管理程序执行。涉及一定规模或金额较大的变更，需由施工、设计、监理、项目公司四方会签后报送项目实施机构审核。对于已经审批的技术变更，尤其是结构调整较大的，需出具正式设计变更图纸，作为结算评审的依据。

2. 注重签证时效性

工程签证的报送需掌握时效性原则。发生签证的情况出现时，施工单位一般邀请项目公司、监理单位及投资评审人员现场查看。现场查看时，参建各方应就签证事项留下现场草签手稿以备查验。同时，项目实施过程中项目公司需组织施工单位报送从开工到实施当期时间节点的签证台账，针对每份签证，政府评审机构给出审价意见，材料信息价格采用签证日期当月价格，签证单独成册，不与合同图纸内的预算合并，以免重复。

3. 保证审核口径一致

PPP项目费率合同的形式与传统清单招标合同模式有较大差异，因此在PPP费率合同下，应在施工图完成后先上报施工图预算，在确认的施工图预算基础上进行计量审核工作。

4. 加强建设过程管控与风险防范

加强对项目实施的过程监管，形成多部门联动机制。由行业主管、发改、财政、审计等主管部门按照各自的职责，对项目投资概算管理实行全过程监管。在建设阶段，需要进行实际投资与管控目标的动态控制，定期更新管理台账，形成节（超）对比，对于超目标项目需分析费用偏差的原因，并采取有效措施控制费用偏差和调整原有控制措施，具体可参照以下方法进行：

（1）可按季度、半年或一年进行一次投资费用偏差分析，由某一部门牵头进行一次全面的梳理统计，收集各业务部门在每个测算期内数据，进行投资管控目标节（超）对比。

（2）各部门新增投资项目须同时建立投资项目台账，部分重大项目需经项目实施机构分管及主要领导同意并上报上级单位核准执行。

（3）在每个统计测算周期内，如出现投资费用偏差，各业务部门需针对性采取纠偏措施，实现费用的主动控制与被动控制相结合。从主动控制的要求出发，一般采取以下措施：

组织措施：从投资控制的组织管理方面采取的措施，包括落实费用控制的组织机构和人员，明确各级费用控制人员的任务、职责分工，改善费用控制工作流程等。

经济措施：主要从检查目标分解是否合理，检查资金使用计划有无保障，是否与进度计划发生冲突，工程变更有无必要，是否超投资等。

技术措施：主要是对技术方案进行技术经济比较，包括制定合理的技术方案，进行技术分析，针对偏差进行技术改正等。

合同措施：主要指索赔管理，针对在施工过程中出现的索赔事件，认真审查有关索赔依据是否符合合同规定，索赔计算是否合理，从主动控制的角度，加强日常的合同管理，落实合同规定的责任。

（三）竣工阶段投资管理措施

常规的清单合同模式下，有详细合同清单支撑，合同单价固定，投资人员只需依据竣工图、施工组织设计、专项方案做好计量、计价基础工作，依据合同对工程变更、签证做好投资调整工作。费率合同模式下，因前期只签订了大方向的框架，结算/决算编审需要对组价及工程量进行分析和审核，过程中的工作强度很大，和PPP项目公司的磋商工作量和难度大，需专业管理团队和专业人员予以技术支持。

1. 竣工结算/决算工作前置

竣工结算/决算编制需工程实体完成并通过各项验收，投资管理人员需同步跟踪，全面掌握验收情况，及时搜集投资相关资料，包括工程竣工图、与现场实施一致的经审批的施工组织设计、专项方案、隐蔽工程实施情况及工程变更、签证等资料。对资料及时梳理，为结算审核提供技术依据。

2. 招标阶段选用合理的计价模式

招标阶段如不具备清单招标的条件，应尽量采用固定单价模式。对于难以计量管理的项目，如施工单位技术措施费、监控测量费，按照总价包干的形式招标，作为项目的竞争性内容纳入评标考核标准中。

三、设计概算编制与审核管理

（一）设计概算编制管理

1. 编制内容

初步设计概算的组成包括建筑工程费用、安装工程费用、设备及工器具购置费用、工程建设其他费用和预备费。根据工程特点，一般采用四级概算编制（总概算、综合概算、单项工程概算、单位工程概算）或三级概算编制（总概算、单项工程概算、单位工程概算）形式，具体编制内容包含：

（1）编写初步设计概算编制说明。描述工程概况，包括建设规模和建设范围，概算编制的范围及依据，人、工及材料价格的取定以及相关费用的计取依据等。

（2）根据项目特征及初步设计图纸深度，建筑工程可采用概算定额法、概算指标法、类似工程预算法等，设备安装工程可采用预算单价法、扩大单价法、设备价值百分比法、综合吨位指标法等方法编制。

（3）进行主要技术经济指标及设计概算分析，进行工程投资比例分析及影响投资的主要因素。分析建筑工程、设备安装工程、工程建设其他费等构成，建设内容及工程量，主要材料总用量，主要设备的内容、数量、和费用等。并与审定的投资估算存在的主要差异，说明原因。

（4）编制总概算表、建筑工程概算表、设备及安装工程概算表、工程建设其他费用概算表、单项工程综合概算表、单位工程概算表、工程量计算表、分年度投资汇总表与分年度资金流量汇总表以及主要材料汇总表与工日数量表等。

2. 编制注意事项

编制概算过程中，给予编制单位相对充足的时间，提供满足编制深度要求的图纸，并保证概算与图纸的一致。为后期顺利开展评审工作创造条件。要求编制单位做好以下工作：

（1）图纸要达到规范规定的设计深度和要求。图纸一方面要满足相关审查单位的要求；另一方面，要准确地表达项目实施机构的建造意图，减少后期变更的发生。

（2）编制概算过程中，应要求编制人员认真研究设计图纸，分析招标文件中所包括的工作内容及不同的技术要求，熟悉所有工作的程序，并且要认真勘测现场情况，充分考虑可能遇到的情况，对影响造价的情况重点关注。

（3）合理确定材料档次与设备型号。所选取的材料设备价格必须与所建工程相匹配，过低不能满足后期投入使用的要求，过高造成政府投资的浪费。

（二）设计概算审核管理

1. 设计概算审核原则

概算审核应根据项目特征，在已批复投资估算限额内，选取对比分析法、查询核实法、联合会审法等审核方法，对建设项目总概算、单项工程综合概算、单位工程概算的准确性进行审核。

2. 设计概算审核重点

开展概算审核需分析项目在建设规模、建设内容、建设标准、建设条件、建设投资等方面是否满足国家相关法律、法规、规范、标准要求，是否与前期批复文件相符，并分析变化原因。依据评审后初步设计图纸对报审概算进行全面的工程量、价复核，同时重点关注：

（1）分析报审初步设计概算与项目前期报告批复的符合性。如有差异，分析变化原因，提出评审意见。

（2）评审初步设计概算费用构成的完整性和准确性。按照国家相关法律法规和行业以及概算定额规定，结合项目具体情况，对设计概算的费用构成的完整性进行评审，工程建设其他费是否按照国家相关文件规定进行计算。具体评审内容包括：概算编制依据的有效性如：合法性、时效性、适用范围；概算编制文件的合规性如：编制说明、编制深度、编制范围；概算编制内容的合理性和准确性如：建设规模及标准；设备规模、数量、配置；工程量；计价指标；其他费的计取。通过评审，提出审定后的总概算投资及各单项概算投资，列出审定初步设计概算投资汇总表。

（3）将审定初步设计概算金额与报审初步设计概算金额进行比较，将审定概算金额逐项与报审初步设计概算金额进行对比，并逐项分析核减（增）的原因。列出投资审核对比表。通过建设规模、标准与立项批文对比，工程数量与设计图纸对比，综合范围、内容与编制方法、规定对比，各项取费与规定标准对比，材料、人工单价与统一信息对比，引进设备、技术投资与报价要求对比，技术经济指标与同类工程对比，进行对比审核。

（4）将审定的初步设计概算金额与可行性研究报告批复估算金额逐项进行对比，详细分析减（增）的原因，列出可行性研究报告批复投资、报审初步设计概算投资、审定初步设计概算投资对比表。对审核中发现的问题和偏差，按照单位工程概算、综合概算、总概算的顺序，按设备费、安装费、建筑费和工程建设其他费用分类整理，汇总核增或核减的项目及其投资额。对一些关键设备和设施、重要装置、引进工程图纸不全、难以核算的较大投资进行多方查询核对，逐项落实。初步设计概算审核阶段性意见及初步设计概算审核报告初稿应及时征求委托单位和项目单位的意见。

（三）设计概算优化

以PPP项目的设计优化作为基础对概算进行优化，要求设计单位按限额设计指标，把限额设计分配到各单项、单位工程设计过程中，保证各子项设计投资之和不超过限额的控制目标。首先，通过合理有效的经济评价指标体系和分析方法对单项工程、单位工程进行设计方案经济比选；然后，根据经济比选优化后的设计成果调整完善设计概算，依次按照建设项目、单项工程、单位工程、分部分项工程或专业工程进行分解作为深化设计限额。

四、施工图预算编制与审核管理

（一）施工图预算编制管理

1. 编制内容

施工图预算由总预算、综合预算和单位工程施工图预算组成，其中单位工程预算包含建筑工程预算费、安装工程预算费、设备及工器具购置费等，各单位工程预算构成单项工程综合预算，总预算费用除各单项工程综合预算外还包括工程建设其他费、预备费等。编制完成的施工图预算成果应包含以下内容：

（1）子项目施工图预算编制说明，描述工程概况、编制范围、编制依据、编制原则，取费标准。

（2）分析施工图预算构成，与审定的初设概算存在的主要差异，说明原因。

（3）编制各子项目施工图预算汇总表、单位工程费用汇总表、单位工程概预算表、单位工程工程量计算书、单位工程人材机汇总表、措施项目汇总表等。

2. 编制注意事项

（1）预算及相关资料的完整性。预算及相关资料应规范、完整、齐备。包含施工图预算、施工图设计文件、施工组织设计、相关专项方案、工程勘察成果文件、水影响评价报告书（表）、环境影响评价报告书（表）、特殊材料的询价单等资料。

纸质版资料应字迹清晰、装订规范，便于查阅和存档；电子版应与纸版保持一致，具备可编辑条件。所有报审资料均需项目实施机构签章（封面、单位署名及骑缝处需签章清晰、完整）。

预算费用应齐全避免缺漏。工程费应依据施工设计文件，工程措施费需结合施工组织设计、相关专项方案等编制，避免丢项、漏项。对于产权主管单位的行政性收费（如占掘路费）、产权单位专项收费（如燃气切接线费）应与相关单位充分沟通，收集相关取费文件，合理编制预算并报审，避免丢项。工程建设其他费应根据项目情况编制全面。不同工程涉及各种费用有所差别，预算报审时需考虑全面，避免后续开展施工时费用超预算批复。

（2）预算与相关资料的一致性。工程预算编制、复核应以批复的初设概算为投资限额，结合实施方案和施工图复核结果，复核预算与概算的一致性，对不一致且调整依据不充足的预算投资，项目公司应及时修改完善。工程费项目清单的名称、项目特征描述应与施工图设计、施工组织设计保持一致。对于施工图设计或施工组织设计未体现但预算包含内容不予支持。预算编制与复核应全面掌握施工图设计内容，熟悉施工组织设计，保持预算与相关资料的一致性、预算明细费用与汇总费用的一致性，预算数据与立项手续中相关数据的一致性，提高报审工作效率，降低预算审减风险。

（3）预算的准确性、合理性。报审预算应根据现行计价规范、计价定额、政策性文件、相关收费文件，准确合理地计量、计价、取费。如项目预算准确性存在欠缺，投资存在评审审减风险和结算超预算批复的风险；如项目预算较大程度缺乏合理性，有被甩项评审、退件拒评审的风险。

（二）施工图预算审核重点

根据PPP项目特点，在已批复设计概算限额内，选取全面审核法、标准预算审核法、对比审核法、重点抽查等审核方法，重点审核以下内容。

（1）根据工程情况，对项目工程预算编制范围、编制依据、计量规则、计价依据、取费标准等进行审核。

（2）对照图纸和预算定额，审核预算中分项工程项目有无错漏、重复。

（3）根据图纸和定额工程量计算规则，按详细的施工图、已确定的施工组织设计、施工方案并结合现场实际情况计算工程量，防止重算、多算。与报送工程量进行核对。

（4）按照有关规定的计价原则逐项审核套用的定额，审核定额子目工、料、机含量及单价，并注意有无错套、重复套用。若无合适定额套用，且不能换算，则应编制补充定额子目。审查补充定额单价的工、料、机消耗量是否符合实际测算数据，选用的人、材、机单价是否符合合同约定。

（5）按照有关规定对工程相关费用的项目及取值进行审核。

（6）审核预算是否控制在概算允许范围内。

五、工程变更投资管理

（一）工程变更与传统项目的差异

1. 变更涉及主体差异

传统项目变更提出主体可以是设计、建设、监理、施工单位。PPP项目合同体系第一层级关系是政府与社会资本，政府方与社会资本达成一致意见，勘察、设计、监理、施工等各方均应执行变更。

2. 变更主要内容不同

传统项目变更主要为工程技术方面或功能需求变化。PPP项目变更除工程技术、功能需求变化外，在建设内容、规模、地点、建设期限等方面也会发生变化。

3. 变更产生的后果不同

传统项目变更主要体现在结算价款的增减。PPP项目变更一般是由于规划及现场条件变化调整引起项目用地、立项审批、物有所值评价、方案实施核心内容改变、子项目增减或规模调整，导致过程投资、运营成本、使用者付费发生变化，进而影响财政支出责任。

（二）变更防范对策

1. 强化项目前期工作

防止过于夸大社会资本在项目规划设计中的主导地位。除策划、创意性较强项目外，对于市政、交通、水利、教育、医疗等边界清晰的标准化产品，实施机构应在项目采购前完成初步设计及概算编审。中选社会资本在批复的初步设计及概算范围内开展后续工作。

2. 加强工程变更管理制度建设

编制PPP工程变更相关制度、管理办法，明确可以进行变更的界限及范围，明确各方主体职责，制定变更分级审批管理制度，制定执纪问责制度。

3. 严格合同履约管理

严格合同履约管理，一是严守合同边界条件。除客观因素导致的工程变更外，原则上其他工程变更不予批准；二是监控项目投融资风险，项目公司应按合同要求保证资本金注缴，保证融资进度；三是现场实施确保每个子项目建设进度符合合同约定；四是对于履约困难项目，即时评估并监督整改，仍无法履约则及时终止合同。

六、施工阶段资金管理

（一）资金管理政策要求

2014-2017年PPP项目经历了高速发展期，为规范PPP项目付费，政府陆续颁布了《关于在公共服务领域推广政府和社会资本合作模式的指导意见》(国办发〔2015〕42号)、《关于在公共服务领域深入推进政府和社会资本合作工作的通知》(财金〔2016〕90号)、《政府和社会资本合作项目财政管理暂行办法》(财金〔2016〕92号)等文件，2018年PPP项目经历了深度调整，2019年《政府投资条例》颁布，为扎实推进PPP规范发展，财政部颁发了《关于推进政府和社会资本合作规范发展的实施意见》(财金〔2019〕10号)，进一步明确了PPP项目政府与社会资本双方的责任、政府支出的来源、限额及PPP项目入库条件等。

从PPP项目发展过程中，规范性文件对PPP项目政府付费的相关规定可以看出，将项目涉及的运营补贴、经营收费权和其他支付对价等，按照国家统一的会计制度进行核算，纳入年度本级财政预算，并根据财政支出责任占比限制PPP项目的入库。同时政府按照PPP项目合同约定，向项目公司或社会资本方及时足额安排相关支出，促进中长期财政可持续发展，是统筹安排公共资金、资产和资源，平衡好公众负担和社会资本回报诉求，构建PPP项目合理回报机制，保障政府在项目全生命周期内的履约能力的重要形式和体现。

（二）资金计划管理要点

PPP项目政府资金包含固定资产投资资金、上级财政补贴资金、本级财政预算资金等，应按照发改和财政部门关于资金计划的管理要求开展管理工作。在PPP项目具体实践中，政府行业主管部门作为项目实施单位可聘请项目管理单位协助开展相关工作，如组织项目公司开展资金使用计划、资金申请的编报、协助实施单位进行资金计划、资金需求、资金申请的编制，填写相关表单等。

1. 固定资产投资资金

（1）根据项目年度推进工作计划，项目公司编写年度、季度投资计划及资金需求，报实施机构审批。

（2）根据年度、季度资金计划，分期分批申请政府资金。跟踪政府资金到位情况，实施机构编写资金申请函。

（3）第三季度末，结合项目进展梳理政府资金支出情况，实施机构进行沉淀资金调整工作。同时根据项目进度计划计算政府资金需求，填报下一年度政府固定资产投资项目资金需求情况表。

2. 上级财政补贴资金

（1）根据经评审概算投资及预算投资，结合上级财政补贴资金标准，及时计算各项目政府补贴资金金额。

（2）项目实施机构编写资金申请函，若政府资金尚未足额到位，应根据《PPP项目合同》计算政府应承担利息等。

（3）第三季度末，根据政府资金已到位情况和下一年度项目进度计划，计算政府资金需求，填报下一年度《预算项目文本书》和《预算项目支出绩效目标申报表》。

3. 本级财政预算资金

（1）根据资金需求，编制年度资金预算。跟踪本级财政资金到位情况，编写资金申请。

（2）项目公司及时进行资金申请。

（3）第三季度末，根据本级财政资金已到位情况和年度项目进度计划，计算政府资金需求，填报下一年度《预算项目文本书》和《预算项目支出绩效目标申报表》。

（三）建设资金支付管理

按PPP项目的资金出资来源不同，项目建设资金可分为政府投资补贴资金、代表政府履行合同的政府方出资代表出资资金、社会资本出资的企业投资资金。各出资来源的资金共同服务于PPP项目工程建设，需对资金调拨、支付统筹管理，切实发挥资金的保障作用。资金支付管理应结合PPP项目特征，重点关注以下方面。

1. 制定切实可行的管理办法

根据政府各级财政部门颁发的资金管理政策，结合PPP项目资金来源和使用，依据项目实施机构、社会资本方、参建单位的职责、职能，建立科学、完善的建设资金支付管理制度，完善建设资金的管理流程，确保资金的安全合理使用，同时提高资金使用效益。

2. 制定资金需求计划

社会资本方根据政府投资的相关规定，结合工程实施计划，编制资金需求计划，包含政府资金需求计划及社会资本方资金筹措计划。原则上按照年度、季度分别提出相应计划，及时报送项目实施机构核备。资金计划的编制应符合PPP项目年度总体进度目标的要求，同时应结合项目实际，确保资金计划合理性、可行性，提高政府资金的利用率。

3. 严格履行资金审核程序

项目公司依据管理办法、已签订的合同、中标清单等，结合项目实施进展情况，组织建设资金支付申请资料，项目公司做好内部审核把关，保证申请的资金准确、合理。项目实施机构依据管理办法，履行资金支付审核、审批等程序。项目公司依据审批结果支付资金，保障资金安全、合理。

设置"一事一议"的处理方式，对于因工程应急抢险、行政性收费、不可抗力等特殊原因需支付资金的，由项目实施机构组织项目公司、各参建单位及相关部门就支付事项通过"一事一议"的专题会审议决定。根据审议结果，由项目公司通过资金专户直接支付建设资金，以缩短支付时限。事项执行过程中及结束后，应在规定时限内报备完整的资料，及时归档。

4. 优先保障农民工工资

根据国家现行政策，应切实保障农民工工资权益，做好农民工工资支付管理，及时建立农民工工资支付专项管理办法，设立资金专用通道，各级单位通过专用通道加强农民工工资支付监管。

支付专用通道的设立，应在专用账户中设立农民工工资专用分账户及工资保障金，由社会资本方根据施工进展及农民工工资支出需求，在建设资金申请中同步明确农民工工资，提供农民工用工记录、工资清单等相关支撑资料，经项目实施机构审核，通过专用账户及时向参建单位拨付农民工工资。

5. 建立资金追溯机制

在工程结算评审完成前，已支付的政府资金是否超结算评审金额尚存不确定性。为有效控制政府资金超支超付的风险，提高政府资金安全，应建立"多退少补"的合约体系，同时建立完善的政府资金支付台账，明确每笔资金走向，对比结算评审投资额对政府资金拨付差额予以调整。

七、工程结算编制与审核管理

根据政府资金来源不同，固定资产投资类工程由项目公司组织工程结算的编制、审核工作，以审定的工程结算编制竣工决算，报上级主管单位审批，经审批的决算作为建设投资转固定资产的基础；财政专项资金类工程由项目公司组织工程结算编制工作，由财政部门组织结算评审，评审结算作为最终结算的依据。

（一）工程结算编制管理

PPP项目工程结算，依据结算主体不同，分两个层面，一是项目实施机构与项目公司之间的工程结算，由项目公司依据工程实施情况编制工程结算，结算内容包括工程建设全周期发生的工程费、工程建设其他费及相关费用，简称为"一级结算"；二是项目公司与各参建单位的工程结算，由项目公司组织各参建单位编制各工程结算资料，项目公司履行投资主体责任，在批复概算/预算的限额内严格审核把关，控制结算投资，简称为"二级结算"。

两级结算之间互为基础，互相制约，一级结算的编制、报审工作以二级结算为基础，二级结算的最终值以一级结算的批复为最终结果，各参建单位、项目公司对两级结算之间的投资差异诉求制约结算工作推进。此时，项目公司应发挥"承上启下"的关键作用，确保PPP项目工程结算顺利开展。

PPP项目管理偏重项目实施机构与项目公司的结算，对一级结算更为注重，因项目公司管理等主观原因导致的工程投资增加需由其自行承担，加强工程一级结算编制工作的管理尤为重要。

1. 编制原则

（1）及时性原则。鉴于PPP项目工程结算工作的复杂性，结算编制工作应注重实效性，为结算投资评审工作争取时间。这就要求在工程实施过程中，及时收集工程实施相关的有效资料，涉及工程投资调整的工程变更、洽商、签证等资料及时组卷、归档，快速编制工程结算。

（2）真实合法性原则。工程结算关系项目实施机构、社会资本方及参建单位各方的切身利益，基于社会资本方在PPP项目中的特殊地位及利益追求的目标，保障工程结算及相关依据资料的真实性、合法性尤为重要。在PPP项目合同及管理过程中，要求社会资本方出具相关保证函件，避免出现弄虚作假，同时要求各管理单位注意及时搜集工程实施资料，做好档案管理。

（3）完整性原则。PPP项目工程结算不仅包括常规工程的工程费的结算，还应根据与社会资本方签订的PPP项目合同服务范围、内容等包括诸如建设工程管理、环境影响评价、工程勘察、可研编制、设计、监理、招标等工程建设其他费用，应完整反应工程实施的整体投资。

2. 编制要点

PPP项目工程结算要严格依据经批复的初步设计概算/施工图预算为投资限额，以施工合同及合同清单为基础，按经确认的工程竣工图、施工方案、工程变更等计算工程量，合理设置取费，编制工程费结算；以依法采购并签订工程建设管理、勘察、设计、监理等服务合同为基础，按经确认的相关工作方案、工作成果及工程建设其他费项目，依据有效的计费政策文件，编制工程结算。结算编制工作应关注以下主要方面：

（1）做好工程现场管理，注重搜集结算相关资料。工程施工应依据批复的工程设计、施工组织方案，工程资料应真实反映工程实施情况。项目管理工作应结合工程特征深入施工现场，做好管理记录，定期核查工程资料（含工程变更、签证资料），对与施工情况相符的资料及时按档案管理要求归档，是工程结算编制的基础。

（2）工程计量准确、计价合理。结合施工情况，依据完整的工程竣工及验收资料对工程量计量、核验，按项目特征予以分类统计录入。工程计量中应对工程变更、洽商、现场计量签证等资料计量的准确性予以复核，与施工图中标合同工程量对比分析，统计符合调整清单单价的清单项及工程量，同时避免出现错计、漏计及重复计量等问题。

依据中标合同及清单核实各分部分项工程计价，对因工程变更、洽商、工料机单价调整导致符合综合单价调整工程内容的予以明确，依据经审核的调整后单价编制工程结算。编制过程中应加强核实单价调整依据的适用性、相关支撑资料的完整性，核实调整单价工程的适用范围，避免出现错调、漏调、多调等问题，同时应降低主观因素的影响。

（3）工程结算资料完整。完整的结算资料是后续结算投资评审、核对工作的基础，是结算投资额得以保障的有效支撑。结算资料应按工程档案管理要求装订，严格履行编制单位内部审核及签章程序，及时查漏补缺，保证结算资料真实、有效、完整，及时归档、报备。就工程费结算资料，应包含以下主要内容：经审批的项目实施方案、任务书、经评审批复的概、预算资料、工程施工图纸、经审批的施工组织设计、施工方案、工程变更、签证、洽商等资料、工程计量复核资料及施工现场相关资料（地质、水文、地貌、交通、环境及标高测量等）、相关验收记录资料、工程竣工图纸、工程结算书（纸质版、软件版）、工程量计算书（计算底稿）、工程结算与概/预算投资差异分析、招投标文件、中标通知书及相关合同、协议（施工合同提供中标预算书的广联达软件版本）、材料、设备等费用资料，项目实施机构供料的购货合同、材料或设备清单及双方结算的方式、合同规定允许的材料价格调整，经确认的材料价格资料、其他影响工程投资的有关资料（含影像资料）等。

（二）工程结算审核管理要点

工程竣工后，工程结算问题通常会成为产生争议的焦点，费率合同模式下的结算审核更有其复杂性，针对PPP项目费率合同的结算审核经验总结要点如下：

1. 建立结算审核管理长效机制

（1）资料管理机制。建立动态结算技术经济档案，在预算评审成果的基础上进行结算审核，把合同的争议和矛盾暴露在项目进行的过程中。

（2）会商机制。建立项目公司、政府主管部门协调会议制度，以会商的形式解决问题。过程中形成的谈判会议纪要是结算审核的重要依据，并切实体现项目动态把控，避免仅通过结算审核定价一刀切，结算评审效率低下的情况。

（3）投资分析机制。在形成结算审核成果文件过程中，动态分析在工程费方面和其他基本建设费用方面的经济指标，进行整体投资控制的同时进行经济数据的收集、分析、积累，建立相关的技术经济档案，供后续工程建设参考。

2. 关注项目的前期拆迁费用审核

包括审批手续是否合法、齐全，是否按现行的各项程序和规定执行。对于被拆迁人补偿方式和补偿金额的审核，需事前审计补偿安置协议内容，有无擅自提高或降低标准等。

3. 工程建设费审核

包括对项目特征、单位、工程量、综合单价的审核，加强投资与施工图、施工方案的一致性审核，重点审核工程量的准确性和计价的合理性，就审核中的问题、投资差异等及时记录、梳理，保留完整的工程量计算底稿。

4. 迁改（管线、绿化）费用、临水临电费用审核

审核费用支出是否合规，计价依据是否充分。例如某隧道项目部分临时迁改的产权单位在结算时提供依据的为现场签证单，结构断面尺寸不规范，细部大样不详

细，难以计算工程量。建议相关产权单位提供符合规范的设计图纸，再走相关结算程序。

5. 勘察设计费、科研费、咨询费审核

评审把控的方向为各项费用的计价依据，以及是否达到《中华人民共和国招标投标法》规定的必需招标的条件，招标程序是否合规，签订的有关合同和协议，费用支出票据是否合规，有无超国家标准支付的情况等等，均是审查的重点。

第四节　PPP投资管理典型案例与分析

本节通过介绍PPP项目投资管理中的两个典型案例，阐述投资管理相关做法与经验。案例一是PPP项目投资评审工作流程，从中可以了解与传统项目的区别，案例二重点是某PPP项目污水处理费用测算要点，供读者参考。

案例一

某水环境治理项目投资评审工作流程

本项目为某水体治理PPP建设项目，建设内容包括清淤工程、管线工程及污水处理厂站建设。在项目推进实施过程中，部分固定资产投资项目已取得立项批复并推进实施，按PPP项目合同约定需开展预算评审工作，部分财政专项项目已基本建设完成，需开展工程结算工作。由于PPP项目合同对预、结算审核的约定与传统政府直接投资项目操作流程存在一定差异，为推进工作开展，对投资评审工作流程及存在问题进行梳理。

（一）项目资金来源

根据项目资金来源，该项目划分为固定资产投资项目和财政专项项目。

（1）财政专项项目。

财政专项项目资金来源包括中央奖补资金、市级财政资金和社会资本资金。其中，清淤工程费由市级财政按100%补贴，工程建设其他费由社会资本出资；管线工程建设资金由市级财政按30%补贴，其余由社会资本出资；污水处理厂站建设资金由社会资本出资100%。

（2）固定资产投资项目。

固定资产投资项目资金来源包括市级固定资产投资和社会资本资金。工程建设资金由市级固定资产出资70%，由社会资本出资30%。建设期由社会资本出资部分，在运营期内每年通过可用性服务费的形式返还社会资本。

（3）合同条款约定。

PPP项目合同中约定，工程建筑安装工程费用采用定额计价方式，计价依据为同期本地区工程预算定额和其他政策性文件。同时约定以甲方或政府指定的其他机构审定的施工图预算作为可用性服务费的初始值计算依据，以区政府指定机构出具的竣工决算作为可用性服务费实际值计算依据，并按照合同约定下浮率对建筑安装工程费进行下浮。

（二）投资评审流程

按照PPP项目合同约定，结合项目特点，梳理项目投资评审流程如下：

（1）固定资产投资项目。

固定资产投资PPP项目投资评审流程为：实施机构组织项目公司编制项目可研报告报发展改革委→取得立项批复后实施机构组织项目公司编制初步设计方案报发展改革委审批→取得初步设计概算批复后项目公司开展施工招标→实施机构以概算为限额控制项目投资（作为项目实施过程资金拨付、工程变更等投资管控依据）→项目建设完成后实施机构与项目公司按照PPP项目合同约定进行结算→实施机构组织项目公司编制决算资料报发展改革委进行批复。

（2）财政专项项目。

财政专项PPP项目投资评审流程为：项目公司编制实施方案、初步设计方案→实施机构组织市、区两级专家进行方案及预评估概算评审→项目公司以预评估概算为限额开展施工招标→实施机构组织项目公司以评审概算为基础编制施工图预算报区财政局审核（项目实施过程以区财政局审定的施工图预算为限额进行投资管控）→项目建设完成后，项目公司按照PPP项目合同约定编制结算→实施机构复核结算资料并报区财政审批。

(三)存在问题

(1)合同主体、评审依据差异。

传统政府直投项目进行结算/决算时,主要对建设单位和设计、勘察、施工承包等单位构成的合同主体开展审核;该PPP建设项目中,项目实施机构与项目公司为构成PPP合同的主体,设计、勘察、施工承包等单位为与项目公司签订合同中的合同主体。若按传统政府直投项目将施工承包等单位作为合同主体进行评审,与PPP项目合同体系不符。

以建筑安装工程费审核为例,传统政府直投项目结算/决算时,建筑安装工程费评审依据为经依法招标的施工合同和中标清单。该PPP建设项目,项目公司以投资收益率和建筑安装工程费下浮率等作为竞争标的中标项目。

(2)财政专项项目工程建设其他费评审问题。

根据《××人民政府投资项目资金管理暂行办法的通知》,决算依据规定"项目竣工财务决算的依据包括但不限于可行性研究报告、立项批复、初步设计、概算调整及其批准文件、招标投标文件、历年投资计划、经区财政局出具的项目预算或结算评审报告、项目承包合同等",该PPP建设项目财政专项项目无可研报告、立项批复和初步设计等文件,无法开展决算工作,需按工程结算作为可用性服务费实际值计算依据。

传统财政专项项目结算评审时仅评审工程费,不对工程建设其他费进行评审,该类项目的可用性服务费实际值缺乏计算依据。该PPP建设项目存在部分主体措施工程、管线改移工程、外电源工程等因评审依据不足整项核减,以工程费或工程总投资为取费基数的工程建设其他费取费不完整;同类工程不同子项的工程勘察、施工图预算/工程量清单编制等费用在预算评审时计费原则不统一;部分子项不需计入施工招标代理、招标交易服务等费用;水影响评价、环境影响评价、穿越交通设施安全评估检测、穿越公路埋管补偿、渣土消纳、水土保持监测及验收、环保工程验收等费用在预算评审阶段无法提供批复文件等资料未计入投资。预算批复的工程建设其他费与实际情况存在差异,需依据项目实施的实际情况在工程结算审核予以批复。

(四)解决方案

(1)该PPP建设项目投资评审工作流程较传统政府直投项目存在差异,组织发改、财政等部门共同对PPP项目投资评审工作流程予以确认。

（2）工程结算/决算评审工作中，以实施机构与项目公司签订的PPP项目合同为评审依据，按照"定额计价+下浮率"的方式审核工程费，由项目公司与施工单位等参建单位进行内部结算。

（3）财政局对财政专项项目进行工程结算审核时增加工程建设其他费审核内容，在对应项目PPP项目合同中约定以工程结算审核结果作为可用性服务费实际值的计算依据。

案例二

某美丽乡村污水处理费测算要点

本项目为某美丽乡村污水处理PPP建设项目，建设内容包括污水处理厂站及管网工程建设。其中，污水处理费编制根据污水处理站实际情况，遵照《建设项目经济评价方法与参数》（第三版）及《市政公用设施建设项目经济评价方法与参数》的有关规定编制。

（一）费用测算相关要求

（1）特许经营期。

根据村庄规划性质，特许经营期原则上为20～25年，具体需结合财务测算核实运营期限合理性。其中，建设期应根据厂站规模等因素合理设置，原则上不超过6个月。

（2）项目总投资。

污水处理站项目总投资应符合《关于加强农村污水处理成本预算绩效管理工作的通知》要求，项目总投资编制应达到初步设计概算深度。

（3）资金来源。

项目资本金原则上不得低于总投资的30%，其余资金可由社会资本通过银行贷款等合法方式筹集。

（4）融资成本。

除项目资本金以外融资成本，以全国银行间同业拆借中心公布的5年期以上贷款市场报价利率（LPR）的平均值为基准进行相应调整。

（5）折旧摊销。

原则上采取直线折旧法，即将资产原值扣除净残值后，在预计使用年限内平均摊销。计算公式：每年折旧费＝（成本—残值）/估计有效使用年限。

（6）投资回报率。

按照《××人民政府关于印发引进社会资本推动市政基础设施领域建设试点项目实施方案的通知》规定，并结合地区近年来类似污水处理项目投标企业投报的内部收益率水平，污水处理站内部收益率原则上不超过7%，实际内部收益率以最终中标人的投标文件中的收益率为准。

（7）基本水量。

根据厂站运行规律及负荷要求，并结合本项目实际情况，进入运营期后的年运行负荷率不低于60%，运营稳定后（原则上不超过5年）的年运行负荷率应为100%。

（8）经营成本。

项目经营成本主要包括电费、人工费、药剂费、污泥转运及处置费、化验检测费、修理费、保险费、管理费等。

（9）增值税及附加。

根据国家税务总局公告2020年第9号文件规定，污水处理费适用6%的增值税税率，污水处理费测算时应综合考虑建设期及运营期销项税，并按照《资源综合利用产品和劳务增值税优惠目录》（财税〔2015〕78号）中的"即征即退"政策考虑增值税退税。增值税附加税中，城镇维护建设税税率为7%，教育费附加税率为5%（含地方教育费附加）。

（10）所得税。

企业所得税的税率为25%，污水处理费测算时应按《中华人民共和国企业所得税法实施条例》（国务院令第512号）的相关规定考虑企业所得税"三免三减半"优惠。

（二）招标合约相关要求

（1）水量标准要求。

污水处理设施年度处理水量合格标准：年运行负荷率不低于60%，年运行负荷率＝某一自然年内的月处理水量之和/年处理天数/该设施的设计处理能力[立方米/天(m^3/d)]。

（2）水质标准要求。

污水处理设施月度出水水质合格标准：由当地生态环境部门出具的出水水质情况的证明、当地水务部门和其他有关部门对出水水质的检测结果同时作为水质是否合格的判断依据。

（3）污水处理费调价。

污水处理费原则上3年内不予调整，可根据CPI变动每3年调整一次污水处理费；同时结合财政预算绩效考核相关要求设置价格调整机制。

参考文献

[1] 李宁.浅析新形势下PPP项目总投资的确定与控制[J].建筑工程技术与设计，2017（35）：1130-1131.

[2] 沈南.浅析在PPP模式下的公路工程投资控制和管理[J].百科论坛电子杂志，2020（5）：1463-1464.

[3] 李泽楷.社会资本视角的PPP项目投资控制[J].大科技，2019（23）：196-197.

[4] 黄国平.浅析PPP项目实施过程投资风险控制[J].建筑工程技术与设计，2020（17）：3139.

[5] 何彩秀.咨询机构视角下PPP项目"两评一案"疑难点分析[J].河南建材，2021（10）.

[6] 王莉萍，余建国.咨询机构视角下PPP项目"两评一案"疑难点分析[J].财务与会计，2019（2）.

[7] 徐里迪.浅谈PPP工程建设项目采购招标费率合同模式下的政府投资评审全过程投资控制与管理[J].知识经济，2018（10）：70-71.

[8] 温来成，孟巍.政府和社会资本合作（PPP）项目预算管理及风险控制[J].河北大学学报（哲学社会科学版），2017，42（6）：78-85.

[9] 王革平，朱迎春，刘松桥，吴振全等.政府投资建设项目全过程管理——以投资管理为核心[M].北京：中国建筑工业出版社，2021.

导 读

　　工程设计是对工程所需的技术、经济、资源、环境等条件进行综合分析、论证，编制提供工程项目的设计文件的整个活动过程，是建设项目生命期中的重要环节。工程设计是否经济合理，对项目投资成本的确定与控制具有十分重要的意义。本章所指设计管理是指项目实施机构在遵守国家相关法规、遵循工程建设基本流程基础上，在PPP模式实施框架合同体系约束下，对PPP项目建设实施过程中相关方开展的工程设计及技术工作进行管理、监督的行为。工程设计具有阶段性、递进性特点，本章以PPP建设阶段设计管理为重点，向前延伸至PPP项目准备阶段的设计管理工作。

第六章 PPP项目设计管理

第一节　PPP项目设计管理概述

设计管理是PPP项目管理的重要组成部分，设计管理工作主要集中在PPP项目准备及建设阶段。PPP项目支付模式不同，设计管理的深度及内容也不同，工作更深入，本章重点阐述政府付费和可行性缺口补助模式下的设计管理工作，使用者付费模式项目管理可参照执行。本节重点介绍PPP项目设计管理的必要性、设计管理目标、项目设计管理基本环节，以及设计管理的主要内容及措施。

一、设计管理必要性

（一）是确保实现项目实施意图的重要途径

工程设计是从无到有的创造性过程，是体现投资者意图，获得工程使用功能、实现工程效益的重要环节。项目实施机构应遵循价值工程和限额设计的理念开展设计管理工作，从经济社会发展、规划目标及项目功能需求出发，统筹处理技术和经济、建设与运营、近期与远期关系，明确目标需求，对方案进行决策及纠偏，最终取得技术经济合理、满足功能要求的设计成果，实现项目的功能、效益和价值目标。

根据《关于依法依规加强PPP项目投资和建设管理的通知》（发改投资规〔2019〕1098号文）要求，"实行审批制管理的PPP项目，在可行性研究报告审批通过后，方可开展PPP项目实施方案编制"，可行性研究报告编制及报审工作应由项目实施机构组织推进。对于部分PPP项目，在可研报告编制时即引入社会资本，由于项目边界条件不清晰、建设标准及内容不明确，对于政府付费和可行性缺口补助模式项目，从社会资本方逐利角度分析，容易出现过度包装设计、提高设计标准的现象。PPP项目建设阶段，一般由项目公司具体负责组织勘察、设计、建设等工作，项目实施机构应确保前期设计成果的延续深化，使项目质量、功能、产出和效益达到预定要求。

（二）是有效提高项目建设价值的重要抓手

据相关研究显示，设计阶段对于工程投资影响程度达 75% 以上，设计方案的质量对项目投资具有重要影响，且项目规模越大、越复杂，设计质量对投资产生的影响越大。PPP 模式中社会资本参与到项目的全过程，更加注重运营阶段的社会效果及评价。通过科学的管理方法和手段，统筹建设期及运营期成本考量，从项目全寿命周期角度开展设计管理，力争使用最少的资源投入，实现最优的项目目标和结果，对项目建设将起到事半功倍的作用。

二、设计管理的目标及依据

（一）管理目标

开展设计管理需深刻分析并明确项目建设目标及管理目标。项目建设目标指实现项目建设功能、质量及效益。设计管理的目标是在充分剖析建设项目功能需求下，通过先进的项目管理方式、方法和手段，依据 PPP 项目合同以及相关规范办法，对工程设计关联人和事物进行组织、协调和控制，有计划地取得具有技术支撑依据的各设计阶段成果，确保工程技术经济方案合理，工程功能定位、标准符合规划要求，工程建设满足预期功能需求及效果要求，同步实现项目投资、进度、质量、安全等多方面目标。

（二）管理依据

设计管理的主要依据是国家及行业勘察设计相关管理条例、办法、规范标准，以及 PPP 政策文件、实施文件等，具体如下：

（1）国家及行业勘察设计管理条例及办法，如国务院《关于修改〈建设工程勘察设计管理条例〉的决定》（国务院令第 662 号）、国务院《建设工程质量管理条例》（2019 年 4 月 23 日修正版）、水利部《水利工程设计变更管理暂行办法》（水规计〔2020〕283 号）等。

（2）工程勘察设计相关现行标准、规范及规定如住房和城乡建设部《市政公用工程设计文件编制深度规定》（2013 版）、《岩土工程勘察规范》GB 50021—2001（2009 版）等。

（3）区域总体规划、详细规划及相关专项规划，近期建设规划以及工程规划，如《城市总体规划》《控制性详细规划》及《专项规划》等。

（4）PPP项目相关政策文件，如《关于印发政府和社会资本合作模式操作指南（试行）的通知》（财金〔2014〕113号）、《关于依法依规加强PPP项目投资和建设管理的通知》（发改投资规〔2019〕1098号）等。

（5）PPP项目实施及过程文件，如PPP项目实施方案、服务合同以及PPP项目勘察、设计、施工及监理合同等。

（6）项目管理、监理相关文件，如《建设工程项目管理规范》GB/T 50326—2017、《建设工程监理规范》GB 50319—2013，《项目管理合同》（涉及委托项目管理单位的项目）等。

（7）项目前期文件，如规划选址、用地预审批复文件，立项批复、初步设计概算批复文件，水保、环评、稳评等专业评估文件。

（8）其他相关政策文件。

三、设计管理阶段的划分

工程设计是从最初构思设想到提供可实施落地蓝图、逐步深化、细化的过程，有其客观规律性。根据项目基本建设流程、设计阶段主要节点，结合PPP项目阶段划分，可划分为PPP项目准备、建设两阶段管理，具体包括方案设计、初步设计、施工图及深化设计、工程变更及竣工图等方面的设计管理（图6-1-1）。

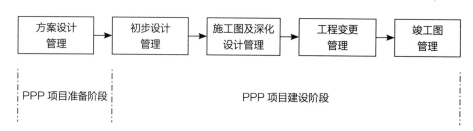

图 6-1-1　设计管理阶段划分

（一）PPP项目准备阶段设计管理

PPP项目准备阶段，社会资本尚未引入。这一阶段设计工作主要集中在方案设计，包括项目建议书、可行性研究报告的编制，以及相应报审工作，是PPP项目实施的重要前置条件。该阶段设计管理的目标，主要是取得符合项目实施机构功能需求、符合行业及当地经济发展要求的设计方案，明确项目的设计标准、内容及范围,并通过发改及行业主管部门审批,满足编制初步设计文件的需要。

(二)PPP项目建设阶段设计管理

PPP项目建设阶段,已引入社会资本方,项目公司组建完成,一般情况下由项目公司负责工程项目投资、设计、建设等工作。这一阶段主要涉及初步设计、施工图及深化设计、工程变更及竣工图等四方面管理。

1. 初步设计管理

初步设计阶段主要是进一步复核工程规模及标准,明确项目建设内容及具体要求,确定工程总体布置、主要工艺流程、主要建筑物结构型式及控制尺寸。该阶段设计管理目标,是在立项批复限额内,取得达到建设标准及功能要求,细化后的初步设计方案及概算,并通过发改部门审批,满足后续编制施工图设计文件的需要。

2. 施工图设计及深化设计管理

施工图设计主要是对工程建设内容、规模、方案等进行可实施化设计,形成工程总体布局,建(构)筑物的外部形状、内部布置、结构构造、材料作法等要求的图纸。深化设计是在施工图设计的基础上,结合施工现场实际情况,对图纸进行的细化、深化、补充及完善。设计管理目标是在概算批复限额内,取得达到建设标准及功能要求,可用于指导施工、设备材料采购、非标准设备制作等要求的图纸及措施方案。

3. 工程变更管理

工程变更主要指对经批准的设计文件,因建设内容或功能调整,以及现场实施条件变化而产生的修改、补充活动。对于PPP项目工程变更,一般按照PPP项目合同约定,区分变更产生的主客观条件,以及变更对功能及投资的影响程度,进行分级处理。工程变更管理目标主要是在概算批复限额内,达到建设标准及功能要求,并合理控制工程变更投资。

4. 竣工图管理

竣工图是真实反映建设工程施工结果的图样,由PPP项目公司组织施工等单位,在经审核的施工图基础上,结合工程变更情况编制竣工图。竣工图是工程结算、竣工验收的重要内容,竣工图管理目标,是取得真实、准确、系统地反映工程实体的图纸,并满足建设工程文件归档、运营及移交要求。

四、设计管理各方职责的划分

按照PPP项目模式,项目参建方主要涉及PPP项目实施机构、项目公司,以及勘察、设计、施工、监理等主体。相关各方的主体责任如下:

(一)PPP项目实施机构

(1)根据行业发展要求、工程规划及现状等情况,梳理明确项目建设目标及功能需求,确保相关要求通过设计文件得以落实。

(2)委托前期勘察、咨询机构完成项目建议书、可研报告编制,对成果文件进行审核确认,组织向发改等部门的报审工作,取得"多规合一"协同意见、规划选址及用地预审、可研批复等文件。

(3)向项目公司提供项目前期规划、咨询成果及其批复文件,提供规划选址、用地预审、环评、水保等批复文件。

(4)按照PPP合同约定,对项目公司报送的勘察、设计成果进行备案或审查;履行合同中甲方相关的对工程变更的决策审批职责。

(5)督促项目公司加强竣工图等档案管理,竣工验收后将竣工图等档案移交至相关部门。

(二)PPP项目公司

(1)充分理解项目实施机构设计意图,明确项目建设目标及功能要求;承接项目前期已取得的勘察、设计等成果文件。

(2)项目公司统筹勘察、设计工作,组织勘察、设计单位按照合同计划节点、成果质量、深度要求,完成勘察、设计成果文件编制,并对成果审核把关。按照合同约定,在规定时限内将勘察报告、初步设计文件、施工图设计文件报项目实施机构备案或审查。

(3)依据PPP项目合同约定,配合项目实施机构,将设计文件报请主管部门审查批准或备案,将经审批通过的初步设计、施工图等设计文件,以及有关职能部门审批同意的设计文件相关批文复印件送交项目实施机构备案。

(4)组织设计交底和图纸会审工作。

(5)组织施工单位建立、维护变更台账;组织对变更方案进行研究,出具审核意见；控制工程总体投资，完成变更组件，及时报审工程变更。

（6）组织施工等单位完成竣工图编制及审核把关工作，通过档案验收。

（三）勘察、设计单位

（1）勘察单位按照勘测合同及勘察、测量规范要求，在合同要求节点内完成勘测工作，并对勘测成果质量负责。

（2）设计单位按照设计合同及行业设计相关规范要求，在合同要求节点内完成初步设计、施工图等设计文件编制，并对设计成果质量负责。配合初步设计概算、施工图等评估及审查工作，按相关职能部门意见，修改完善设计文件。参加设计交底和图纸会审。根据现场实施情况变化及项目实施机构、项目公司相关要求，完善设计方案，发起设计变更，严格控制重大设计变更发生。

（四）施工、监理单位

（1）施工单位依据施工合同及施工相关规范要求，按照经审定的施工图纸施工，确保工程质量及进度、安全等要求。参加设计交底和图纸会审。结合现场实施条件，从节约投资、安全施工、缩短工期等角度，提出变更及洽商需求，经审定后实施；配合PPP项目公司建立并及时更新变更台账，编制竣工图。

（2）监理单位按照监理合同及监理规范要求，审查施工单位报审的施工组织设计、专项施工方案、应急救援预案，组织审查和处理工程变更，出具相关意见报项目公司；熟悉工程设计文件，参加设计交底和图纸会审；督促和协助施工单位检查竣工图纸编制情况，并对竣工图编制的完整、准确、系统和规范情况进行审核。

五、设计管理的主要工作

设计管理贯穿项目建设过程始终，要做好项目设计管理工作，需要项目实施机构配备相关专业背景的管理人员，准确掌握行业及区域相关规划及基底条件，梳理明确项目建设的目标及功能要求、建立健全管理制度及流程，做好方案审核及决策工作，组织PPP项目公司按计划完成各阶段稳定的、满足功能要求的设计成果编制，并通过发展改革及行业主管部门审批。

1. 明晰区域规划及基底条件

调查了解区域范围内项目相关的详细规划及专项规划情况，现有工程建设情况。

如水环境治理项目，需了解区域总体规划及防洪排涝、雨污水管网、再生水厂、污泥处置、水资源配置等专项规划情况，明确区域建设近远期规划目标及河道水质考核要求；收集区域内水环境治理工程现状情况，梳理掌握存在的主要问题及治理需求。

2. 明确实施目标及功能要求

结合区域工程规划及现状情况、当地经济发展情况，梳理明确项目近远期建设安排、总体及年度绩效考核目标、基本经济技术指标、近期实施计划安排。如水环境治理项目需合理确定项目在防洪排涝、景观绿化、水质达标、污水处理等方面的建设目标及标准，并结合项目审批部门类似项目批复情况，预判预估项目投资，作为控制依据。

3. 健全管理制度及流程

依据基本建设流程、相关行业政策及办法、PPP项目合同，结合PPP项目自身特点，围绕方案设计、初步设计、施工图设计等主要管理阶段，分析项目各干系单位职责，制定设计相关管理制度、办法、流程，规范各方管理动作，提高管理工作效率。如编制PPP项目设计管理监管办法，明确各参与主体职责、管理及保障措施；编制工程变更管理办法，明确变更审核范围、原则及具体流程等（图6-1-2）。

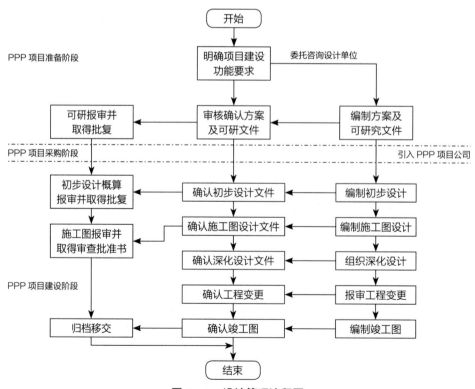

图 6-1-2　设计管理流程图

4. 审核确认技术文件

对编制完成的技术成果文件，重点从目标可达性、功能完善性等方面开展符合性审查，对报送的比选方案给出明确决策意见。对PPP建设群项目，因各家项目公司及设计单位对项目功能需求及建设目标的理解不同，可能存在同类项目的建设标准及内容不一致问题，需要项目实施机构结合当地发展改革、规划部门相关要求，同类项目批复情况以及工程规划要求，统一设计原则及技术标准。

5. 获得各阶段稳定设计成果

项目实施机构通过协调沟通会议、信息报送、现场巡查等形式，及时掌握项目最新动态及制约问题。对标目标及计划，发现偏差采取相应的纠偏措施以保证目标的实现。对于制约项目推进的重大难点技术问题，可通过专家评审、专项研究等形式给予解决，以推动各设计阶段设计成果稳定及相关手续办理。

六、设计管理的主要措施

1. 落实限额设计及价值工程方法

按照批复的可行性研究及投资估算控制初步设计，按照批准的初步设计概算控制施工图设计。确定建设项目的经济目标和使用功能后，分析功能和成本的关系，选定合理的设计方案。将投资控制的分解落实到各阶段各子项，将技术与经济的关系统一起来，各专业在保证使用功能的前提下根据限定额度进行方案筛选和设计。严格控制技术经济不合理变更，确保总投资在规定的限额范围内，达到动态控制投资的目的。

2. 充分调动内外部的管理资源

依托项目实施机构现有技术力量，以设计管理工程师为主，组建设计管理团队，与经济、现场实施等管理人员相配合，共同开展设计管理工作。项目管理需要综合性人才，针对多专业、高水平人员配备不足的情况，采取临时聘请、固定聘请两种形式，保持与外部专家的沟通顺畅，内外部力量相互补充，多部门相互配合共同推进设计管理工作。

3. 强化高效信息沟通的手段

建立有效沟通渠道，保证设计管理相关信息及时、准确地传递和确认。在管理过程中通过函件、工作联系单、评审报告等书面文件形式，明确项目实施机构的管理要求，使管理指令更明确，管理过程追溯性及操作性更强；针对技术难点等问题，组织专家会议研讨解决，经参会各方确认后，通过纪要形式予以明确，各方参照执行。建立项目实施机构与项目公司、项目涉及相关机构部门之间定期及不定期的沟通机制，及时高效地协调处理设计管理相关问题。

4. 充分发挥合约体系的约束作用

强化项目参建各方的职责和履约意识，项目实施机构严格依据PPP合同体系中相关权责约定开展工作。既不能越位，也不能放松监管。通过PPP项目服务合同中相关条款的设定，明确对项目公司设计工作的奖惩机制。如项目公司组织设计单位编制设计成果文件，向发改部门报审可研或初设概算，如审减投资额超过一定比例，或因项目公司原因导致评审周期过长，可在合同中设置相应惩罚制约条款。

5. 引入专业化的项目管理服务团队

为有效提高管理效率和管理水平，可引入专业的工程项目管理团队，对工程建设全过程或分阶段进行专业化管理和服务。由项目管理单位根据项目管理合同约定，组建项目管理机构，建立与管理业务相适应的管理体系，配备专业技术管理人员，履行合同内容。

第二节　PPP项目准备阶段设计管理

PPP项目准备阶段的设计管理主要包括项目建议书、可行性研究报告的编制及报审。实施机构依据相关规划及建设要求，明确项目功能需求及建设目标，组织勘察、咨询单位完成项目建议书及可行性研究报告编制，并通过发改等相关部门审查，取得立项批复。本节重点介绍方案设计阶段特点及相关要求、管理目标及依据、管理主要内容、管理工作要点等方面的内容。

一、阶段特点及相关成果

方案设计是本阶段重点工作，是在充分调查研究、评价预测和必要的勘察工作基础上，对项目建设的必要性、经济的合理性、技术的可行性、实施的可能性、环境的影响性，进行综合、全面的分析、研究和论证，一般由项目实施机构组织设计单位对不同建设方案进行比选，最终确定技术经济最优的实施方案。该阶段取得主管部门立项批复文件，批准后的设计文件是初步设计的依据。主要设计成果为项目建议书、可行性研究报告。

（一）阶段特点分析

方案设计阶段是项目设计的前期阶段，应明确建设内容、标准及规模，重在阐述项目在技术上是否可行和经济是否合理，并反映投入与产出的关系，一般来说产出大于投入则项目总体上可行。方案设计是PPP项目实施机构根据项目的咨询评估情况对项目最终决策和后续深入设计的重要依据文件，同时也是后续PPP项目公司申请银行信贷评估和信贷立项的主要依据。方案设计成果文件要报送政府审批部门、行业主管部门进行审查和评估论证。技术成果文件一经批准后，不得随意修改和变更。

（二）技术成果文件及相关要求

项目建议书、可行性研究报告是方案设计阶段的成果文件。项目建议书是审批项目的依据，为初步选择项目，决定是否需要进行下一步工作，主要论证项目建设的必要性和可行性。可行性研究需进行全面深入的技术经济分析论证，在项目建议书定性基础上具有更多的定量论证，设计内容更加充实完善，开展多方案比较，推荐最佳方案，为最终决策提供可靠依据。

1. 项目建议书

项目建议书是项目建设筹建单位或项目法人，根据国民经济的发展、国家和地方中长期规划、产业政策、生产力布局、国内外市场、所在地的内外部条件，提出的某一具体项目的建议文件，是对拟建项目提出的框架性的总体设想。这一阶段常是在项目早期，因项目条件不成熟，项目具体方案未明确清晰，项目建议书主要论证项目建设的必要性和可行性，其建设方案和投资编制较粗，投资误差较大。项目建议书及其批复是可行性研究报告编制的依据，由项目实施机构委托专业咨询设计单位进行编制。对于部分PPP项目在申报立项时，条件已经相对成熟，规划、土地、环评、各专业咨询意见等基本具备，通常编制项目建议书（代可行性研究报告），两个阶段合为一个阶段。

项目建议书一般包括项目建设的必要性和依据、建设条件、建设内容和规模、方案设想和构思、投资估算和资金筹措方案、简单经济评价和分析、相关图纸等附件。对于项目建议书与可行性研究报告分开编制的房建类等项目，项目建议书阶段应主要从宏观层面对项目进行初选，论证项目建设的必要性，基本确定工程任务和布局、工程规模、选址和主要工程方案，有效控制工程投资。如水利水电项目可按照《水利水电工程项目建议书编制规程》SL/T 617—2021 相关要求编制。

2. 可行性研究报告

建设项目可行性研究报告是拟建项目最终决策研究的文件，是项目决策的主要依据，是在项目投资决策前对工程建设项目进行全面的技术经济分析论证的科学方法和工作阶段。在前一阶段的项目建议书获得审批通过的基础上，对建设项目规模、标准、选址、工艺技术、设备选择、人员组织、实施计划、投资与成本、效益及风险等的计算、论证和评价，选定最佳方案，作为决策依据。

建设项目可行性研究报告一般包括总论、建设条件、市场预测、建设地址选择方案、主要建设内容及规模、技术方案、环境保护、劳动定员及培训计划、投资估算及资金来源和构成、财务评价和国民经济评价、结论及建议、相关图纸等附件。可行性研究阶段应主要从技术、经济等方面进一步论证项目的可行性，确定工程任务、布局、规模和场址，开展方案比选，深化设计方案。部分行业颁布有本行业细化、针对性强的可行性研究报告编制规定或规程，如国家能源局发布有《火力发电厂可行性研究报告内容深度规定》DL/T 5375—2018《配电网可行性研究报告内容深度规定》DL/T 5534—2017，水利部发布有《水利水电工程可行性研究报告编制规程》SL/T 618—2021、住房和城乡建设部发布有《市政公用工程设计文件编制深度规定》（2013 版）。下面以市政排水工程为例说明可行性研究报告编制相关要求（表6-2-1）。

可行性研究报告技术文件要件及相关要求 表 6-2-1

序号	设计要件	主要内容及深度要求
1	可行性研究报告	概述；城市概况；项目建设的必要性；方案论证；推荐工程方案；主要工程量及主要设备材料；管理机构、人员编制及项目实施计划；土地利用、征地与拆迁；环境保护；水土保持；节能；消防设计；劳动保护、职业安全与卫生；投资估算及经济评价；项目招标投标内容；新技术、新材料的应用情况（必要时）；结论和存在问题
2	附件	各类批件和附件
3	附图	（1）总体布置图； （2）方案比较示意图； （3）工艺流程图； （4）水力流程图； （5）污水处理厂、再生水厂或泵站平面图，雨污水管道、再生水管道系统平面图

3. 其他

本阶段还涉及概念性方案设计、可行性研究勘察成果文件。

概念性方案设计可简称概念设计，适用于一些大型复杂工程或建设单位并无具体设想的工程项目。概念设计一般包含概念性方案构思说明书、设计图纸及评估意见等。其设计深度应满足编制下一步设计文件和控制投资的需要，如设计合同以及设计任务书中有特别的约定，其设计文件的编制应按照招标规定和要求执行。

可行性研究勘察应满足场址或线路等方案比选的要求，搜集区域地质、地形地貌、地震和附近地区的工程地质资料及当地的建设经验，在分析已有资料的基础上，通过踏勘了解项目场地或线路的地层、构造、岩土性质、不良地质现象及地下水等工程地质条件，对工程地质条件复杂、已有资料不能符合要求但其他方面条件较好且倾向于选取的场地或线路，应根据具体情况进行工程地质测绘及必要的勘探工作。

（三）项目策划——规划支撑体系

工程项目策划一般根据当地社会经济的发展趋势和近远期规划，以及经营、生产或生活的需求而提出，政府投资项目尤其是工程规模较大的项目均依据已批复的相关详细规划、专项规划来具体开展项目建设。目前，我国推行建立国土空间规划体系，经依法批准的国土空间规划是各类开发、保护和建设活动的基本依据。以北京市为例，国土空间规划分为市、区、乡镇三级，总体规划、详细规划、相关专项规划三类。以总体规划为依据、分区规划为基础，构建国土空间规划"一张图"，乡镇域规划及详细规划、相关专项规划经批准后纳入国土空间规划"一张图"中。

1. 总体规划

国土空间总体规划是详细规划的依据、相关专项规划的基础，包括城市总体规划、分区规划、乡镇域规划。

城市总体规划即市级国土空间总体规划，依据国民经济和社会发展规划以及自然环境、资源条件、历史情况、现状特点，统筹兼顾、综合部署，对城市发展战略目标和刚性管控要求作出安排，是其他各级各类国土空间规划编制的依据。范围更广，关注城市性质、发展方向及规模、用地功能分区、交通运输枢纽布置、大型公共建筑布点等问题。

分区规划即区级国土空间总体规划，是对城市总体规划要求的细化落实、对本区域国土空间开发保护作出的具体安排，统筹全域划定各类国土空间规划分区和规划单元。

乡镇域规划即乡镇级国土空间规划，是对分区规划要求的细化落实，统筹村庄布局、用地减量和生态治理。

2. 详细规划

详细规划是对具体地块用途和开发建设强度等作出的实施性安排，是开展国土空间开发保护活动、实施国土空间用途管制、核发城乡建设项目规划许可、进行各项建设等的法定依据，包括控制性详细规划、村庄规划和规划综合实施方案。

控制性详细规划则是在中观层面落实总体规划对于城市发展的安排，具体将总体规划中制定的内容和方针转译为各个地块的用地性质、容积率、绿地率等指标，同时进一步深化城市路网结构，提出具体的路网实现。控制性详细规划的核心问题就是把上位规划的意图以用地性质和指标的形式固定下来。明确不同使用性质用地的界线；规定各地块建筑高度、建筑密度、容积率、绿地率等控制指标；提出各地块的建筑位置、体型、色彩等要求。

村庄规划是做好农村地区各项建设工作的基础，是各项建设管理工作的基本依据。村庄规划应当包括规划区范围，住宅、道路、供水、排水、供电、垃圾收集、畜禽养殖场所等农村生产、生活服务设施、公益事业等各项建设的用地布局、建设要求，以及对耕地等自然资源和历史文化遗产保护、防灾减灾等的具体安排。

规划综合实施方案包括统筹建设空间与非建设空间使用量和存量更新、资源保护和建设任务、实施方式和成本控制等方面内容，作为实施土地资源整理、基础设施建设、生态治理的依据；编制实施单元内近期建设项目规划综合实施方案，明确土地权属、规划指标、城市设计要求、市政及交通条件、供地方式、建设时序等内容，并与规划年度实施计划做好衔接。

3. 相关专项规划

相关专项规划是在特定地区、特定领域为实现特定功能对空间开发保护利用作出的专门安排，包括特定地区规划和特定领域专项规划。

依据国土空间总体规划，结合五年期评估结果及经济社会发展需求、资源供给和财力状况等，与国民经济和社会发展规划同步编制国土空间近期规划，确定近期控制、引导城市发展的原则、措施以及发展重点和建设时序等，加强规划实施全过程统筹。

依据国土空间近期规划以及年度体检情况，研究确定规划年度实施计划，并与年度投资计划、土地供应计划等做好衔接，明确规划年度实施的主要内容，统筹安排城乡基础设施、公共服务设施、公共安全设施、生态环境保护项目、重大产业项目和各类保障性住房等的建设，保障国家、市、区重点项目顺利实施。

二、管理的主要内容

1. 明确项目建设需求

梳理解读总体规划、详细规划及专项规划中项目建设相关要求，结合区域社会经济发展情况和现状建设情况，综合考虑近远期建设计划及资金安排，合理确定项目建设目标及功能需求。对于重大的项目，可组织相关领域专家开展项目功能、建设标准、方案比选等论证工作。明确项目建设目标及功能需求后，应在咨询设计委托书中予以明确，设计任务书中应逐层细化分析项目建设目的、功能要求、投资指标及效益目标等，并对用地规模、建筑规模、建设标准、投资成本、设计要求、功能效益及完成时限等一系列内容提出要求。

2. 评估设计方案

设计咨询单位完成设计方案等成果编制，需经过项目实施机构审核确认后向规划、发改等部门报审。项目实施机构可委托项目管理单位开展设计方案预评估，具体评估设计方案的完整性及深度、与规划的符合性、方案的合理性、技术可行性及投资可控性等，由项目管理单位出具评估报告，组织设计单位进一步修改完善。

3. 取得立项批复

方案设计成果文件经项目实施机构审定后报至发改部门，由发改部门委托符合资质要求的评估机构进行评估。评估机构一般通过组织召开专家技术审查会来启动评估工作，可由项目管理公司协助项目实施机构做好现场勘查、汇报、答疑等工作，配合评估单位加快形成稳定评估意见，经审定的建设规模、功能、标准满足预定要求。并及时完成规划选址、用地预审等相关手续办理，推进立项批复的取得。

三、管理工作的要点

方案设计应符合国家及所在地区的规划要求，注重项目设计的生态性，考虑新技术、再生产品的应用，所用施工技术能够满足项目施工要求，工程建设周期应科学合理。投资估算编制原则、内容、计算方法也要符合国家和地方现行规定，综合考虑建设与运维成本等，评估项目建设的经济效益与社会效益。方案设计阶段管理工作要点如下：

1. 方案设计应符合上位规划

方案设计应充分考虑所在区域总体规划、控制性规划及专项规划要求。项目实施机构应重点关注项目在规划层面的符合性，确保与规划的一致性，例如与国土空间规划的一致性、与区域总体水环境格局的一致性，同时也应满足当地规划部门编制的规划设计相关导则要求。

2. 设计内容应考虑全面

对于政府投资项目，初步设计提出的投资概算超过经批准的可行性研究报告提出的投资估算10%的，需重新报批可行性研究报告。政府投资项目建设投资原则上不得超过经核定的投资概算。项目实际推进过程中，一旦取得可研批复，后续核定的概算，基本上都不会超过可研批复额度。所以项目实施单位应当加强前期工作，确保建设内容无遗漏且达到相关深度要求。对于水环境治理类项目，在管线改移、外电源设计方面容易缺漏，造成后期实施投资控制困难。

3. 从全生命周期角度论证方案

PPP项目一般涉及20~30年的运营期，应从项目全寿命周期角度考虑PPP项目成本。在开展方案设计进行方案比选时，忌重建设成本而忽略运维成本。值得注意的是，建设成本除工程费用外，还应考虑政府拆迁、征地成本。在综合考虑建设期成本及后期运维成本，计算各方案全寿命周期成本，这样经综合比选确认的方案才是全面、经济、合理的方案。

如某地区农村生活污水治理，提出污水分散处理、集中处理两种比选方案。分散处理以村为单位，单村或联村建设小型污水处理站；集中处理为将村庄污水通过管线收集接入集中建设的几处污水处理厂处理。分散处理相比于集中处理，因管线埋深浅、管径小且长度少，总体建设成本低。但从全寿命周期考虑，集中处理厂站规模大，二十余年运维费用低，且出水水质标准高，综合下来全寿命周期成本少，成效更好，最终按集中处理实施建设。

4. 考虑新技术、再生产品的应用

贯彻节约资源、保护环境要求，推进可持续发展，采用现代化的设计与管理技术提高设计质量，重视低碳、环保、可再生等绿色建筑技术在项目设计中的应用，注重新技术、新材料、新工艺、新产品的应用与推广。在技术指标符合设计要求及满足使用功能前提下，推广在指定工程部位选用建筑废弃物再生产品，做好建筑垃圾资源化综合利用工作。

第三节　PPP项目建设阶段设计管理

在PPP项目建设阶段，由项目公司组织完成初步设计、施工图设计，项目实施机构应对上述成果文件进行确认。实践中也有在概算批复后才引入社会资本方，或虽组建项目公司，初步设计、施工图设计工作仍由项目实施机构委托完成，具体需要依照PPP项目合同来执行。本节主要阐述在一般情况下，项目实施机构在初步设计管理、施工图设计管理、工程变更管理、竣工图管理等方面开展的设计管理工作。

一、初步设计阶段管理

初步设计阶段是方案设计的深化阶段，是现行基本建设程序中的一个重要阶段，初步设计文件是施工图设计的基本依据，在项目建设过程中具有承上启下的作用。

（一）阶段特点及相关成果

1.阶段特点分析

初步设计需加深各专业之间的协调联动，并解决一定的技术难点问题，内容和精度较方案设计阶段更细致，所考虑的问题更加全面，但未达到指导施工的程度，比例尺度较大。对于部分小型基建项目也可直接进行施工图设计。初步设计应遵循经济、实用、安全的原则，初步设计总平面布置及功能布局要合理，并符合规划、用地、环境保护、安全生产、消防等有关要求；各相关专业要执行国家工程技术规范和行业标准，若采用新技术、新材料，要安全、可靠、可行；概算的编制原则、内容、计算方法也要符合国家和地方现行规定。

2.技术成果文件及相关要求

（1）初步设计文件。

初步设计文件应根据批准的设计方案进行编制，明确工程的设计原则和标准、建设规模和内容、建设目的、投资效益，进一步确定拆迁、征地范围和数量。初步设计中应提出设计中存在的问题、注意事项及有关建议，其深度应能够满足控制工程投资，编制施工图设计、主要设备订货、招标及施工准备的要求。

初步设计不得随意改变批准的方案设计文件所确定的建设规模、设计方案、工程标准、建设地址和总投资等控制指标，不得突破或作重大修改，否则应按原审批程序报审批部门重新审批。初步设计文件一般包括设计说明书、工程总平面和有关专业设计图纸、主要设备材料表、工程概算书。部分行业编制有设计文件深度规定文件，如《建筑工程设计文件编制深度规定》（2016版）、《市政公用工程设计文件编制深度规定》（2013版）、《城市轨道交通工程设计文件编制深度规定》《水利水电工程初步设计报告编制规程》SL/T 619—2021等。下面以市政排水工程为例说明初步设计主要技术文件及相关要求（表6-3-1）。

初步设计技术文件要件及相关要求　　　　表6-3-1

序号	设计要件	主要内容及深度要求
1	设计说明书	概述；设计内容；环境保护；劳动保护、职业安全与卫生；消防设计；节能；管理机构与人员编制及建设进度；水土保持；征地与拆迁；运营维护；投资概算、资金筹措计划与成本；存在问题与建议
2	设计图纸	（1）总体布置图（1:5000~1:25000）； （2）污水处理厂、再生水厂或泵站：工程区域位置图、总平面图（1:200~1:500）、水力流程图（1:100~1:200）、厂(站)区竖向设计图、管线综合图、主要构筑物工艺图（1:50~1:200）； （3）排水管线：平面图（1:500~1:2000）、纵断图（横向1:500~1:2000，纵向1:100~1:200）； 主要建筑物、构筑物建筑图等； （4）其他图纸； （5）主要材料及设备表
3	工程概算书	—
4	附件	各类批件及附件
5	初勘报告	—

（2）其他。

本阶段其他成果包括初步勘察报告等。工程地质勘察报告是工程地质勘察工作的总结，根据勘察设计书的要求，考虑工程特点及勘察阶段，综合反映和论证勘察地区的工程地质条件和工程地质问题，做出工程地质评价，作为工程设计的重要资料和依据。报告内一般包括工程地质条件的论述、工程地质问题的分析评价以及结论和建议，除文字部分外，还包括插图、附图、附表及照片等。

初步勘察是在前期勘察等已有资料、地质测绘与调查的基础上，对场址或线路进行勘探和测试，查明建筑场地或线路不良地质现象的成因、分布范围、危害程度及发展趋势，为项目总平面布置提供依据，对场址或线路范围地段的稳定性作出岩土工程评价。勘察工作一般应分阶段进行，对于场地较小且无特殊要求的项目可合并勘察阶段，如场地或邻近场地已有岩土资料时，可根据实际情况，直接进行详细勘察。

（二）管理的主要内容

1. 评估初步设计报告

项目公司组织完成初步设计报告及概算编制后，应按PPP项目合同约定，及时报项目实施机构审定确认。项目实施机构或其委托的项目管理单位可组织专家会对初步设计进行评估，重点评估与可研批复的一致性、要件完整性、深度可达性、功能符合度、技术可行性及经济合理性等方面，形成评估报告。项目公司应组织设计单位按评估报告进一步修改调整初步设计报告及概算。

2. 取得概算批复意见

PPP项目初步设计及概算经项目实施机构确认后，应组织项目公司报发改等行业主管部门进行审批，由发改部门委托符合资质要求的咨询中介机构进行评估。评估单位一般以组织召开行业专家技术审查会来启动评估工作。项目公司配合评估单位进行现场勘查，做好专家会汇报准备工作，进行会中答疑并根据专家意见完善报告；加强与评估单位充分沟通，项目公司组织设计单位及时按照评估要求完善材料、答疑；针对评估单位出具的评估结果，项目公司组织复核，针对其中不合理或缺漏的部分，有理有据争取投资，避免后期投资超出概算批复。

（三）管理工作的要点

1. 应与立项批复保持一致

初步设计文件是在立项批复文件基础上的深化细化，应符合可研报告批复以及国家有关标准和规范的要求，原则上建设内容、规模、标准及方案不能随意变动或提高。项目公司应组织设计单位编制与立项批复文件对比表，说明方案、投资与批复文件的一致性，对于局部调整，应详细说明其原因，提交相关说明材料。

2. 统筹主体与专项设计

当项目公司另行委托相关单位承担专项设计时，应由主体工程设计单位提出专项设计的技术要求并对主体结构和整体安全负责。专项设计单位应依据相关规范标准要求以及主体建筑设计单位提出的技术要求进行专项设计并对设计内容负责。项目实施机构在初步设计推进过程中，应重点关注并避免出现因设计界面划分不清，导致的专项设计缺失或深度不足等问题。设计质量直接影响PPP项目的建设施工、设备采购及后续运维，项目公司组织签订的设计合同，应明确合同涉及各方的权利、义务及所应承担的责任，并对设计范围与内容、质量与进度及相关费用等应有具体详细的描述及要求，便于设计工作的合理组织与投资控制。设计合同还应约定当工程设计图纸需变更及深化时采取的具体策略，合理确定设计界面及各方责任，避免因合同设计内容规定不明确而出现纠纷，影响工程实施的问题。

3. 推进运维的前置落地

PPP项目应充分发挥社会资本方在技术、管理及运维等方面优势，项目公司在组织开展设计过程中，即应结合社会资本方既往项目运维经验，考虑运维需求，优化方案，避免设计缺陷，使设计工作更加的全面、合理，有效减少后期设计变更的产生，避免工期延误，降低建设及运维费用；避免项目因设计考虑不周，造成的项目后期运营困难、技术适用性不兼容等问题，减少后期运营风险，真正地实现项目建设功能及目标。

4. 响应落实规划等部门意见

应充分吸取规划、发改、园林、环保、道路等相关部门意见，在初步设计阶段，针对上述部门出具的书面意见，逐条予以响应落实。对未落实的情况，给出详细说明，并尽量争取其书面确认意见。熟悉、掌握当地发改部门项目概算评审基本原则，投资控制标准，在初步设计编制阶段即予以考虑。加强与发改、规划部门的汇报沟通工作，避免初步设计概算报审后出现较大调整，影响概算批复进度。

5. 控制概算投资

批准的可行性研究报告及投资估算是初步设计及概算的编制依据，初步设计及概算应在可行性研究报告及估算基础上进行编制，严格控制概算投资进行限额设计、不超过估算投资。初步设计及概算一经批准，原则上不能擅自随意调整和突破概算，是项目建设实施和控制投资的依据。因项目建设期价格大幅上涨、政策调整、地质条件发生重大变化和自然灾害等不可抗力因素等原因导致原设计方案及核定概算不能满足工程实际需要的，可以申请概算调整。

二、施工图设计及深化设计管理

施工图设计阶段是初步设计的后续设计阶段，是对项目施工影响最直接的阶段。深化设计是在施工图设计基础上的进一步细化及完善。

(一)阶段特点及相关成果

1. 阶段特点分析

施工图是设计者意图和全部设计结果的表达,是现场施工的依据,设计和施工工作开展的桥梁。在前期设计成果文件的基础上,结合建筑、结构、设备各专业相互交底及核实核对,深入了解材料供应、施工技术方法、设备等条件,把满足施工的各项具体要求反应在图纸上,完成正确、完整和详尽的建筑、安装图纸,包括部分工程的详图、零部件结构明细表等。

2. 技术成果文件及相关要求

(1)施工图设计文件

施工图最直接目的是指导项目施工,为项目施工提供操作依据的详细技术文件,建设项目各分部工程的详图、结构明细均需设计。施工图应满足施工招标、设备材料采购、非标准设备制作和施工的需要,并注明建设工程合理使用年限。设计内容要在符合国家现行标准的基础上,更细致全面和专业;与不断更新的施工技术、材料等结合,在提高施工效率的同时保证施工安全。在设备方面,应具体确定各种设备的型号、规格及各种非标准设备的制造加工图。

施工图设计的主要依据为已批准的初步设计概算及各相关主管部门批复等。应取得项目所在地相关规划部门的批复文件,需其他项目主管部门(如人防、消防、交通、市政、环保、园林等)审批的,应取得相应的审批意见。施工图设计要尤其注意项目的建设内容、使用功能、建设规模、建设标准、投资限额等,若需调整,应逐项落实,若需重新批复的,需取得相应的原批复单位的批复文件。

施工图设计一般包含工程总平面、各专业设计图纸、工程预算书等。不同行业一般编制有设计文件编制深度规定,如《建筑工程设计文件编制深度规定》(2016版)、《市政公用工程设计文件编制深度规定》(2013版)、《城市轨道交通工程设计文件编制深度规定》等。建筑工程及市政公用工程可参考住房和城乡建设部《建筑工程施工图设计文件技术审查要点》《市政公用工程施工图设计文件技术审查要点》相关要求进行施工图编制。下面以市政排水工程为例说明施工图设计主要技术文件及相关要求(表6-3-2)。

施工图技术文件要件及相关要求　　表 6-3-2

序号	设计要件	主要内容及深度要求
1	设计说明书	项目概述；设计依据；水量计算；设计内容；采用的新技术、新材料的说明；施工安装注意事项及质量验收要求；运转管理注意事项；排水下游出路说明
2	设计图纸	(1)总体布置图（1:2000-1:10000）； (2)污水处理厂、再生水厂或泵站：平面图（1:200-1:500）、工艺流程图（1:100-1:200）、竖向布置图、站内管渠结构示意图、站内排水管渠纵断面图、站内各构筑物和管渠附属设备的建筑安装详图（1:10-1:50）、管道综合图、绿化布置图； (3)排水管线：平纵断面图（横向1:500-1:2000，纵向1:100-1:200，附主要工程量表）、各种小型附属构筑物详图、倒虹管及穿越公路等详图（1:100-1:500）； (4)单体建构筑物设计图：工艺图、建筑图、结构图、采暖通风及给水排水设计图； (5)主要材料及设备表
3	施工组织设计	—
4	施工图预算	—
5	详细勘察报告	—

（2）深化设计文件

深化设计主要涉及钢结构、幕墙工程、室内精装修、弱电工程、门禁安防系统、防排烟开启系统、室外景观绿化工程、泛光照明、电梯工程及地下室支护工程等专业。一是对施工图具体构造方式、工艺做法及工序安排进行优化调整，设计具备可实施性，满足项目精确按图施工的严格要求；二是对施工图详细的工艺性节点、剖面进行优化补充，对工程量清单中未包括的内容进行补漏，便于准确调整施工预算；三是通过优化施工图，划定装饰与土建、幕墙等专业的施工界面，明确交叉施工内容，为各专业顺利配合施工创造条件。深化设计图纸是施工图的补充与完善。

（3）其他

详细勘察报告主要提出详细的岩土工程资料和设计所需的岩土技术参数，对建筑地基应作出岩土工程分析评价，并应对基础设计、地基处理、不良地质现象的防治等具体方案作出论证和建议，为施工图设计和施工提供设计计算参数和可靠依据。详细勘察主要以勘探、原位测试和室内土工试验为主，必要时可补充部分物探、工程地质测绘或勘察工作。

（二）管理的主要内容

1. 审核施工图

依据PPP合同中施工图相关约定，明确项目实施机构在施工图审查方面所需开展工作。对于PPP项目合同中，明确由项目实施机构对施工图进行确认的项目，项目实施机构在开展施工图审核时，一般要求报送以下材料：①施工图纸（含深基坑专项设计图纸）；②施工组织设计及专项施工方案；③预算报告；④岩土工程详细地质勘察报告；⑤项目公司出具的施工图审查意见；⑥施工图与可研报告、初步设计或实施方案的对比说明（包括方案及措施对比）。项目实施机构重点从施工图深度及文件完整性、与初步设计及概算批复一致性方面进行审核。

2. 推进施工图综合审查

关于房屋建筑工程、市政基础设施工程，应进行施工图综合审查。根据《房屋建筑和市政基础设施工程施工图设计文件审查管理办法》（住建部令第13号）第三条规定要求：国家实施施工图设计文件（含勘察文件，以下简称施工图）审查制度。施工图未经审查合格的，不得使用。PPP项目实施机构应组织项目公司将施工图报送建设行政主管部门，由主管部门委托有关审查机构，进行结构安全和强制性标准、规范执行情况等内容的审查。应提供的材料包括全套施工图、批准的立项文件或初步设计批准文件、主要的初步设计文件、工程勘察成果报告及结构计算书及计算软件名称等。施工图应满足以下要求：符合工程建设强制性标准；地基基础和主体结构的安全性；消防安全性；人防工程（不含人防指挥工程）防护安全性；符合民用建筑节能强制性标准，对执行绿色建筑标准的项目，符合绿色建筑标准；勘察设计企业和注册执业人员以及相关人员按规定在施工图上加盖相应的图章和签字；相关法律、法规、规章规定的其他内容。项目经审查合格后，取得建设行政主管部门颁发的施工图审查批准书。

（三）管理工作的要点

施工图可直接指导施工，在初步设计的基础上详细进行建设项目各分部工程详图、结构等设计。与上一阶段的设计文件相比，施工图设计应更加注重设计的可实施性，与现场实施条件相符，同时应关注与初步设计概算批复的一致性，不同专业设计应互相协调、衔接；预算的编制原则、内容、计算方法也要符合国家和地方现行规定。施工图设计阶段管理工作要点如下：

1. 与初步设计文件的一致性

在批准的初步设计及概算基础上，开展施工图设计。重点关注与批复的初步设计及概算是否一致，原则上建设内容、规模、标准及方案不能随意变动。重点审核建设标准、内容、措施等方面的变动情况，经批准的可研及初步设计审查意见落实情况，限额设计执行情况，施工图预算对比初设概算或实施方案概算差异的复核。

2. 施工图与深化设计衔接

应重点关注不同专业设计的协调问题及专项图纸设计的衔接，建筑类等工程应加强土建与安装、水电暖等不同专业的协调，水电管线、预埋件、预留洞等应在结构专业与其他相应专业的图纸上相互对应，避免导致后期结构拆改，造成不必要的变更、浪费工期及增加成本。

3. 与现场实施条件的符合性

施工图审核时，应对项目现场开展实地考察。结合水文地质、现场实施条件情况，审查施工图设计及施工组织设计是否与现场实际情况相符，施工方法及工艺是否具有优化空间，若采用新技术、新工艺或新材料，应进行专项论证确认；审查施工图设计是否满足项目实用或使用功能，是否存在安全隐患，若在液化土、软土地基等不良地质条件下，地基承载力处理方法是否合适；同时，审查能否满足经济性要求，并综合考虑工期因素，避免延误工期。

4. 应用 BIM 技术开展设计优化

BIM最直观的特点在于三维可视化，随着BIM技术的发展，借助其协同优势，充分发挥BIM在设计过程中的高效性和协调性，通过协调解决各专业交叉问题、精准定位设计节点位置、设计成果可视化及立体化，确保政府投资工程质量及投资效益的实现。并从单纯的设计阶段扩展到项目全生命周期，设计过程中综合设计、施工、运营等各方集体参与，优化设计成果，节约设计周期。通过利用BIM的三维技术进行碰撞检查，优化工程设计，减少在施工阶段可能存在的错误损失和返工的可能性，优化净空，优化管线排布方案。在一定程度上可减少施工阶段设计变更及后期运维问题，使项目的综合效益大幅提升。

三、工程变更管理

工程变更指工程初步设计批准之日起至通过竣工验收正式交付使用之日止，对工程在材料、工艺、功能、构造、尺寸、技术指标及施工方法等方面做出调整与改变。加强工程变更管理对于规范PPP项目管理，控制工程质量、进度和投资，提高投资效益等有重要意义。

(一) 工程变更范围及类型

1. 工程变更范围

本章节所指工程变更包括设计变更、工程洽商及现场签证。

（1）设计变更是指为保证设计和施工质量，完善工程设计，纠正设计错误以及满足现场条件变化而进行的修改或补充设计文件的行为。

（2）工程洽商是指为方便施工单位施工，由建设单位、设计单位、监理单位和施工单位等对施工工艺、工期、材料、造价及其他事项开会商议并签字形成文件的行为，包括经济洽商和技术洽商等。

（3）现场签证是指工程现场出现了与合同规定的情况、条件和事实不符的事件，为明确后续工作开展的依据或条件，签字确认相关备忘文件的行为。现场签证必须同时由建设、施工和监理等单位的现场负责人签认。

工程洽商及现场签证多与现场实施有关，主要涉及措施等的调整，以下主要介绍与项目建设的功能、标准关系较大的设计变更。

2. 设计变更类型

（1）对于PPP项目，按照发起变更单位的不同，分为项目实施机构发起的变更、项目公司发起的变更。

项目实施机构发起的变更。因项目需求变化、质量标准提高等原因提出的变更，如在项目建设中发现有文物古迹需保护、建筑工程建设标准、功能需求发生变化、原定工期变化等。

项目公司发起的变更。除项目公司为优化完善设计、提高工程质量、加快工程进度、节约工程投资等目的提出的变更外，因PPP项目中项目公司统筹勘察、设计、施工、监理工作，设计单位在工程实施中，发现需进行优化设计而提出的变更；监理单位结合现场实际情况及环境情况变化提出变更；施工单位在施工过程中，发现工程设计与施工现场的地形、地貌、地质结构等情况不一致，或调整后施工方案更科学合理而提出的变更，均应先报送至项目公司，经项目公司组织上述相关单位审查会签后，由项目公司统一报送至实施机构。

（2）根据其内容的重要性、技术复杂性和增减投资额等因素，设计变更可分为重大变更和一般变更。

一般来讲，重大变更指项目建设规模、功能、布局、形式发生较大的改变、变化的变更，不同项目类别，结合工程特征特性，有其具体的界定内容。如《水利工程设计变更管理暂行办法》（水规计〔2020〕283号）中，设定重大变更指工程建设过程中，工程的建设规模、设计标准、总体布局、布置方案、主要建筑物结构型式、重要机电与金属结构设备、施工组织设计方案等方面发生重大变化，对工程的质量、安全、工期、投资、效益、环境和运行管理等产生重大影响的设计变更。重大变更以外的其他设计变更，为一般变更，包括并不限于水利枢纽工程中次要建筑物的布置、结构型式、基础处理方案及施工方案变化等。一般变更指对工程质量、安全、工期、投资、效益影响较小的局部工程设计方案、建筑物结构型式、设备型式、工程内容和工程量等方面的变更。

（二）管理的主要内容

1. 明确变更报审原则及流程

项目实施机构组织明确变更审核原则及变更报审流程，确定变更报审范围、审核报审材料组成及具体流程。项目公司应报送的变更材料包括：

（1）变更情况：变更缘由、变更依据、变更内容、变更方案及技术经济比较；

（2）变更对工程规模、安全、投资、工期、运维等的影响；

（3）变更前后的设计图纸、变更前后工程量、投资变化对照清单；

（4）与变更相关的基础及试验资料，项目原批复文件、相关依据文件；

（5）项目公司、监理、施工、设计等单位出具的工程变更会签单。

对于变更的审核，不是确需发生就一定给予认同，需分析变更发生的原因，追究相关方责任。如由于施工单位原因、施工不当或施工错误产生的费用，项目公司应不予确认，由施工单位自行承担；同样，因项目公司统筹组织不力，勘察设计错误等原因导致的变更，原则上项目实施机构也不予确认。具体审核原则如下：

（1）按照客观合理、实事求是的原则开展审核工作，变更方案应依据充分、技术规范、经济合理，有利于节约工程成本、提高工程质量和缩短建设工期；

（2）因政府方及客观原因引起的变更，原则上予以确认；

（3）因项目公司组织勘察、设计错误，以及管理统筹不力等自身原因导致的变更，原则上不予确认增加投资；

（4）工程变更投资总额原则上财政专项资金项目不应超过财政预算批复投资，固定资产投资项目不应超过初步设计概算批复投资。

2. 处理工程变更

项目实施机构可委托项目管理单位对项目公司报送设计变更进行审核，接收变更组件后，组织设计人员开展符合性审查，核查要件完整性及深度。符合性审查通过后组织设计、造价、现场管理人员通过现场踏勘及核查内业资料，对变更文件重点从方案依据充分性、技术合规性、经济合理性等方面开展复核。如存在变更争议事项，项目管理单位可与项目公司专题研讨，形成变更审核意见报项目实施机构决策，经项目实施机构审议后对变更出具书面意见。

3. 加强变更过程管控

由项目公司组织施工单位编制变更台账，及时掌握变更数量及投资变化情况，变更台账定期报送项目实施机构。一旦发生变更，及时报审，取得项目实施机构或行政主管部门批准后，方可实施变更。变更应有预判性，应将变更引起的投资增减幅度控制在财政预算或固定资产投资概算批复范围内。

（三）管理工作的要点

1. 明确变更与图纸会审的关系

设计交底、图纸会审记录如经签认，即已成为工程技术文件，是对施工图的补充及完善。根据《建设工程施工合同（示范文本）》GF—2017—0201通用合同条款，合同文件的优先顺序中，第7项"图纸"包括由发包人按照合同约定提供或经发包人批准的设计文件、施工图等，经签认的设计交底、图纸会审记录即为设计文件的组成部分。原则上有设计交底记录、图纸会审记录并经签认，可不再出具设计变更。但对于PPP项目，由项目公司组织开展设计交底及图纸会审，一般未明确项目实施机构必须参加，对于涉及工程建设规模、设计标准等变化的重大变更，以及图纸有较大变化的变更，还需履行变更流程，报项目实施机构审查，形成修改后变更文件。

2. 把控变更报审时效性

工程变更应尽量提前，最好在开工之前发现，以更好地指导施工。对于需经项目实施机构审查的变更，应取得项目实施机构书面确认后才可实施，严格避免先实施后变更。变更处理不及时，将极大影响工程建设效率，项目实施机构收到变更申请后，应在合同约定时限内完成变更审查工作。在变更审批流程和职责管理中，可授权项目公司在特殊情况下，如出现危及生命、工程或工程相邻财产安全的紧急情况时，不必事先审批而会同工程相关单位采取一切必要处理措施，保证生命和工程安全。

3. 划分勘察设计变更责任

工程勘察、设计文件的变更，应当委托原勘察、设计单位进行，经原勘察、设计单位书面同意，项目实施机构或项目公司也可以委托其他具有相应资质的勘察、设计单位进行修改。修改单位对修改的勘察、设计文件承担相应责任。工程变更需要修改工程设计文件，涉及消防、人防、环保、节能、结构等内容的，应按规定经有关部门重新审查。

4. 分级分类处理变更

根据变更的性质，变更具体提出情况及对投资的影响建立变更分级分类审批流程，对于涉及工程建设规模、设计标准等变化，对工程的工期、投资产生重大影响的变更，必须由项目实施机构组织审查。对于一般变更，可由项目公司组织相关单位共同审查，决定是否实施，确定实施应报项目实施机构备案。通过分级分类审批，可及时处理现场的技术及施工问题，保障工程建设的有序进行，提高审批效率。涉及工程任务变化和工程规模、设计标准、总体布局等方面重大变更，还应征得原可行性研究报告批复部门的同意。

四、竣工图管理

竣工图是真实记录各种地上地下建筑物、构筑物等情况的技术文件，是对工程进行交工验收、维护、改建、扩建的依据，是国家重要的技术档案。竣工图不准确、不完整、不符合归档要求的，不能交工验收。

（一）竣工图编制形式及相关要求

依据国家基本建设委员会《关于编制基本建设工程竣工图的几项暂行规定》（〔82〕建发施字50号）、《市政基础设施工程施工技术文件管理规定》（城建〔2002〕221号），相关行业及地方竣工验收、档案管理相关规范、规程，竣工图编制形式及相关要求如下。

1. 竣工图编制形式

（1）按图施工没有变动的，由竣工图编制单位在原施工图上加盖"竣工图"标志后，即作为竣工图。

（2）一般性图纸变更，能将原施工图加以修改补充作为竣工图的，可不重新绘制，由竣工图编制单位负责在原施工图（必须是新蓝图）上注明修改的部分，并附以设计变更通知单和施工说明，加盖"竣工图"标志后，即作为竣工图。

（3）结构型式改变、工艺改变、平面布置改变、项目改变以及有其他重大改变，不宜再在原施工图上修改、补充者，应重新绘制竣工图，加盖竣工图章，重新绘制的图纸必须有图名和图号，图号可按原图编号；凡是用于改绘竣工图的图纸，都必须是新蓝图或绘图仪绘制的白图，不得使用旧图或复印的图纸。

2. 竣工图编制要求

（1）竣工图的图形和有关文字说明必须清楚准确、反映现场变更实际。做到图、物、文字一致，没有错误、遗漏和含糊不清的地方。

（2）利用施工图改绘竣工图时必须在更改处注明变更依据，即在修改时要注明设计变更单，图纸会审记录或材料代用单的编号。做到指示明确，整齐美观，以便于查阅。当无法在图纸上表达清楚时，应在图标上方或左上方用文字说明，并须标注有关变更洽商记录的编号。

（3）蓝图的更改可根据变更的具体情况选用"注改"和"杠改"（划改），不能刮改，以保持图面整洁。

（4）图上各种引出说明，一般应与图框平行，引出线不得相互交叉，不遮盖其他线条。

（5）所有竣工图均须由编制单位逐张加盖、签署"竣工图"章。竣工图章中的内容填写齐全、清楚，不得代签。竣工图章盖在图纸标题栏附近空白处。重新绘制的"竣工图"按原图编号，末尾加注"竣"字，或在新图图标的"图名栏"内注明"竣工阶段"字样。

（6）编制"竣工图"必须用碳素墨水书写和绘制，不得用其他墨水和颜色的笔绘制，以便长期保存。描绘用纸必须是质地优良，透明度好的硫酸或薄尼龙纸，描绘线条要实在，墨色要均匀，以符合复晒的要求。竣工图章应使用不褪色红印泥。

（7）同一建筑物、构筑物重复的标准图、通用图可不编入竣工图中，但必须在图纸目录中列出图号，指明该图所在位置并在编制说明中注明；不同建筑物、构筑物应分别编制。

（8）竣工图应按《技术制图 复制图的折叠方法》GB/T 10609.3—2009，统一折叠成A4图幅（210mm×297mm）。

（9）竣工图要具备完善的图样目录或文件目录。

（10）竣工图样上各专业名词、术语、代号、图形文字、符号和选用的结构要素，以及填写的计量单位，均应符合有关标准和规定。

(二)管理的主要内容

由项目公司组织施工或设计单位编制竣工图，编制时主要依据经审核的施工图、初步设计及预算批复、图纸会审和设计交底记录、设计变更通知单和洽商单、隐蔽工程验收记录、质量事故报告和处理记录、工程定位测量、施工检查测量和竣工测量等。经监理单位、项目公司审核把关后，报项目实施机构审核，主要从竣工图规范性、完整性方面开展审核工作，竣工图应满足规范要求，内容系统、完整、真实，全面反映工程施工结果，经审核合格后归档移交。

(三)管理工作的要点

1. 竣工图的系统性

竣工图的编制应按照单位工程并根据专业的不同，系统地进行分类和整理。具体图纸内容应包含图纸目录、竣工图说明、平面图、立面图、剖面图、大样节点图等。原施工图是竣工图编制的基础，一般情况下有一张施工图就应有一张竣工图与之对应，如有增减，应明确标明相关依据，并审查依据是否签章齐全。

2. 竣工图的规范性

竣工图应保证图纸质量，做到规格统一、图面整洁、字迹清晰。各专业竣工图必须编制图纸目录，作废的图纸在目录上扛掉，补充的图纸必须在目录上列出图名和图号，并加盖竣工图章和由相关人员亲自签署上姓名。

3. 竣工图的真实性

竣工图必须符合有关制图标准的要求，绘制的竣工图必须准确、清楚、完整、能够真实地反映工程实际情况。竣工图内容应与施工图设计、工程变更、洽商、材料变更、施工及质检记录相符合。

第四节　PPP项目设计管理典型案例与分析

本节以河道治理、高速公路PPP项目为例，阐述设计管理实操做法，以使读者更好地理解本章节内容，为PPP项目设计管理提供可借鉴经验。

案例一

某城市河道治理项目设计管理

（一）案例背景

某城市防洪排水河道，随着区域功能定位的调整提升，按照专项规划，需提高河道防洪排涝标准。由当地水务部门作为建设主体，通过PPP模式引入项目公司具体实施河道综合治理。治理段约5km，工程总投资约3亿元，主要建设内容包括河道扩挖疏浚、岸坡防护、巡河路及慢行系统建设、岸坡景观提升及绿化等。

（二）案例问题

1. 需综合考虑河道重要性及规划功能定位，明确河道治理后水质标准及绿化建设标准，并合理确定河道治理的具体范围。

2. 如按照河道规划平面定线对河道进行扩挖，将涉及地下管线的迁改，迁改难度较大；如不进行迁改，将影响河道排涝能力及景观效果。

3. 河道及周边区域规划有多条市政道路及桥梁，但尚未明确道路定线；周边待拆迁村庄仍未有明确拆迁计划，现状桥梁如废除，将影响两岸居民通行，如不拆除，无法实现规划河道断面，影响排涝能力及景观效果。

4. 河道扩挖产生土方量巨大，土方平衡难度较大；城市河道治理对慢行系统的连通性提出较高要求。

（三）问题分析及对策

（1）按照河道治理规划，该河道功能定位为排水、蓄涝兼风景观赏河道，考虑到河道所处的重要位置及地方财政配套拆迁资金的承受能力，经与园林绿化等部门沟通，最终确定以河道规划绿线为本次治理实施范围线。在绿线范围内，选择重要交通节点、临近周边标志性建筑物的河段，开展景观节点设计，达到城镇公园绿化标准；其他一般河段，参考景观生态林带的绿化标准。对于河道水质标准，考虑到该河道是连接上下游水网的重要配水通道，河道周边已通过其他工程完成截污治理，不存在直接污水口，在河道出入口位置各设置一处水质监测点，通过本河段绿化及生态治理措施，达到出口断面水质不恶化，即为实现水质目标。

（2）由设计单位针对地下管线是否迁改，做出具体比选方案，明确两个方案在排水能力、景观绿化、投资等方面的优缺点。由项目实施机构组织与地下管线产权单位沟通对接，了解周边其他地块涉及地下管线迁改的计划安排，最终由项目实施机构决策,将本河段与其他地块项目一起统一进行管线迁改,相关费用申请由地方财政予以支持。

（3）因道路未定线,市政部门不具备同步实施跨河桥梁的条件。考虑到周边待拆迁村庄居民的通行需求,缩减跨河桥数量,进行适当集中,充分征求属地乡镇及村委会意见,现状桥梁拆除后,通过修建临时钢便桥的方式解决现状通行需求,避免出现河道扩挖,桥梁不动的"串葫芦"问题,且后期便桥拆除可进一步回收利用。

（4）研究土方利用途径,在河道蓝线、绿线之间,通过营造景观微地形,消纳部分土方;加强与发改、园林绿化等部门沟通,掌握周边造林地块、小区垫高、地基回填等其他项目土方需求信息,寻求共赢,解决双方问题。对于新建跨河桥梁,将桥下空间的衔接列为审查重点,确保预留一定宽度及高度人行及自行车通道,遇桥时保持桥下慢行系统的贯通连接。

案例二

某城市高速公路项目设计管理

（一）案例背景

某市配套交通基础设施高速公路项目,拟通过PPP模式修建。当地政府授权交通部门作为该项目实施机构,负责全过程统筹管理项目建设,由项目实施机构与项目公司签署PPP合同,项目公司进行高速公路投资、建设及运营管理,特许经营期满后将项目资产无偿移交当地政府。该高速路线全长50km,双向四车道,预留两车道,项目总投资约155亿元,其中政府方出资约占项目总投资的25%,其余建设资金由项目公司通过融资解决。项目投资回报的保障机制为可行性缺口补助,项目公司的收入来源包括车辆通行费和广告牌、加油站的多种经营收入,以及政府按照约定通行费与执行实际通行费之间的差价进行的可行性缺口补助。

（二）案例问题

项目实施建设过程中,不可避免地将产生设计变更,如由项目实施机构对所有变更进行审核确认,涉及工作量较大,且影响工程实施推进效率;如不对变更进行审核,可能存在工程建设标准及规模不满足要求的风险。

(三)问题分析及对策

按照对项目建设的影响程度,结合项目自身特点,对设计变更进行分类,分为重大变更及一般变更。重大变更指涉及设计标准、工程规模、建筑功能等调整的变更,在本项目中明确2km以上连续路线方案发生调整、连接线的标准和规模发生变化、大中桥的数量及结构形式发生变化、隧道数量或方案发生变化、立交位置或方案发生变化、监控及通信系统总体方案发生变化,以及单项工程费用变化超过500万元等为重大变更。重大变更需按变更组件要求及变更报审流程,报请项目实施机构审查,经审查同意后,方可组织实施。对于政府相关部门批准的路线走向、设计标准和工程规模,项目公司不得擅自修改,也不能通过降低结构安全系数试图缩减投资规模。

对于除重大变更以外的一般变更,分两种情况,一种情况是为优化完善设计、提高工程质量、加快工程进度、节约工程投资等目的,由项目公司提出的一般设计变更,该类变更应符合相关技术标准和设计规范要求,且不得降低本项目的建设标准。由设计单位编制形成设计变更文件,项目公司组织对一般设计变更文件进行审查,该类设计变更引起的建设费用变化由项目公司自行承担。

另一种情况是对经政府相关部门批准的设计方案在不改变设计标准、建设规模、使用功能、主要控制点、互通立交数量等前提下,由项目实施机构提出的一般设计变更。由设计单位形成设计变更文件,项目实施机构组织对一般设计变更文件进行审查,该类设计变更引起的建设费用变化纳入总投资。

参考文献

[1] 中共北京市委、北京市人民政府关于建立国土空间规划体系并监督实施的实施意见[J].自然资源通讯,2020(8):46-49.

[2] 袁勋.BIM深化设计在施工中的应用[J].建材发展导向(下),2019,17(1):218-219.

[3] 陶海波,张远艳.BIM深化设计项目实施研究[J].四川建材,2021,47(6):56-59.

[4] 周文武.EPCO模式下景观生态绿廊工程设计管理探索[J].山西建筑,2022,48(6):190-193.

[5] 王修武,杨学平,马伟.PPP项目工程变更管理研究[J].建筑经济,2021,42(10):15-19.

导　读

　　PPP项目施工管理主要是指对项目施工进度、质量、安全等要素进行综合管理，是建设阶段管理的重点，主要任务是将项目建设投入要素进行有效组合，形成工程实体形态，进而实现项目建设目标。此阶段投资量大、周期长，需合理安排各项计划、措施、任务、制度等，保证生产活动有效实施。由于参建方多，协调关系复杂，各参建方均要实现各自的目标和利益，要进行统筹协调管理。因此，项目管理团队应清楚认识并始终保持总集成者的角色定位，围绕项目总目标，开展策划、组织、沟通、协调、控制等项目管理行为。同时，为有效提升公共产品和服务的质量及效率，需重点加强PPP项目竣工验收及建设期的过程考核，确保项目后续有效、安全和高质量地运行。本章重点讨论项目建设过程中，在规定的范围、工期、质量等目标约束条件下，通过采取进度、质量、安全、过程绩效评价等方面管理工作措施，高效实现工程项目目标。

第七章 PPP项目施工管理

第一节 PPP项目施工管理概述

PPP项目建设阶段施工管理，主要是项目实施机构按照PPP项目合同，围绕项目建设阶段绩效目标对PPP项目公司开展的监督与管理工作。

一、项目施工管理及建设绩效管理

（一）施工管理的概念

PPP项目施工管理是在项目计划方案付诸行动的过程中进行的综合性管理活动，对场地进行科学安排、合理使用，并与各项环境影响因素保持协调，是实现工程项目功能和效益的关键环节。清洁的环境、文明的施工、安全的作业、有序的场地，充分尊重和保护公共利益，是施工管理的基本要求。

PPP项目实施过程中管理的好坏，一方面可以反映出参与具体实施的施工单位、监理单位的管理水平，另一方面可以反映出整个PPP项目的管理水平，项目施工中的各项具体管理措施，都直接或间接地作用于项目现场，影响实施效果。一个文明、有序的项目现场能减少质量、安全事故的发生，提高项目的社会效益，赢得良好的社会信誉。

（二）绩效管理的概念

PPP本质是一种公共服务供给的方式，旨在为公共服务提质增效，PPP项目绩效管理是以PPP项目为载体，在项目全生命周期开展的绩效目标和绩效指标管理、绩效监控、绩效评价及结果应用等项目管理活动。

绩效评价是在项目建设过程中采用特定指标体系和统一的评价标准，按照一定程序，通过定量、定性对比分析，将质量、工期、环境保护、安全生产、社会影响等方面列入可用性指标进行考核，并将绩效考核结果与政府相关服务费支付相挂钩的一种过程控制的方法。通过绩效评价能够促进项目公司重视现场实施管理，并将与利益挂钩的做法向相关单位进行传导，促进各方共同提高施工管理水平。

二、对参建方的管理

(一)聚焦项目目标,明确管理思路

在PPP项目实施过程中,项目公司、设计单位、监理单位和施工单位等参建方虽围绕实现项目总体一致目标而共同努力,但在具体工作内容、行为方式、利益诉求等方面仍存在差异,因此需针对各参建方职责定位和业务特点,采取针对性的管理措施。PPP项目对项目公司的组织管理、施工过程进行全面监管,是管理工作的关键和最重要的内容。对其他参加方的管理应遵照公平公正的原则,严格管理、认真履职,慎重处理各方矛盾,充分尊重各方的权利与合法权益。

(二)明晰职责定位,抓住管理要点

1. 对项目公司的管理

项目公司主要承担项目的资金筹集和建设管理,负责处理与本工程相关的征地拆迁、保险、税收、治安、供水、供电、周边单位的关系协调等。对项目公司主要是督促其认真贯彻执行国家关于基本建设的法规、检查落实项目管理的各项具体措施,做好项目的组织管理和指挥调度,确保建设项目总目标的实现。

2. 对设计单位的管理

对设计单位主要是监管其建立健全设计质量保证体系,加强设计全过程的质量控制;按合同规定及时提供设计文件及施工图纸,开工前做好设计文件的技术交底工作;做好施工现场技术服务工作,随时掌握施工现场情况,解决与设计有关的问题;对工程质量是否满足设计要求提出评价意见。

3. 对监理单位的管理

对监理单位主要是监管其严格执行工程建设的法律、法规、规章、技术标准;派驻相应的监理机构、人员和设备;履行监理合同,监督合同中有关质量标准和要求的实施;进行工程质量检测,参加工程事故处理和工程验收。

4. 对施工单位的管理

对施工单位主要是监管其建立健全各项管理制度,加强对施工质量、安全、工期和文明施工全过程的控制;建立健全项目施工质量保证体系,严格按设计图纸、技术规范和监理程序施工。

三、施工管理措施

施工管理措施主要包括组织、经济、技术以及合同等方面。

1. 完善管理机构，落实组织保障

（1）充分发挥PPP项目公司的作用，督促项目公司组建强有力的管理机构，指定专门的进度、质量、安全等方面管理技术人员，明确职责分工，并督促施工、监理等参建方建立进度、质量、安全等管理系统及委任控制管理人员。

（2）为保证PPP项目监管的有效性和权威性，项目实施机构要制定并完善进度、质量、安全等各项监管标准和制度，对各方的权利和责任进行详细划分，实现对PPP项目实施过程的有效监管。

（3）项目实施机构按PPP合同约定督促PPP项目公司对进度、质量等管理的策划、实施、检查、协调等各项工作是否按计划进行。

（4）根据项目的总目标要求，编制项目的进度、质量等控制计划、各阶段的控制重点，并对各项目标进行分解，审核项目公司报送的控制计划，对不符合总体目标要求或出现的偏差进行调整。

（5）检查施工单位作业人员在专业配备和数量构成上是否满足工程目标要求，检查施工阶段材料（设备）、劳力、机械投入情况是否满足工程进度、质量等要求。

（6）制定协调工作制度，包括协调会议及工地会议等，定期和不定期召开工程进度、质量等协调会议，听取工程问题汇报，研究解决问题的措施和建议。

（7）对影响项目各项目标的干扰和风险等因素提前进行分析。

（8）做好质量、安全生产监督管理工作，确保生产工作顺利进行。

2. 加强资金管理，发挥经济效力

（1）施工过程中需项目实施机构决策的事项应按约定程序及时确定；按PPP合同约定筹措、拨付工程款，及时落实资金，及时审核签认工程款支付凭证。

（2）核查工程款投向，确保专款专用。

（3）组织开展施工中期完成的工作量审核，为进度款拨付及时提供有效依据。

（4）鼓励项目公司制定奖惩措施保证进度、质量等。

3. 规范实施程序，强化技术审核

（1）督促提前做好"七通一平"等进场前的准备工作。

（2）督促提前做好设计交底、测量交桩等工作。

（3）督促及早落实材料、机械、设备等准备工作。

（4）监督各项管控计划的实施，实际进度与计划进度不符时，督促项目公司组织参建方研究修改进度计划，报送进度调整的措施和方案。

（5）控制工程变更。工程变更多势必影响施工的计划性，直接影响进度目标的实现。在审核工程变更时，除考虑其功能和经济性外，也应考虑对施工进度的影响，做到先审核后变更，提前作出计划、安排，同时确保工程投资可控。

（6）要求项目公司督促施工单位制定特殊条件下的施工安全、质量保证等技术措施，如高空作业、有限空间作业、基坑工程等危险性较大的分部分项工程施工，以及冬雨期施工、夜间施工及合理赶工措施作业。

（7）督促项目公司及时组织中间验收、单位工程验收等。

4. 遵照条款约定，有效履行合同

（1）选择合理的合同结构，避免过多的合同界面的交叉，减少协调的工作量，便于进度管理与控制。

（2）检查合同条款执行情况，当未按合同约定完成工程任务时，按合同条款及时予以纠正。

（3）要求项目公司根据实际进度情况，结合合同有关条款约定，定期提交书面进度、质量等控制报告，由项目实施机构或委托的管理单位对每一阶段进度情况作出评价，并结合合同条款及时提出控制要求。

（4）对经过实践检验没有能力完成任务的管理人员、施工单位及其他参建方，要求项目公司及时更换。

（5）按照合同条款及时处理工期索赔。

第二节　PPP项目施工过程管理

PPP项目施工过程中，投入的人工、材料、机械等生产要素最多，施工过程中易受到天气、政策、周边环境影响，如不采取有效措施进行管控，容易导致施工进度滞后或停止。施工单位是项目的施工主体，负责组织开展具体的施工活动，但项目现场实施的进度并不是完全由施工单位来决定的。通过督促PPP项目公司开展有效的进度计划和控制，有效组织施工、监理单位以及协调其他各参建方开展生

产管理工作，是保证实施进度的关键。

质量管理是PPP项目管理的重要内容，需根据现场实施阶段的特点实施质量控制活动，严格遵守项目建设时序，规划好工程需要达到的质量目标并保证实施。

安全文明施工管理任务在施工阶段最为繁重，由于施工阶段所占的时间跨度比例大、涉及参建方众多、风险源复杂，管理的难度也最大。安全生产事故的发生关系到人身的健康与安全，社会影响大，涉及主体安全责任，需引起高度重视。

一、项目施工进度管理

（一）进度管理内容

项目具体实施由施工单位负责，但实践证明工程进度快慢不完全或不主要取决于施工单位，项目公司组织、协调及履职尽责管理同样很重要。PPP现场实施进度管理的主要内容包括：既定进度目标的论证及优化；项目控制性进度计划的编制；进度计划审核；进度计划检查与控制；进度偏差的调整，分析施工偏差产生的原因和主要责任方，提出纠偏措施，确保进度总目标的实现。

1. 分析实施环境，论证优化进度目标

项目总进度目标应该在项目决策阶段时就已经确定。进入现场施工阶段后，项目实施过程中诸多的制约因素如各种报批手续办理情况、征地拆迁进展情况、技术方案选定、设计图纸逐步完善、资金筹措到位情况等基本完成，为项目的开工建设提供了有力保障，但施工过程中项目周边环境、天气状况、政策变化、施工组织、人工费和材料费的大幅波动、合同纠纷等也会对项目进度造成影响。在这种情况下，项目实施机构必须结合项目总进度计划对现场实施进度计划进行分析论证，主要解决以下问题：

（1）总进度计划规定中前期各项工作如施工许可证办理、施工图纸、开工前准备工作等是否按期完成，如未完成需对影响实现总进度目标的程度进行分析。

（2）在当前情况下，分析实现项目总进度目标的难易程度。为实现总进度目标，对施工进度及里程碑事件提出调整要求。

（3）经分析论证，如总进度目标确实不能实现，应及时调整、优化总进度目标。

2. 立足总体计划，编制项目控制性进度计划

项目实施机构需先期进行项目整体策划，在关键时间节点及相关各项工作基础上编制施工阶段控制性计划，以此指导项目公司及各参建方编制或优化各自的进度计划并实施。

PPP项目公司、施工总承包单位等各参建方可以根据项目的特点编制项目现场实施总体进度计划、各子项目进度计划；年度、季度、月度进度计划；材料设备招标采购计划、施工专项进度计划等各类计划，以满足项目实施的需要。

3. 对照工期目标，审核进度计划合理性可行性

项目实施机构重点审核项目公司、参建方编制计划的合理性与可行性等，是否满足现场实施阶段进度总控制计划。如不能满足应要求相关编制单位予以修正。对PPP项目公司、施工单位施工总进度计划的审核是重点，主要审核施工总进度计划的工期目标、关键节点与里程碑是否符合招标文件、施工总承包合同的约定及项目公司的管理要求，并结合施工组织设计，审核施工总进度计划的合理性和可行性。

4. 开展动态控制，监督检查进度实施情况

项目实施机构应督促各参建方落实各自的进度计划，建立进度计划的落实与监督检查机制，采用动态控制的方式，对工程施工阶段的进度进行控制，而动态控制首先是信息收集、加工和报告，制定工程进度信息收集、分析与报告制度，主要包括下列内容：进度信息收集的渠道与周期、进度收集的内容、进度信息的整理分析、进度信息的报告等。

5. 深入分析原因，及时合理调整进度偏差

当实际进度与既定目标计划不一致，分析偏差原因并对关键线路工作计划进行调整，以此确保总目标的实现，可采用调整关键工作的持续时间、调整部分工作之间的逻辑关系等方法调整关键线路。

（二）进度管理对策

1. 开展培训学习，增强管理能力

督促项目公司通过定期培训、学习交流等方式提高管理人员的管理意识，提高管理人员的主观能动性，以及专业技能、管理方式、管理技巧等实操能力，提高解决问题的能力。同时，通过采取大数据、BIM技术、互联网等信息技术进行管理，提供工作效率和质量。

2. 落实计划分解，完善保证体系

完善的施工计划保证体系是保证工程按期完工的保障，掌握施工管理主动权，全面而宏观地控制整个施工生产过程，是保证工程进度的关键。从总控计划到节点里程碑、季度、月、周计划，明确各责任主体的职责，使项目施工计划管理全面深入、层次清晰，从而实现"先期策划、制定措施、明确责任、控制实施、持续改进"的思路。

二、项目施工质量管理

（一）质量管理内容

针对PPP项目现场施工的特点，全面贯彻质量方针，把握整体质量，协调形成质量内部各因素的个性和相互联系，全面推进质量管理，对项目建设至关重要。管理过程中，应该对勘察、设计、监理、施工单位质量行为，以及施工过程中的材料、设备、施工、安装质量进行控制。

质量管理重点是定期和随机抽查PPP项目公司的质量行为和参建方的质量行为，保证工程质量达到施工合同和设计合同的质量标准。要求项目所有的参建方在其企业内部形成质量管理机制，按各企业分工提高各自的工作质量。项目公司按照项目法人责任制的要求负主体责任，设计单位对其设计方案的科学性、技术经济合理性和设计深度负责，监理单位按照规定开展质量监理，施工单位按标准规范施工，材料设备生产商提供合格产品。

1. 确保依法合规，规范施工准备阶段质量管理

施工准备阶段重点审查项目公司是否按照合法合规程序选择勘察单位、设计单位、监理单位、施工单位等与工程建设相关的各个主体，确保工程项目监管实施符合《PPP项目合同》的相关规定。

质量管理方式以抽查为主，并以工程质量管理计划明确质量管理的规定动作，对关键部位、重要隐蔽工程的质量管理提出具体要求，予以指导规范。

2. 开展体系运行检查，强化施工过程中的质量监管

对各参建方在履行国家有关法律、法规及相关行业规定的质量责任和义务的情况进行监督检查，督促各参建方建立健全质量管理体系，完善质量管理制度，落实质量责任制。

（1）项目公司质量管理体系运行情况检查。重点检查内容包括：项目公司质量管理体系运行是否正常；现场质量管理及质量检查是否到位、有效；是否对监理单位的质量控制体系和施工单位的质量保证体系进行了检查；是否对设计、监理和施工等单位现场的主要人员进行了有效管理；是否及时组织单位工程验收；质量结论认定和报送核备（备案）是否及时；是否委托符合要求的质量检测机构进行了第三方检测等。

（2）设计单位质量管理体系运行情况检查。重点检查内容包括：现场设计人员是否能履行设计职责，按时参加验收或相关质量会议；图纸供应是否及时；是否进行了设计技术交底；设计变更是否符合有关变更程序等。

（3）监理单位质量管理体系运行情况检查。重点检查内容包括：监理人员质量管理制度执行是否到位；是否对进场的人员、材料、设备进行控制，对试验结果和施工方案进行审核；单元工程质量等级复核是否及时；是否组织或参与重要隐蔽单元工程（关键部位单元工程）质量等级联合签证，组织或参与分部工程验收；是否按规定对施工过程质量控制进行见证、旁站、巡视，并形成监理旁站记录、监理巡视记录、见证取样记录；是否按规定进行跟踪和平行检测；是否对质量缺陷进行备案；是否及时将原材料、中间产品及单元（工序）工程质量检验结果按月进行汇总分析并报项目公司。

（4）施工单位质量管理体系运行情况检查。重点检查内容包括：施工单位质量保证体系运行是否正常；施工组织设计、施工方法、质量保证措施、施工试验方案等是否得到批准；是否委托了有资质的检测机构开展工程质量检测工作；"三检制"执行是否规范；质量检验评定是否及时、规范；施工过程是否严格执行了有关的规程、规范和技术标准；各项程序执行是否到位，签字是否规范，签证是否及时；原材料、中间产品和工程实体质量的检验、试验的项目、频次及检测方法是否满足规范和设计要求；各类资料的收集、整理、归档是否及时、完整、规范等。

（二）质量管理对策

1. 建立管理制度，制定切实有效的实施细则

在进行PPP项目工程质量监管时，应制定切实有效的实施细则条款，具体细化到操作层面，达到可具体指导的程度。同时建立相关制度以利于监管的实施。如在施工前进行施工测量复核制度，施工图现场核对制度、施工技术交底制度、检查表分项分部单位工程质量检查申报和签认制度等，通过制度约束来促进监管的实施。

2. 突出监管重点，编制科学可行的监督计划

科学可行的监督计划能够确保监管效果，提高监管质量。监督计划的科学性主要体现在监管频次合理安排、重点部位合理标注、重点工序和时段合理划分、监督资源合理配置，监督计划下达后应根据监督实施的具体情况及时调整和补充。

3. 明确管理目标，加强质量动态管理和控制

质量动态控制的依据来源于全面质量管理，全面质量管理（TQM）强调事前、事中、事后的质量管理。明确质量管理目标，然后在工程建设过程中加强实际值与计划值比较，通过采取经济措施、管理措施、技术措施和组织措施予以纠偏改进。动态控制主要为以下三个控制点：

（1）事前质量控制。主要包括开工前的准备工作、设计交底、技术准备、质量目标、质量计划、施工方案、主要材料提前准备、施工现场的准备等，这些环节控制得好，工程开工后质量就会控制得好。

（2）事中质量控制。包括自我控制和第三方控制。自我控制指项目公司及总包方在质量管理体系的构架下，针对现场质量问题根据合同、设计图纸和相关施工与验收规范进行自检自纠。第三方控制是指项目实施机构、监理单位对施工过程中的质量问题依据设计图纸、相关施工与验收规范采用监理规程的一系列措施进行的质量控制。

（3）事后质量控制。事后质量控制的实质是质量持续改进，对施工工序进行验收，施工质量不合格坚决禁止进入下一道工序。

三、项目施工安全管理

（一）安全管理内容

PPP现场实施安全管理的主要内容包括：督促项目公司严格按照法律法规要求履行安全生产管理责任，督促各参建方根据有关要求确定安全生产管理方针和目标，建立各自安全生产组织机构和落实安全生产责任制，建立各项安全生产管理制度，健全职业健康安全管理体系，改善安全生产条件，实施安全生产标准化建设，坚持以人为本、预防为主，确保项目处于安全受控状态。

安全监督方式以抽查为主，监督检查应根据工程项目具体情况，制定检查方案，明确检查项目、内容和要求等。

1. 针对实施内容，督促落实安全生产主体责任

（1）对项目公司的安全监督检查。

对项目公司安全生产监督检查内容主要包括：安全生产管理制度建立健全情况；安全生产管理机构设立情况；安全生产责任制建立及落实情况；安全生产例会制度执行情况；安全施工措施费用管理；生产安全事故应急预案管理等。

（2）对设计单位的安全监督检查。

对设计单位安全生产监督检查内容主要包括：工程建设强制性标准执行情况；对工程重点部位和环节防范生产安全事故的指导意见或建议；新结构、新材料、新工艺及特殊结构防范生产安全事故措施建议；设计单位资质、人员资格管理和设计文件管理等。

（3）对监理单位的安全监督检查。

对监理单位安全生产监督检查内容主要包括：工程建设强制性标准执行情况；施工组织设计中的安全技术措施及专项施工方案审查和监督落实情况；安全生产责任制建立及落实情况；监理例会制度、生产安全事故报告制度等执行情况；监理大纲、监理规划、监理细则中有关安全生产措施执行情况等。

（4）对施工单位的安全监督检查。

对施工单位安全生产监督检查内容主要包括：安全生产管理制度建立健全情况；资质等级、安全生产许可证的有效性；安全生产管理机构设立及人员配置；安全生产责任制建立及落实情况；安全生产例会制度、隐患排查制度、事故报告制度和培训制度等执行情况；安全生产操作规程制定及执行情况；"三类人员"安全生产考核合格证及特种作业人员持证上岗情况；安全费用的提取及使用情况；生产安全事故应急预案制定及演练情况；危险源分类、识别管理及应对措施等。

2. 结合项目情况，加强施工现场安全生产监督

检查施工支护、脚手架、爆破、吊装、临时用电、安全防护设施和文明施工等情况；检查安全生产操作规程执行与特种作业人员持证上岗情况；检查个体防护与劳动防护用品使用情况；检查应急预案中有关救援设备、物资落实情况；检查特种设备与维护状况；检查消防设施等落实情况。

（二）安全管理对策

1. 加强法则约束，督促落实安全生产主体责任

与传统政府投资项目相比，PPP项目无论是在安全管理理念还是在安全管理模式方面都发生了很大转变。项目公司作为工程项目的投资方，是连接项目参与各方的纽带，是项目的计划、组织、协调和控制者，是否重视并积极参与安全管理对工程的安全绩效有着重要的影响，在建设工程项目的安全生产中扮演着重要角色，没有项目公司的积极参与，安全工作就无法真正实现"零事故"的目标。

管理过程中，应严格落实项目公司的建设主体安全责任，落实《中华人民共和国建筑法》《中华人民共和国安全生产法》《建设工程安全管理条例》等法律法规中建设单位（业主）应承担的安全责任，具体包括：项目公司不得迫使承包单位以低于成本的价格竞标；项目公司在编制工程预算时，应当明确建设工程安全防护和文明施工措施费用，并按期支付；项目公司应在合同中明确安全技术、防护设施、劳动保护和安全文明措施费用支付计划等条款；不得对勘察、设计、施工、监理等单位提出不符合建设工程安全生产法律、法规和强制性标准规定的要求，不得压缩合理的施工工期；应当按照合同约定按期拨付工程进度款等。

目前，虽然有关的法律法规对项目公司的安全责任有比较明确的要求，但项目实施机构应制定相应的指导手册和管理条例，进一步规范、明确项目公司在工程建设项目安全管理的形式、内容以及相应的权责。

2. 强化组织领导，建立健全安全管理体系

安全控制是一个系统工程，首先应该建立完整的组织结构，各级组织及人员应该合理分工，做到职责明晰。其次，应该配备必要的安全资源，具备安全控制的基本条件。为切实增强安全生产管理的针对性和实效性，充分调动和发挥参建各方的积极性，从工程立项开始，项目实施机构即需注重建立完善的安全管理体系，只有构建一个完善的安全系统，才能最终实现安全施工的目标。

建立安全机构，健全安全体系。项目开工前，督促项目公司、施工单位、监理单位成立安全生产工作领导小组，严格按照国务院《建设工程安全生产管理条例》要求，对施工单位、监理单位主体行为及职责做出明确要求，督促项目公司组织施工单位、监理单位各自健全安全机构，配齐安全管理人员，完善安全制度，落实安全措施，保障安全资金足额投入，健全安全生产管理机制。

同时，强化责任追究，督促项目公司建立起层层负责的安全生产目标责任制。将安全目标分解到各参建单位、各岗位，做到责任到人、细化到位，使施工现场每一个部位、每一个环节严格操作规程，加强现场防护和文明施工管理，并建立起安全隐患排查及责任追究制度。

3. 实施目标管理，抓好重点环节安全生产

施工过程中涉及的高空作业、交叉作业、深基坑作业等重点阶段是安全生产管理的关键环节，对危险因素较多的基坑开挖、桩基施工、起重设备安装等重点施工阶段，都应要求项目公司组织参建各方技术负责人精心研究制定施工方案，并加大组织协调力度，抓好施工过程的安全管理。

4. 督促履行职责，加强安全文明施工管理

项目公司需督促工程监理单位对施工单位安全防护、文明施工措施费用使用情况进行现场监理。发现施工单位未落实施工组织设计及专项施工方案中安全防护和文明施工措施的，有权责令其立即整改；对施工单位拒不整改或未按期限要求完成整改的，工程监理单位应当及时向项目公司和建设主管部门报告。

项目公司督促施工单位建立安全文明措施费使用台账，定期进行汇总后向监理工程师申报上期安全文明措施费使用执行情况，并提供监理工程师提出的所需相关凭据，经监理单位、项目公司及项目实施机构审查合格才能支付。

第三节　PPP项目验收及建设绩效管理

PPP项目建设具有耗时较长，利益主体复杂等特点，与传统模式下的项目相对比，其风险程度会更高，PPP项目绩效考核通过事中和事后的跟踪问效，及时发现防范和减少项目可能存在的问题，降低项目执行风险。PPP项目绩效考核包括建设期绩效考核、运营期绩效考核。在实践中，很多PPP项目把建设期绩效考核等同于传统模式下的项目竣工（交工）验收，只要验收合格，就支付相应的"可用性服务费"。但是PPP项目有别于传统模式下的政府建设项目，建设质量的好坏直接影响到项目在运营期能否有效、安全和高质量地运行，因此，应加强PPP项目竣工验收及建设期的过程考核。严格竣工验收、规范建设期绩效考核能够有效地提升公共产品和服务的质量及效率，防止政府在PPP项目的全生命周期承担过多的项目风险。本节从PPP项目特点分析入手，明确竣工验收前置条件及流程，阐述建设期绩效评价考核指标设定、考核方式等内容。

一、竣工验收

竣工验收指建设工程项目竣工后，由项目实施机构会同项目公司、勘察、设计、施工、监理、设备供应单位及工程质量监督等部门，对该项目是否符合设计要求以及建筑施工和设备安装质量进行全面检验，取得竣工合格资料、数据和凭证的过程。

竣工验收是全面考核建设工作，检查项目建设是否符合设计要求和工程质量要求的重要环节，是工程全部完成的标志，同时也是进入运营的前提条件，对促进建设项目及时投产，发挥投资效果，总结建设经验有重要作用。竣工验收结果也是纳入建设期绩效监测研究范围的重要内容之一。

（一）验收依据

竣工验收的依据主要包括：

（1）上级主管部门对该项目批准的各种文件；

（2）可行性研究报告、初步设计文件及批复文件；

（3）施工图设计文件及工程变更记录；

（4）国家颁布的各种标准和现行的施工质量验收规范；

（5）工程施工合同文件；

（6）技术设备说明书；

（7）关于工程竣工验收的其他规定文件。

从国外引进新技术和成套设备的项目，以及中外合资建设项目，要按照签订的合同和进口国提供的设计文件等进行验收。

（二）验收条件

项目实施机构在收到项目公司提交的工程竣工报告，并具备以下条件后，方可组织勘察、设计、施工、监理等单位有关人员进行竣工验收。验收条件主要包括：

（1）完成了工程设计和合同约定的各项内容。

（2）施工单位对竣工工程质量进行了检查，确认工程质量符合有关法律、法规和工程建设强制性标准，符合设计文件及合同要求，并提交工程竣工报告。该报告应经总监理工程师（针对委托监理的项目）、项目经理和施工单位有关负责人审核签字。项目公司组织进行了预验收、自查工作。

（3）有完整的技术档案和施工管理资料。

（4）建设行政主管部门及委托的工程质量监督机构等有关部门责令整改的问题全部整改完毕。

（5）对于委托监理的工程项目，具有完整的监理资料，监理单位提出工程质量评估报告，该报告应经总监理工程师和监理单位有关负责人审核签字。未委托监理的工程项目，工程质量评估报告由项目公司完成。

（6）勘察、设计单位对勘察、设计文件及施工过程中由设计单位签署的设计变更通知书进行检查，并提出质量检查报告。该报告应经该项目勘察、设计负责人和各自单位有关负责人审核签字。

（7）规划、消防、环保等部门出具的验收认可文件。

（8）项目公司与施工单位签署的工程质量保修书。

（三）验收内容

项目竣工验收内容主要根据批准的项目设计文件及相关行业规范、标准确定。验收内容主要包括：

（1）检查工程是否按批准的设计文件建成，配套、辅助工程是否与主体工程同步建成。

（2）检查工程质量是否符合国家颁布的相关设计规范及工程施工质量验收标准。

（3）检查工程设备配套及设备安装、调试情况，国外引进设备合同完成情况。

（4）检查概算执行情况及财务竣工决算编制情况。

（5）检查联调联试、动态监测、运行试验情况。

（6）检查环保、水保、劳动、安全、卫生、消防、防灾安全监控系统、安全防护、应急疏散通道、办公生产生活房屋等设施是否按批准的设计文件建成、合格；工机具、常备材料是否按设计配备到位，地质灾害整治及建筑抗震设防是否符合规定等。

（7）检查工程竣工文件编制完成情况，竣工文件是否齐全、准确。

（8）检查建设用地权属来源是否合法，面积是否准确，界址是否清楚，手续是否齐备。

（四）验收人员及程序

由政府方负责组织竣工验收小组。验收组组长由项目实施机构或其委托的负责人担任。验收组副组长应至少由一名工程技术人员担任。验收组成员由项目公司项目负责人、项目公司项目现场管理人员及勘察、设计、施工、监理单位与项目无直接关系的技术负责人或质量负责人组成，也可邀请有关专家参加验收小组。

验收委员会或验收组负责审查工程建设的各个环节，听取各有关单位的工作报告，审阅工程档案资料并实地查验建筑工程和设备安装情况，并对工程设计、施工和设备质量等方面作出全面的评价。不合格的工程不予验收；对遗留问题提出具体解决意见，限期落实完成。

验收程序应按照相关行业验收标准和规范执行。

二、建设绩效管理

（一）建设期绩效考核的目的

根据《中共中央 国务院关于全面实施预算绩效管理的意见》，要构建全方位预算绩效管理格局，完善全流程绩效管理链条。根据《关于印发政府和社会资本合作项目财政管理暂行办法的通知》（财金〔2016〕92号），PPP项目绩效监控主要目的：一是"确保阶段性目标与资金支付相匹配"；二是"监控中发现绩效运行与原定绩效目标偏离时，及时采取措施予以纠正"。建设期绩效评价、监测的主要目的在于考核评估建设产出相关目标完成的偏差情况，通过跟踪绩效目标体系中与建设相关的绩效指标的完成情况，为后续绩效管理及运营期绩效监测提供基础和依据。

（二）考核主体

根据财金〔2020〕13号文，"项目实施机构应根据项目合同约定定期开展PPP项目绩效监控，项目公司（社会资本）负责日常绩效监控；PPP项目绩效监控是对项目日常运行情况及年度绩效目标实现程度进行的跟踪、监测和管理，通常包括目标实现程度、目标保障措施、目标偏差和纠偏情况等"。基于以上规定，实施机构在PPP项目的过程绩效监测中应发挥主要作用。PPP项目建设期绩效监测、考核工作需要由项目实施机构联合行业主管部门、发展改革、财政、审计、监察、环保、规划、国土等相关部门，专家和公众等组建考核小组进行。目前大多数PPP项目中均包含多个不同的子项目，子项目普遍具有专业性、综合性和技术性等较强特征，根据财金〔2020〕13号文，"项目实施机构应在项目所属行业主管部门的指导下开展PPP项目绩效管理工作，必要时可委托第三方机构协助"，为保证政府付费支出与绩效考核情况相匹配，体现考核的科学性、专业性及针对性，目前多以引入第三方专业咨询机构，辅助财政部门和项目实施机构实施绩效考核，便于加强绩效考核的科学性、长效性、专业性及公平公正性。

（三）考核方式及频率

PPP项目建设期内，项目实施机构考核小组可按月、季度或年对项目公司建设管理情况进行考核。考核应在项目公司向实施机构提交进度情况报告后一定时间（一般约定5天）内完成。具体考核方式可以包括听取实施情况汇报、现场检查、资料核查、外部调查、日常抽检和记录等方式，必要时也可以采用信息化的绩效考核系统辅助，进行综合打分。如需要现场检查、资料核查的，应提前通知项目公司，给予一定的准备时间。对于考核发现的问题，可以通过整改通知单的形式书面发给项目公司，限定整改事项内容、责任人和整改期限。项目公司若是在期限范围内整改完成，应书面回复并附上整改完成的报告及影像资料，若有必要考核机构可以现场复验，确认整改完成后考核最终不扣分；如果项目公司未能在期限内及时整改并回复，将确认扣分影响绩效考核结果，实施机构有权通过提取项目公司提交的保函下的相应金额，自行或者委托第三方进行修复。

（四）考核指标体系

PPP项目建设期绩效监测，需要通过对预期产出目标的细化，筛选出与建设产出过程相关的绩效指标。

根据PPP项目综合信息平台项目库的信息公开要求，建设期内的绩效考核需要公示项目建设进度情况、项目质量符合性检查情况、项目造价等符合性检查情况。因此，建设期绩效指标体系应该以质量控制、投资控制、进度控制三大核心指标为主，同时考虑综合管理、合同管理、安全管理、环境保护和组织协调等其他相关指标，以此形成整体绩效一级指标体系框架，然后对一级指标进行分解，构建二级绩效考核指标体系。考核指标根据不同工程特性不局限于下列指标。

（1）综合管理：综合管理是体现项目公司是否规范管理、有效运转的考核指标。综合管理指标可分解为强制性标准执行、履约管理、项目推进保障、项目档案管理等二级指标。

（2）投资控制：项目投资控制的目的是降低项目成本，提高经济效益。对于项目公司来说，投资并非越少越好，而是在满足项目建设标准及功能前提下，把各项费用控制在计划投资的范围之内，保证投资目标的实现。投资控制指标可分解为资本金到位及项目融资、成本控制、工程款支付等二级指标。

（3）进度控制：项目进度控制的目的是通过采用控制措施，确保项目交付使用时间目标的实现。进度控制指标可分解为进度计划、进度完成情况、进度控制措施等二级指标。

（4）质量控制：项目质量控制的目的是致力于满足工程使用功能，符合设计要求，达到工程一次交验合格率100%。质量控制指标可分解为质量保证体系、现场实体质量、隐蔽工程/重要工序验收、材料检测、质量控制措施、质量事故/问题及处理等二级指标。

（5）安全管理：项目安全管理的目的是确保项目公司严格遵循安全管理制度，避免安全事故发生或降低安全事故造成的损失。安全管理指标可分解为安全制度及培训、专项方案、安全措施、安全事故处理等二级指标。

（6）合同管理：项目合同管理的目的是贯穿管理建设项目合同的签订、履行、变更或终止等活动的全过程。合同管理指标可分解为合同签订、合同履行、合同变更、合同终止、合同台账等二级指标。

（7）信息管理：项目信息管理的目的是督促项目公司汇集并系统化整理建设期相关信息，便于及时反馈并跟踪控制项目建设情况。信息管理指标可分解为信息收集及整理、信息质量、信息反馈等二级指标。

（8）建设现场协调管理：其目的是综合考量项目公司的组织协调能力。现场工作协调管理指标可分解为管控体系、建设参与方协调管理、作业人员管理、材料/机械管理、环境保护等二级指标。

（9）公众满意度：政府服务对象对政府工作满意程度，不仅要效率效益，更要看效果，效果往往与老百姓的认知和感受相联系，政府工作要以人民满意不满意、拥护不拥护作为根本准则。满意度指标可分解为居民满意度、举报投诉等二级指标。

（五）绩效考核

按照考核周期约定实施机构对项目公司发出通知，要求做好考核准备及配合工作，实施机构也可以委托第三方考核机构组织具体考核工作。

实施机构或者委托的第三方考核机构主持绩效考核工作会议，会议布置各项工作并执行具体考核事宜，考核结果以整改通知单形式下发项目公司，同时可抄送财政等部门。在整改限期满后，项目公司提交书面整改完成报告，实施机构或者委托的第三方和项目公司对整改问题进行复查，根据复查结果对绩效考核进行最终评分。

（六）考核成果应用

建设期内绩效监测、考核要根据过程记录及分析结果，对照建设期相关绩效目标，编制建设期绩效监测季报、评估报告等阶段性成果，并在建设期末编制完整的《项目建设期绩效监测报告》。

建设期绩效监测报告、评估报告等作为PPP项目绩效管理的阶段性成果，可以直接与政府付费挂钩，绩效考核结果优于约定标准的，执行项目合同付费、奖励条款,并可将其作为项目期满合同能够展期的依据;考核未达到约定标准的,执行合同惩处条款或补救措施。绩效考核结果还可以为后续工作开展提供参考,如可作为项目启动可用性付费的依据甚至锁定可用性付费基数的依据,作为项目运营期绩效监测、中期评估和PPP项目移交后绩效评价的依据等。

第四节 PPP项目施工管理典型案例与分析

本节通过对具体案例问题与分析,阐述现场、绩效管理实操做法,使读者更好地理解本章节内容,为类似项目管理提供借鉴。

案例一

某河道治理工程进度管理问题

(一)案例背景

该项目是市级重点建设工程,主要建设内容包括:河道疏挖治理、排涝泵站、跨河桥梁改建、绿化及景观提升等。项目总投资约3亿元,采用PPP模式,项目合作期25年(其中项目建设期2年)。当地水务部门作为本项目实施机构,并引入项目管理单位开展全过程项目管理。

(二)案例问题

(1)项目拆迁伐移制约工程进度问题。

(2)地下管线迁改多,需要解决交叉施工和施工时序等问题。

(3)改建桥梁以及穿路施工,涉及交通导行及手续办理等工作,影响实施进度控制问题。

(三)问题分析

问题1:

项目立项主体为当地水务部门,拆迁伐移实施主体为属地乡镇,本项目工程建设周期短,实现进度目标任务重。受土地流转费用低、村庄树木产权存在争议、坟墓未迁移、线路拆改未完成等问题,导致施工单位无法进场施工,且该项目河道扩挖受冬雨季施工的影响，绿化工程受植物的种植期影响，真正可施工的时间有限，对项目的进度控制提出了较高的要求。施工过程中需做好拆迁伐移推进工作，合理编排施工计划。

主要管理措施：

（1）督促项目公司与属地乡镇、园林绿化等部门加强沟通对接，及时稳定占拆图纸，确定拆迁评测等单位，项目公司配合乡镇开展踏勘、清登及预分等工作。

（2）及时组件向园林绿化部门报送树木砍伐手续，通过各级调度会议协调相关部门，加快园林等部门手续审批工作；属地乡镇与审计单位紧密配合，加快提供拆迁审计所需资料，尽快出具补偿协议结算审核报告，为拨付后续拆迁资金提供依据，解决拆迁所需资金问题，同时乡镇政府加大拆迁、伐移力量投入，尽快完成拆迁工作。

（3）督促项目公司合理编制施工计划，梳理拆迁交地计划并及时向水务部门汇报，督促项目公司与属地乡镇加强对接推进拆迁伐移工作。根据轻重缓急由水务部门协调乡镇政府有针对性地组织推进拆迁工作，必要时报请区县政府协调乡镇政府加快征地拆迁、树木伐移工作。

问题2：

地下管线迁改路由位于规划河道绿化带范围内，由北向南敷设穿越现况沟渠，本工程按照规划需扩挖沟渠断面，工程实施时需统筹考虑地下管线施工、截污管线迁改工期及交叉作业管理，以及雨季和汛期对工程实施的影响，需加强沟通协调。

主要管理措施：组织专题会议与地下管线建设单位共同研究实施方案、施工计划等，加强对接沟通，做好施工期间的交叉配合工作，由于共用施工场地，需加强现场安全管理。

问题3：

本工程河道末端需建设排涝泵站1座，泵站管道需穿越某河道防洪堤，堤路兼作社会道路，日常车流量较大，施工时需对泵站管道穿堤路段进行断路封闭施工及导行处理。导行方案编制需充分考虑绿植移植成活率、管道施工周期、导行道路结构标准、围挡设置合理性、警示标志设施设置、交通疏导措施、安全文明措施、应急处置措施等因素，确保车辆通行安全，且不发生

"12345"举报投诉等不良社会影响。

主要管理措施：

（1）督促项目公司组织施工、监理单位充分进行现场踏勘，督促项目公司合理编制导行方案、施工计划，及时向交通、河道运行管理等部门汇报导行、施工方案并办理相关手续，导行路修建及破路施工期间加强质量、安全及文明施工检查。

（2）督促项目公司认真落实三级计划体系，包括项目的总体控制计划，月、周进度计划；通过倒排工期、专题会议、现场检查等方式跟踪执行情况，收集施工实际进度数据，通过实际数据与进度计划进行对比，分析计划执行情况及影响进度的问题成因，内部问题要求项目公司采取技术、经济、合同、组织等措施进行纠偏，外部原因及时分门别类、究其原因，及时通过区县政府、水务部门协调相关部门予以解决，同时建立良好沟通机制，项目管理单位定期向水务部门报送进度计划执行情况综合评估报告以及专项建议。

（四）结论

该河道治理工程位于城市建成区，在开工前及施工过程中，充分统筹考虑拆迁伐移周期、管线拆改协作、相关手续办理等问题，未雨绸缪、计划先行，通过梳理识别本项目核心目标，确定进度控制的重点，充分考虑各种制约因素倒排工期计划，识别关键线路并重点监控，施工过程中加强跟踪及统计分析，采取必要的补救措施予以纠偏、调整。

案例二

某城市道路地下通道工程建设绩效管理问题

（一）案例背景

本道路工程全长约6km，工程内容主要包括：地下隧道长约5km，改建2座地面桥梁，新建2座人行过街设施，以及地面道路恢复、地下管线、景观绿化等，项目总投资约4亿元，采用PPP模式，项目合作期20年（其中项目建设期2年）。

（二）案例问题

（1）建设期绩效考核工作中发现项目公司管理过程中对工程质量缺乏有效监管，

项目公司质量管理人员配置不足,质量管理体系不健全,存在路面沉陷等问题。

(2)建设期绩效考核工作中发现项目公司受理各类投诉处理不及时,处理率低等问题。需规范项目实施,解决群众投诉,提高社会评价满意度。

(三)问题分析

问题1:

主要原因是社会资本母公司重视度不够,项目公司人员配备严重不足,导致管理工作脱节,同时项目公司管理人员力量、技术水平、管理能力不能满足项目建设需要;监理单位人员配置不足,实体工程质量监督把关不严。

主要管理措施:

(1)充分运用考核结果。考核结果直接与政府付费挂钩,促使项目公司高度重视项目存在的问题并积极落实整改,提高对绩效考核工作的认识;通过合同中"激励""约束"的考核条款,提高项目公司管理服务的质量和效率。

(2)建立科学的工程项目管理制度。由于PPP模式下的工程管理相较于传统的工程管理更加复杂,督促项目公司及参建方建立起科学有效的工程项目管理制度,来对项目的参建方进行规范和约束,明确管理职责及权利等。督促项目参建方结合项目施工实际情况等制定一系列切实可行的管理办法、制度,明确质量工作程序及管控措施,使项目管理的每个方面都能做到有据可依,有章可循,推进工程建设有序开展。

(3)建立质量监督监管机制。明确项目公司、监理等各方管理职责,全面落实质量管理责任制,将各自质量管理形成责任清单并互相之间有效对接,发挥各自质量管理的能动性,形成整体的质量保证体系,在项目建设过程中不断发现问题及不足并及时解决,同时实施机构与质量监督机构加强联动,定时抽查并进行长期监控,杜绝质量问题的发生。

(4)健全质量管理体系。督促项目公司正确引导各方参建人员提高质量责任认识,将质量管理工作放在重要的管理位置,在管理过程中各级管理人员要理清管理思路,建立健全各级质量管理体系,将项目各个阶段的质量安全管理要点及目标进行细化分解。同时加强日常监督管理,及时发现存在问题和隐患,要求项目公司督导各参建方及时落实。

问题2：

主要原因是项目公司对施工总承包单位管理不到位，缺乏有效管控措施；总分包管理混乱，部分分包商管理能力欠缺，分包商忽视施工质量以及安全责任等，未严格按规范施工，引发多起投诉问题。

主要管理措施：

（1）设置强制性考核指标。在PPP合同绩效考核标准的基础上，进一步细化和完善，制定出具体的、可操作性的考核标准和考核办法，完善奖罚措施。在社会责任担当中应急事件处理、各类投诉处理、重大活动配合等项中选取部分强制性指标，该部分指标要求项目公司必须完成，否则该部分评分直接全部扣完，促使项目公司必须统筹、协调、处理好社会投诉及相关民众切身利益和感受的问题。

（2）强化合同管理。一是严格合同管理，实施机构加强合同履行的监管，及时处理出现的新问题，健全合同管理考核追踪制度，定期考核合同履行效果。二是要求项目公司严格合同编制和内容审查，重点优化合同内容的符合性、合同的可执行性、合同的法律完备性，避免合同的模板化、空洞化，提高合同的可操作性，减少合同漏洞。

（3）改进管理方法，加强制度约束，提高总承包方的管理水平。督促项目公司在日常的管理中强化制度执行力度，做到令行禁止，制定操作性较强的奖惩管理办法，定期检查执行效果，严格执行奖罚制度，对违法违规行为严厉制止，全面提升总承包方的管理水平。

（四）结论

项目公司在建设期工作重点是可用性资产的形成和为正式转入运营做准备，在建设期考核指标设定上需重点把握过程控制和资产形成。绩效考核机制的最终目的是"提高公共服务的质量和效率"，在开展绩效管理工作时，应充分结合项目特点，围绕项目建设过程中"组织管理、公众满意"等"公共服务"核心指标，落实项目公司的主体责任。

参考文献

[1] 潘自强，赵家新.建设工程项目管理咨询服务指南[M].北京：中国建筑工业出版社，2017：134-141.

导 读

　　PPP项目运营是指项目公司按照PPP项目合同约定，对基础设施或公共服务项目进行运营、维护，保证在合作运营期间按照PPP项目协议约定的标准提供公共产品或服务。运营期内，项目公司作为PPP项目运营主体，提供公共产品或服务，接受项目实施机构及社会公众的监督，通过获得政府付费、使用者付费加可行性缺口补助，偿还银行贷款，收回投资成本，获取投资收益。

　　随着预算绩效管理的全面实施，绩效管理将贯穿PPP项目运营管理阶段，"花钱必问效、无效必问责"，已经成为我国财政预算管理工作的重点之一。PPP项目付费中的政府支出责任需要纳入中长期规划和财政年度预算，由此，开展PPP项目绩效管理成为政府预算绩效管理的重要内容。

　　为规范PPP项目全生命周期绩效管理工作，提高公共服务供给质量和效率，保障合作各方合法权益，财政部于2020年3月制定《政府和社会资本合作（PPP）项目绩效管理操作指引》全面指导PPP项目建设期和运营期开展绩效管理工作，从政策层面进一步明确了运期管理要求。本章在充分研究现有政策、梳理PPP相关项目合同的基础上，对PPP项目的运营绩效管理、绩效评价等方面的内容进行论述，以期为PPP项目运营管理提供指导和借鉴。

第八章

PPP项目运营管理

第一节 PPP项目运营管理概述

PPP项目运营过程中，项目实施机构作为监管者，需要对PPP项目的运营情况开展绩效管理、绩效评价，并根据评价结果进行付费。项目实施机构与项目公司等参与方利益诉求不尽相同，平衡各方利益关系是PPP项目成功的关键。因此，在PPP项目运营管理中，建立完善的绩效评价指标体系，实施公平公正的绩效管理和绩效评价，对于推动PPP模式健康发展具有重要意义。在PPP项目全生命周期开展绩效管理、绩效评价及结果应用等项目管理活动，有助于让PPP项目更好地实现物有所值、按效付费，有利于项目绩效目标的实现，提高项目的经济和社会效益。

一、运营管理主要工作

PPP项目运营管理是政府财政预算绩效管理的重要组成部分，对落实全面深化财政预算管理、促进公共服务提质增效、强化项目全生命周期管理具有重要意义。项目实施机构和项目公司作为主要参与方，在运营期围绕绩效管理和绩效评价开展工作，绩效评价结果将影响到运营付费，因此做好PPP项目的绩效管理和绩效评价是运营管理的核心工作。

（一）绩效管理

绩效管理是对项目日常运行情况及年度绩效目标实现程度进行的跟踪、监测和管理，项目公司负责日常项目运营管理，项目实施机构根据项目合同约定和行业相关要求定期开展PPP项目绩效管理。

绩效管理是对项目公司PPP合同履约的完成度的有效衡量，是对项目合同的合规性、产品和服务的有效性和服务费合理性的检查，如果有偏差，则需从制度、办法、措施等各种途径进行调节，以达成PPP合同的目标。通过对PPP合同本身的最终目标实现性进行客观衡量、总结，形成数据、资料和经验，对以后PPP项目的实施提供借鉴。

绩效管理的内容通常包括目标实现程度、目标保障措施、目标偏差和纠偏情况等，重点关注最能代表和反映项目产出及效果的年度绩效目标与指标，客观反映项目运行情况和执行偏差，及时纠偏，改进绩效。PPP项目绩效管理与传统项目的区别在于绩效管理内容重点关注绩效目标和指标，并以科学、合理、规范的绩效目标和指标管理为前提和基础。

（二）绩效评价

项目实施机构应根据项目合同约定，在运营阶段结合年度绩效目标和指标体系开展PPP项目绩效评价。绩效评价是依据绩效计划设定的目标、具体完成结果和对应的项目合同实行打分的过程，客观上是项目激励与奖惩的依据，但其主要目的在于引导各方实现项目的既定目标。

PPP项目绩效评价立足于各参与方的利益，对项目的效率、投入等展开系统、客观的评价，可以分为对经济性和社会性的绩效评价。经济绩效具体指的是对生产效率、盈利、管理等进行评价，而社会绩效则着重评价项目对社会需求、效果等展开评价。

PPP项目绩效评价的实质是对PPP项目进行评价和反馈，以及项目的效益增长情况与效率水平，评估项目绩效目标的完成度，为改善项目效率提供参考。

由于PPP项目本身具有公益性质，进行PPP项目绩效评价的过程中要注重经济与社会效益。从经济效益的角度来说，可以体现出项目投入的运营效率，从社会效益的角度来说，体现了项目对社会公共安全的意义以及所做出的贡献，体现PPP项目的有效性、经济性以及效率性。

PPP项目绩效评价结果也可作为项目实施机构对PPP项目决策的依据，利于优化资源配置，控制节约成本，提升财政资金的使用效益。绩效评价结果作为项目实施机构对项目公司按效付费的依据，能够激发项目公司运营的持续改进，不断提高公共产品质量和公共服务水平。

（三）运营付费

运营费用的支付与收取是PPP项目合作双方的主要权利义务，随着PPP项目进入运营期，双方开始履行支付义务和获取收费权利。项目公司以PPP项目合同为依据，根据实际运营工作量，结合绩效评价结果申请运营费用。项目实施机构在做好资金预算的基础上开展对运营费用的审核工作，并履行支付义务。

二、运营管理主要措施

为确保运营管理工作的顺利开展，项目实施机构应在组织建立、制度制定、合同履约、经济调控等方面重点谋划，采取各项保障措施，开展有效的管理，提升PPP项目整体运营水平。

（一）健全组织体系

按照目前政府方开展重点事项的管理组织体系惯例，一般会由项目实施机构牵头与相关单位组成领导小组或者专班，统一协调事项事务的实施，强化组织领导作用，对于专业事项还会聘请相关专业机构参与，为项目的科学开展提供管理服务。因此，PPP项目在运营阶段应建立健全组织管理体系，按照职责分工、运营管理特点，PPP项目可建立三级组织管理体系。一级组织为由财政部门、行业主管部门、属地政府等单位主管领导组成的PPP项目领导小组，负责项目进入运营期各子项目的绩效考核工作。二级组织由项目实施机构牵头，会同财政、发改等相关部门具体经办科室成立PPP项目领导小组办公室，负责日常管理、绩效管理及评价工作、总体决策及过程行政性监督，审核预算收支申请，协调解决工作中重要事项和重大问题，对项目运营的规范性、资金使用的合规性和有效性进行监管。三级组织由项目实施机构引入第三方机构，利用专业化、科学化手段，协助项目实施机构全面开展绩效管理、绩效评价及政府付费等具体工作。三级组织体系的建立，有利于开展全面项目绩效管理和绩效评价，保障运营服务费的合理性。

（二）建立管理制度

为确保运营管理工作有序开展，在健全的组织管理体系基础上，作为PPP领导小组常驻单位的项目实施机构，还应该依据合同履约要点、管理工作需求和绩效评价要点等，建立完善的运营管理制度，用于规范项目公司、项目实施机构、财政部门及领导小组成员单位按照工作职责，开展绩效管理、绩效评价、运营付费等具体工作。管理制度通常会涉及管理流程、绩效考核、资金支付等方面，还会涉及各单位管理分工等内容，如财政部门负责将运营期服务费纳入年度财政预算，负责审核、拨付运营期服务费，负责复核绩效评价报告；项目实施机构负责项目的运营绩效考核管理，统筹协调具体事项，负责出具运营绩效考核评分，负责审核、支付项目公司申请的运营期服务费，负责编制PPP项目年度绩效评价报告并报送财政部门复核等。通过建立相关制度，规范一般事项的实施流程，提供特殊事项的处置依据，指导运营管理各项工作标准化运行。

（三）履行合同约定

运营绩效管理是合同履约管理的进一步延伸，包括对合同实施情况进行跟踪，收集合同实施的信息，收集各种工程资料，将合同实施情况与合同分析资料进行对比分析，找出其中的偏离，对合同履行情况做出诊断，提出合同实施方面的意见、建议，甚至警告等内容。

在运营管理的过程中，项目实施机构还可根据合同激励约束条款，运用经济手段按期考核项目绩效目标完成情况，对绩效偏差严重的单位和相关管理机构，进行经济处罚，对绩效完成较好的给予适当奖励。从而督促项目公司提高运营维护服务、树立高品质服务意识，保障项目公司运营积极、有效地实施，也有助于项目公司实施持续化经营业务的战略，培养运营管理人才，建立管理规范、运作高效的管理体制和完善的经营机制。

项目实施机构也需要建立合同履约的保证体系，以保证合同实施过程中的一切日常事务性工作有秩序地进行，使项目运营维护全部处于控制中，保证合同目标的实现，履行合同各项约定。

第二节 PPP项目运营绩效管理

PPP项目绩效管理是对项目日常运行情况及年度绩效目标实现程度进行的跟踪、监测和管理，通常涉及目标实现程度、目标保障措施、目标偏差和纠偏等内容。PPP项目绩效管理应严格遵照国家规定、行业标准、项目合同约定，按照科学规范、真实客观、重点突出等原则开展，重点关注最能代表和反映项目产出及效果的年度绩效目标与指标，客观反映项目运行情况和执行偏差，及时纠偏。

绩效管理贯穿于整个项目运营过程，具有连续性和持续性，项目公司根据绩效目标、运营要求、合同标准组织开展运营，是项目实施机构开展绩效管理的主要基础信息。

项目实施机构负责的绩效管理是根据PPP项目特点、日常运营情况组织开展，主要是查找项目绩效运行偏差，分析偏差原因，结合项目实际，提出实施纠偏的路径和方法，并做好信息记录，同时需考虑绩效评价和付费时点的要求。

一、绩效管理操作实施

（一）绩效管理原则

PPP项目涉及公共利益，项目实施机构开展绩效管理的原则如下。

1. 确保项目运营安全稳定

PPP模式适用于基础设施和公共服务领域，该领域的主要特征是服务对象广泛，准入限制少，涉及广泛的公共利益，影响着社会公共安全。因此安全是PPP项目运营和绩效管理首先应当考虑的因素，即PPP项目运营应当首先确保提供公共产品或服务的过程中不会给群众的人身及财产安全造成损失。由于PPP项目提供的公共服务或产品具有普适性和长期性特征，所以绩效管理还必须确保项目运营能够稳定、持续地为群众的生产生活提供便利。

2. 提高运营效率和质量

在保障了运营的安全稳定后，在绩效管理过程中还要注意PPP项目运营的效率和质量，在实现高效的服务质量前提下，必须追求效率，争取以最小的成本获得最大的效能。作为运营方的项目公司也需要设计合理的运营机制以实现公共利益和公司利益的平衡，需在首先确保公共利益的实现的前提下，通过提高运营效率，维持公司正常运营并获得合理收益。

（二）实施绩效管理

1. 绩效管理方法

PPP项目绩效管理应以项目实施机构定期管理为主，通过在线监测预警与定期报送数据相结合的方式，获取项目公司运行基础信息，以及委托第三方专业机构定期开展现场监测和巡查，支撑绩效管理。

PPP项目绩效管理一般是采用目标比较法，用定量分析和定性分析相结合的方式，将绩效实现情况与预期绩效目标进行比较，收集运营过程的信息，对偏离绩效目标的原因进行分析判断，保证实现绩效目标。

2. 绩效管理程序

PPP项目绩效管理工作是全流程、持续性的管理，项目实施机构在进行绩效管理工作时应以绩效目标和指标为依据，以日常的绩效管理为基础和支撑。一般在每一运营年度的年初由项目实施机构启动绩效管理工作，项目公司负责进行日常运营情况的基础信息报告，项目实施机构负责开展绩效管理、分析和反馈运营情况，并最终报送行业主管部门和财政部门审核。一般PPP项目绩效管理工作可按以下流程进行（图8-2-1）。

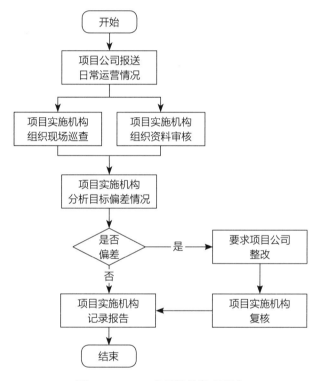

图 8-2-1　PPP 项目绩效管理程序

（1）收集项目绩效管理信息。项目公司定期报送日常运营管理情况信息，项目实施机构对照PPP项目合同中约定的绩效目标，以绩效目标执行情况为重点，通过自己或委托第三方专业机构开展现场巡查、资料审查等工作收集运营情况。

（2）分析绩效管理信息。项目实施机构针对项目公司报送的运营情况，对照绩效目标，查找绩效运行偏差，分析偏差产生的原因，并提出实施纠偏的路径和方法。

（3）结果反馈与报告。项目实施机构对项目进行绩效管理，对绩效管理过程中发现的偏差情况及时向项目公司和相关部门反馈，并督促其纠偏，形成专题报告报送相关主管部门和财政部门，为改进后续的绩效目标和绩效评价工作提供依据。

3. 绩效管理结果应用

财政部门和相关主管部门对项目实施机构提供的绩效管理专题报告反映的绩效管理结果和纠偏措施进行审核分析，涉及绩效目标和预算调整的，可提出反馈意见，并督促项目实施机构落实。

项目实施机构通过绩效管理的结果，对项目目标执行偏差进行必要的修正及调整，完善项目绩效管理办法，优化绩效目标实现路径，促进绩效目标如期实现。

对于使用者付费PPP项目及使用者付费加可行性缺口补助PPP项目，绩效管理结果也可以服务市场价格主管部门，完善市政基础设施价格机制，改进市政基础设施价格形成、调整和补偿机制，平衡好社会公众与投资者利益关系，既要保障社会公众利益不受损害，又要保障经营者合法权益。

二、绩效管理要点分析

绩效管理要点就是及时纠偏，项目实施机构应根据绩效管理发现的偏差情况及时向项目公司和相关部门反馈，并督促其纠偏；偏差原因涉及自身的，项目实施机构应及时纠偏；偏差较大的，应撰写《绩效管理报告》报送相关主管部门和财政部门。

针对合同中已明确的各级绩效目标，项目公司对日常维护情况开展日常绩效管理，主要跟踪、检查和评估合同绩效目标的实现程度，定期报送绩效管理结果。项目实施机构组织分析日常绩效管理报告，对照合同绩效管理目标，查找项目绩效运行偏差及原因，自行或委托第三方机构进行定期查验。对于与绩效目标发生偏差的情况，予以客观、准确记录，并组织相关单位、行业专家提出目标纠偏的方法、措施和路径。项目实施机构对于目标偏差形成绩效管理报告，并对于自身原因造成的偏差及时纠正，对于项目公司原因出现的偏差督促纠偏，保障绩效目标的可实现。不偏离既定目标，就代表着项目运营产出与预期基本一致，属于正常履行合同范围。

（一）确保运营稳定

1. 避免运营事故

项目在运营和维护过程中，可能会因为自然灾害、意外事故的发生或工作人员的操作失误，导致项目财产的损失、机器设备的损坏，运维管理人员在参与项目日常运营和管理中也会面临一定的人身伤害风险。也有可能存在着对周边造成环境污染的风险隐患。一旦项目出现事故或故障，将会对环境造成非常严重的影响。

绩效管理需要重点关注项目公司的管理模式、制度，将运维事故控制在风险源头，同时结合项目需要，绩效管理运营期必要保险的购买情况，合理转嫁风险。面对运营过程中环境污染的风险，绩效管理过程中还需要重点关注项目公司在项目建设运营过程的环境污染预防措施情况，强化人员对环境污染风险的防范意识，密切关注对周围环境的影响。

2. 保障运营质量

项目公司在PPP运营阶段可能因项目运维管理人员安排不当、工程质量缺陷、设备更新不及时等因素导致运维质量下降。运维质量直接与运维绩效收入挂钩，质量的下降将导致运维绩效收入的减少，若运维收入无法覆盖运维成本，很可能造成现金流的断裂。

绩效管理就需要重点关注绩效考核机制的执行，在现行政府绩效评估机构基础上，强化项目公司日常管理，完善项目实施机构绩效考核管理，考核的重点应落在项目质量和管理效率上，尽量明确、细化、量化。绩效管理还应重点关注项目公司目运维管理执行情况，制定高标准的运营维护服务标准，提高运营质量风险意识；在人员方面，聘用有丰富经验的运维工作人员，正确操作各类设备，从操作层面保证项目的运维质量。

（二）关注运营收益

1. 严格扣减机制

在执行绩效付费的PPP项目中，通常通过运营服务合同约定的绩效目标，将政府付费与对项目公司的绩效评价结果挂钩，根据设施或服务在整个项目中的重要程度以及未达到绩效标准的情形和影响程度分别设置相应的付费扣减机制。当项目实施机构对项目公司提供的公共产品或服务质量等方面的绩效考核不合格时，且在限定的宽限期内仍未完成整改，则政府将按PPP项目合同的约定扣减相应的付费。项目实施机构的绩效管理评估结果为未能达到绩效目标，会直接影响项目公司的收益，偏差越大，付费越少，收益越低。

绩效管理过程中应重点关注项目公司运营组织机构，严格落实项目法人负责制，加强沟通协调，积极调动各方力量，促进项目运营维护目标的实现。严格按照合同内容及规范落实运营维护工作，确保实现运营目标，符合绩效考核的要求。最大限度降低绩效扣减对政府付费或可行性缺口补助的风险，通过绩效考核加强项目公司的运营管理，提高服务质量，满足绩效考核的各项指标，减少绩效考核扣分。

2. 监督运营成本

在PPP项目运营过程中项目公司自身的运营问题或工程质量问题等都可能造成运营成本超支，或因税率、利率、汇率和通货膨胀率的大幅提高，融资成本的增加，不可抗力的发生，也可能导致运营期现金流入无法覆盖现金流出，甚至可能出现现金流断裂的危机。

因此，项目实施机构在绩效管理过程中应重点关注项目公司相关法律法规和制度的遵守情况，是否制定严格的财务支付审核制度，把控每笔运维资金的流向，避免因项目公司自身问题造成成本超支。同时，项目公司的财务管理工作，通过定期或不定期的检查，把握项目公司的资金使用状况。对于项目公司而言，运营期间应对各项可控成本，采取组织、技术、经济等手段，通过合理预测、过程控制、期中期末考核等方法，完成预期成本控制目标，最大限度地实现成本结余。

（三）充分考虑法律政策变化

在长达十几年甚至几十年的项目合作期过程中，国家法律政策不可能是一成不变的，这种变化会对PPP项目的运营绩效管理带来一系列问题和影响，有可能导致项目目标的提高，运营维护的标准发生偏差。PPP项目涉及的法律变更风险，考虑到PPP的操作性以及共担原则，原则上是由项目实施机构和项目公司双方共担。

绩效管理过程中政策法律变更应对，需要充分依托PPP项目合同。通常在PPP项目合同会明确约定当发生法律变更对项目的正常运营产生影响时的相关处理方式。例如，任何一方可致函另一方表明对其可能造成后果的处理意见和结果，包括因此导致的对项目收益损失、成本变动的影响，并在此问题上尽快协商或启动再谈判程序，以使问题获得有效的解决。因此，如确实发生影响运营目标实现的法律政策变更，需要在项目实施机构绩效管理过程中如实记录、反馈，及时按照合同约定的相关条款进行执行，并区分运营维护过程中目标实现程度与法律政策变更的关系，确保项目正常运行，也为后期目标调整做好基础信息收集。

（四）做好项目终止预判

实践中，PPP项目合同一般都约定了项目公司的严重违约事项，如工程质量不合格、擅自停止运营、未对项目设施设备进行定期维护等，以及导致合同终止时的处理措施。如果项目公司运营维护过程中，长期或者多次无法达到绩效标准，或者未达到绩效标准的情形非常严重，这就意味着项目实施机构绩效管理的纠偏工作未能充分实现，如未能尽早地在结果反馈过程中予以体现，可能在项目公司构成严重违约从而导致突然合同终止时，项目实施机构又未能做好充分的项目终止准备，势必会带来不必要的损失。

绩效管理过程中项目终止风险的应对，项目实施机构应该深入分析项目公司的日常运营情况报告，评估项目目标的实现程度，在绩效管理过程中对项目目标执行偏差必须严格把控，及时修正与调整，如实记录全部过程，定期进行结果反馈。同时，对于多次出现无法达到绩效目标的情况，还要充分做好项目移交准备工作，项目实施机构应提前谋划组建项目移交工作组，按照项目合同中约定移交形式、补偿方式、移交内容和移交标准等需求，通过绩效管理收集项目执行过程中的各项信息，组织开展移交工作。

第三节　PPP项目运营绩效评价

运营绩效评价是PPP项目中政府向项目公司付费的主要依据，是评价项目公司提供公共服务质量及效率的依据，是PPP项目中利益和风险分配的核心。PPP项目运营绩效评价的主体是项目实施机构以及相关行政主管部门，考核的对象为项目公司，考核内容主要为PPP项目的绩效目标实现程度、项目运营管理与维护、资金使用、公共服务质量、公众满意度等，评价目的是根据评价结果按合同约定对价格或补贴等进行调整，激励项目公司通过管理创新、技术创新提高公共服务质量。

绩效评价与绩效付费密切联系。由于使用者付费项目是由最终消费用户直接付费购买公共产品和服务，通常项目公司直接从最终用户收取费用，政府可能难以对其进行绩效考核并将考核结果与最终消费用户直接付费挂钩，因此，绩效评价主要适用于政府付费和可行性缺口补贴项目。

PPP项目绩效评价工作具有较高的复杂性和专业性，需要各相关单位密切配合，在绩效评价工作中充分发挥各自领域优势。其中，项目实施机构应统筹实施PPP项目的绩效管理工作，其他相关部门可从各自角度对绩效评价工作给予协作。

比如，行业主管部门及项目实施机构主要关注项目设施的运营水平，财政部门最关心政府付费的计算依据、与产出绩效的挂钩情况，发改部门主要关注项目各项手续的办理情况，和最终的产出绩效。

对于专业性较高的PPP项目（如智慧城市、科技、医疗等），项目实施机构如没有能力对运营质量作出科学判断，则应当充分利用第三方专业机构或者专家，通过评审会、现场踏勘、出具专业报告等形式，为主管部门评价项目设施运营质量提供科学依据。

一、绩效评价操作实施

在PPP项目运营期阶段，项目实施机构根据项目合同，依据总体绩效目标、年度绩效目标的实现程度，结合运营报告的跟踪、反馈情况，定期组织运营绩效评价，为运营期服务费提供支持依据。运营绩效评价前应先编制运营绩效评价工作方案，绩效评价工作方案通常包括项目基本情况、绩效目标和指标体系、评价目的和依据、评价对象和范围、评价方法、组织与实施计划、资料收集与调查等内容，其中运营期首次编制的绩效评价工作方案应通过项目实施机构组织的专家评审。

项目实施机构组织实施绩效评价应严格按照工作方案、政策规定进行，可采用定量与定性分析相结合的方法开展具体工作，并形成绩效评价报告。项目实施机构与项目公司认可、无异议的绩效评价结果，是按效付费、落实整改、监督问责的依据。项目实施机构根据项目合同已确定的评定和付款条款，对于高于绩效目标的，执行项目合同中的奖励条款；对于未达到绩效目标的，执行项目合同约定的违约条款，从调整可用性服务费、运营服务费的支付比例、项目执行期限、项目调价触发等方面进行处置，还可作为项目期满后是否继续延期的考量因素。

（一）绩效评价原则

开展PPP项目绩效评价应遵循以下原则。

1. 科学规范原则

绩效评价应按照规定的程序和要求进行，既要有定量比较也要有定性的分析、判断与描述。评价指标设置的科学性、评价标准的合理性，既要有定量指标也要有定性指标，指标权重应通过专家论证等方式确认。

2. 公正公开原则

评价主体应当站在公正的角度，给出真实、客观的绩效评价结论，依法在PPP信息平台公开并接受监督。

3. 全面系统原则

PPP项目绩效评价应当对项目的实际情况进行全面系统考察，包括但不限于对项目绩效目标设定的合理性或者达成情况、公共产品或服务的数量与质量、运营管理与创新、公众满意度与可持续发展能力等方面进行综合评价，既要有定量评价也要有定性分析。

4. 目标导向原则

绩效评价应当针对项目目标进行，其中，绩效评价应以项目拟达到的绩效目标为评价标准，运营期绩效评价应以合同约定的绩效目标为评价标准，评价结果作为政府决策、付费或者调价的依据，或者为后续管理和决策提供参考。

5. 分级分类原则

PPP项目绩效评价由项目实施机构根据评价对象的特点分类组织实施，针对PPP项目的特点设计评价标准、评价指标体系，依法依规并结合项目实际对项目公司做出客观的评价。

（二）绩效评价方法

常用的绩效评价方法，主要有投入产出对比法、比较分析法、因素分析法、最低成本法和公众评判法，最低成本法更多地应用于项目公司的内部绩效评价，其他评价方法既可适用于政府作为评价主体的绩效评价，也可用于项目公司的自我评价。

PPP项目运营绩效评价管理可采用定性评价与定量评价相结合的评价方法，对PPP项目的绩效实现情况做出客观、全面、系统的评价。根据绩效评价指标体系构建基础的不同，并参照我国政府投资项目绩效评价管理办法相关精神，选择各PPP项目适用的绩效评价方法。

1. 主要评价方法

（1）投入产出对比法，是指将项目绩效评价期内的项目投入与产出进行对比分析，以评价绩效目标达成情况。

（2）比较分析法，是指通过对绩效目标与实施效果、历史与当期情况、不同部门和地区同类支出的比较，综合分析绩效目标实现程度。

（3）因素分析法，是指通过综合分析影响绩效目标实现、实施效果的内外因素，评价绩效目标实现程度。

（4）最低成本法，是指对效益确定却不易计量的多个同类对象的实施成本进行比较，评价绩效目标实现程度。

（5）公众评判法，是指通过专家评价、公众问卷及抽样调查等对财政支出效果进行评判，评价绩效目标实现程度。

（6）目标绩效考核法（Management by Objectives，MBO），是以彼得·德鲁克的目标管理思想为基础，以PPP项目实施方案确定并在PPP项目合同明确约定的PPP项目目标和评价标准、指标体系为导向和依据，考察PPP项目的绩效目标实现情况的一种绩效评价方法。

（7）关键绩效指标法（Key Performance Indicator，KPI），是将关键指标当作评估标准，把项目公司的绩效与关键指标作出比较的一种评估方法。在一定程度上可以说是目标管理法与帕累托定律（"20/80"定律）的有效结合。

（8）平衡计分卡法（Balanced Score Card，BSC），是依据哈佛大学教授罗勃特·普兰创立的平衡计分卡，从财务、客户、内部运营、学习与成长四个角度，将组织战略落实为可操作的衡量指标和目标值的一种新型绩效管理体系。

（9）逻辑框架法（Logical Framework Approach，LFA）是由美国国际开发署（USAID）在1970年开发并使用的一种设计、计划和评价的方法。目前有2/3国际组织把它作为援助项目的计划、管理和评价方法。它是基于对一个具体问题或事件从产生、发展、结束到影响"全过程"的重点分析，着力对宏观目标、具体目标、项目产出、项目投入四个要素之间的逻辑关系进行分析、评估或考核。它是通过应用逻辑框架法来确立项目宏观目标、具体目标、项目产出、项目投入四个要素之间的逻辑关系，并据此分析项目的效率、效果、影响和持续性。

2. 评价方法选择

PPP项目绩效评价的目的在于让基础设施或公共服务设施良好运营、服务公众，而不是为了处罚项目公司，因此项目实施机构对整改事项的过程监管是非常必要的。绩效评价管理应当是持续跟踪项目公司的整改进展，及时对相关问题进行纠偏、指导，如果项目公司确实没有及时落实整改事项，持续的过程监管也可以为后续绩效评价提供依据。

PPP项目的运营绩效评价管理必须以PPP项目合同约定的绩效目标的实现程度作为核心考量标准，通常采用以绩效目标为标准的比较分析法作为主要评价方法，将其他评价方法作为辅助方法。绩效评价应当偏重项目公司对整改工作的实际完成情况，比如完成时间、完成进度、完成质量等，建议适当提高该项指标的分值权重，倒逼项目公司积极认真完成整改。另外，PPP项目绩效评价是作为政府付费、政府发放奖励金、调整公共产品或服务的价格、政府扣款、提取保证金等相关事项的依据，而且PPP项目的目标往往是多重的并涉及公众利益，因此，无论采用哪种评价方法都必须既有定量评价也有定性评价才能对PPP的绩效实现情况作出客观、全面、系统的评价。

（三）绩效评价程序

一般项目绩效评价的基本程序包括组织安排、收集资料、审查分析和编写报告四个环节，也可委托第三方咨询机构完成。PPP项目绩效评价工作程序通常包括前期准备、绩效评价实施、绩效评价管理三个步骤。评价程序的各个环节中，均有政府部门的参与，即使该项评价工作是委托第三方机构进行的，也有政府相关部门的人员参与其中；遴选的专家至少包括工程技术、项目管理、财务等领域专家；评价结果须经政府行业主管部门审核并报财政部门备案，作为政府付费和调价的依据；依法公开绩效评价信息，接受监督。

PPP项目绩效评价工作程序通常应包括以下环节：

（1）前期准备环节，包括确定绩效评价项目、明确绩效评价要求与主体（财政部门或项目实施机构自行开展或委托第三方专业机构开展）。

（2）绩效评价实施环节，包括遴选专家组建绩效评价工作小组，制订绩效评价工作方案，具体包括项目概况、评价思路、方法手段、组织实施、进度安排等；收集绩效评价相关资料并开展公众满意度调查，审查核实绩效评价资料，综合分析确定评价结论，撰写并提交绩效评价报告。

（3）绩效评价管理环节，包括将绩效评价结果提交政府指定部门，作为政府付费与奖惩或调价或整改或办理移交的依据，建立绩效评价档案，依法公开绩效评价信息。

具体工作程序如图8-3-1所示。

（四）绩效评价成果

PPP项目绩效评价主体应按照要求完成项目绩效评价并撰写、提交PPP项目《绩效评价报告》。PPP项目《绩效评价报告》是对PPP项目公司在项目合作期间

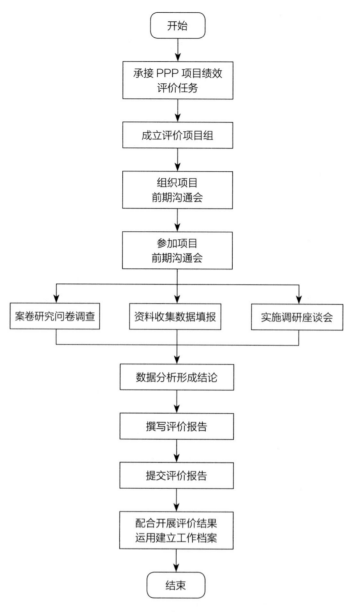

图 8-3-1　PPP 项目绩效评价程序

截至评价时间点的实际绩效目标、关键绩效指标及其相应的工作完成情况、存在的问题及改进下一步工作的意见和建议的陈述性文件。

1. 评价成果质量要求

PPP 项目《绩效评价报告》应当包括存在问题、原因分析及相关建议，项目实施机构应督促项目公司及时整改绩效评价过程中发现的问题。项目公司对存在问题的整改落实情况，是绩效评价工作能否达到预期目标的关键。对 PPP 项目而言，绩效评价不是目的，而是手段，所有的绩效评价过程工作都应该最终落实到对存在问题的整改上。只有项目公司按照要求对所有存在问题积极整改到位，才能保证整个绩效评价工作形成完整闭环，保证实现所有绩效目标。

PPP项目《绩效评价报告》应符合实用性、真实性、针对性、公正性、明确性的要求。绩效评价报告是绩效评价结果运用的主要依据，应当满足依据充分、结构完整、数据准确、资料真实、分析透彻、逻辑清晰的要求，必须客观、公正、准确地反映项目的绩效情况。绩效评价报告应当提交评价主体进行科学性、合规性审核。

2. 评价成果应用

运营过程中的《绩效评价报告》，是开展绩效管理和付费的依据，具有评估和预警作用。PPP项目运营期绩效评价报告需要将截至项目评价时间点项目的实际绩效目标、关键绩效指标及其相应的工作与确定的评价标准，如绩效计划目标标准与行业标准等进行比较，判断其完成情况，对未完成的指标和内容进行分析，找出导致问题的原因，并对存在的问题有针对性地提出改进的意见和建议。

运营结束后的《绩效评价报告》具有规范和引导作用。PPP项目运营结束后绩效评价报告是对本项目实施结果的全面总结和评价，报告结论需满足客观、公正、系统全面，既肯定成绩也找出不足，并分析产生问题的原因和改进建议等要求。因此，具有规范PPP项目运作，引导其他类似项目科学决策与管理的作用。

（五）绩效评价申诉

由于PPP项目涉及利益群体众多，评价目标具有多样性，不同于一般的企业评价和项目评价，不仅要对经济效益进行评价，还需考察项目公平性、可持续发展、效率性等因素。而且，在PPP项目绩效评价过程中，评价主体受其主客观条件的影响和制约，难免遗漏有关信息，出现评价偏差的现象，因此为了保障评价结果的客观公正及有效运用，可建立相应申诉机制。

PPP项目绩效评价申诉，是指项目实施机构的主管部门依照项目合同、法律或规章对项目公司提起的申诉进行审查、调查并提出解决问题办法的过程。评价申诉的前提是项目公司认为项目实施机构的行为不当，对项目实施机构所作出的评价结论持有不同意见而提出投诉。评价申诉的目的是确保评价结果的客观公正。项目公司对项目实施机构的评价方法、评价内容、评价程序及所作出的评价结果持不同意见，都可以进行申诉。

PPP项目绩效评价申诉是对项目绩效评价的一种约束。评价申诉的程序一般经过受理审查、调查落实、提出解决问题办法三个阶段。受理审查是确定评价对象的投诉是否要受理，并非对每个投诉都毫无选择地展开调查。纳入受理的投诉必须满足一些基本条件，这样能保证项目实施机构的主管部门集中力量，有针对性地展开调查。调查是因接受投诉而展开，是评价申诉过程中带有实质性的环节。在调查过程中，项目实施机构的主管部门可向适当的部门获取与评价内容有关的资料，也可以从能够提供资料的部门获取，在符合限制性规定的情况下，收集各种资料。处理是项目实施机构的主管部门根据其调查的结果对评价结论做出的一种评判。如未解决，项目公司可以通过司法程序进行申诉处理（图8-3-2）。

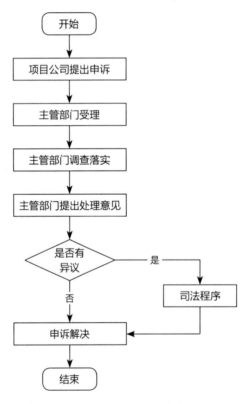

图 8-3-2　PPP 项目绩效评价申诉程序

评价申诉的最后处理结果，既要还项目公司一个公道，也要帮助项目实施机构消除误会。最后，评价项目实施机构的主管部门还要切实加强对申诉处理决定执行情况的监督，确保申诉处理决定在执行中落到实处。

二、绩效中期评估

PPP项目绩效中期评估，是由行业主管部门组织相关专家或委托第三方机构对正在运行的PPP项目进行的阶段性评估，旨在客观评价PPP项目的服务质量和运营效率，为政府监管工作的调整及相关协议条款的调整提供参考。对于运营期较长的PPP项目来说，定期开展中期评估十分必要。

（一）中期评估内容

中期评估是政府对PPP项目运营期进行监管与调控的手段。一般每3~5年，项目实施机构组织对项目开展中期评估，重点评价对项目环境变化、项目运行进展、项目实施风险、项目运营经验、项目合规与适应性、项目风险变化等方面进行评估，根据评估结果，制订改进措施，报财政、发改等部门审核或备案。

中期评估由项目实施机构发起，项目实施机构组织其他政府相关部门及有关专家组成评估小组对项目公司的运营维护进行评估。评估内容包括确认项目公司运营是否实现了合同约定目标、项目公司在运营期内的运营维护状况等。评估小组在评估工作结束后向项目实施机构提交评估报告，报告内容包括评估结果、对PPP项目运营管理的建议。

项目实施机构有权决定是否采纳评估小组所提出的建议，如评估小组提出的建议被采纳，项目实施机构应组织项目公司在运营过程中落实评估小组提出的建议。

（二）中期评估意义

对于项目实施机构而言，中期评估可以帮助其进一步了解项目进展和运营情况，尤其是面对较为专业和细节的问题，项目实施机构无法及时完成调研和深入了解，通过专业评估可以发挥重要作用，为其提供有效的参考信息。同时，中期评估有利于项目实施机构调整运营管理的方向和重点，充分发挥项目实施机构的监管职责。

对项目公司而言，中期评估是项目公司从另一个角度了解运营的效果，为项目公司提升自身管理和运营水平的提供参考。同时，中期评估搭建了政企沟通的有效桥梁，对项目运营中发现的相关问题双方共同积极寻求解决途径，是双方共同推进PPP健康发展的有力工具。

三、绩效评价管理要点

（一）制定绩效评价计划

制定PPP项目绩效评价计划，是执行PPP项目绩效评价首要环节，是PPP项目实施机构和其他利益相关方共同讨论以确立考核期内该完成的工作和达成预期成果目标的过程，其主要工作包括PPP项目绩效指标的选取、绩效标准的制定或绩效目标的制定。

PPP项目绩效评价指标体系可以直接沿用PPP项目合同中已经通过契约条款约定的绩效考核指标。如果PPP项目合同中的绩效考核指标无操作性或不合理，需要通过签署补充协议的形式更改其中的绩效指标体系。如果PPP项目合同中没有明确绩效考核指标体系，项目实施机构可以借鉴同属性项目绩效的情况，重新编制绩效考核以及按效付费的方案，并经过项目公司认可后实施。

对于绩效评价的标准，可以选择该项目所在领域的示范项目作为标准，也可以根据行业内平均运维水平以及绩效水平作为参考。PPP项目的绩效评价计划应随着项目的实施动态调整。

（二）组织绩效评价实施

绩效评价实施应贯穿整个运营周期。通过过程考核台账记录、设施现场维养状况考评、调查问卷等获得绩效考评依据，对于绩效整个过程的数据收集，需要事先落实部门责任，加强参与各方的沟通，才能够使获得的数据和记录真实和客观，对于一些带有主观性的判断，如公众满意度考评，数据的收集要尽量地加大取样量，保证考核指标符合实际。

（三）绩效评价结果运用

PPP项目评价结果的反馈与应用，是根据绩效计划阶段的关键绩效指标、绩效实施过程中所记录的实际绩效数据，如过程台账、经营指数、财务指数等，对项目公司采取相应的激励和惩罚措施，以此来提高PPP项目的绩效评价的效果，政府财政部门根据绩效评价结果，按效付费。

1. 改善运营管理的手段

PPP项目绩效评价是PPP运营管理的重要手段，绩效评价的根本目的是为

PPP项目运营管理提供依据，以促进PPP项目可持续发展。开展绩效评价有助于项目公司总结绩效管理业绩，发现绩效管理存在的问题并研究提出改善绩效的意见，同时也是对项目公司进行激励的手段。通过评价，奖优罚劣，对项目公司起到惩戒、促进作用。绩效评价以目标为导向，强调对项目公司行为的引导，促使项目公司加强对项目的运营。

2. 开展按效付费的基础

PPP项目运营过程绩效评价结果是政府付费、政府监管与奖惩、公共产品或服务调价、项目公司技术与管理创新及强化管理的主要依据。PPP项目运营绩效评价结果既是对本项目实施结果的总结和评判，更可以为其他类似项目决策与管理提供借鉴。

采用政府付费、可行性缺口补助回报机制的项目，其财政补贴与项目绩效评价结果挂钩，政府承担的项目建设投资支出和运营补贴支出均应根据绩效评价结果进行支付，具体绩效挂钩方式以PPP实施方案、PPP项目合同的相关约定为准。

3. 主管部门决策的依据

PPP项目运营评价成果纳入对项目实施机构及行业主管部门、预算主管部门工作目标考核范畴，建立问题整改责任制和绩效问责机制，作为改进政府管理效能的依据。绩效评价结果可作为政府PPP项目决策的依据和运营服务费调整的依据。

第四节　PPP项目运营付费

PPP项目完工后进入运营期，由PPP项目公司进行运营维护工作，应根据《PPP项目合同》约定和绩效考核结果进行付费。PPP项目运营阶段绩效考核机制的建立和付费管理对维持PPP项目平稳运营具有十分重要的作用。

一、运营付费构成

PPP项目运营付费由可用性服务费及运营服务费构成。可用性服务费及运营服务费的计算基数、单价、支付条件、支付节点及支付比例等应在合同中予以确定。运营付费将贯穿整个运营期，每次服务费用支付一般包含三部分内容，第一部分是固定比例的可用性服务费，按照合同约定时间点进行支付；第二部分是参与绩效评价的剩余比例可用性服务费，将根据绩效考核结果进行支付；第三部分是运营服务费，根据绩效评价结果进行支付。通常情况，可用性服务费以年为单位进行支付，运营服务费以季度为单位支付。

（一）可用性服务费

可用性服务费是指PPP项目公司投资建设符合适用法律和合同约定的完工验收标准的项目设施所投入的资本性支出而获得的服务费用，主要包括项目建设投资、税费及必要的合理回报等。其作用为返还PPP项目公司前期资金投入，实质构成为PPP项目公司实际投资额加投资收益。根据《关于规范政府和社会资本合作（PPP）综合信息平台项目库管理的通知》（财办金〔2017〕92号），项目建设投资应参与绩效考核，且与绩效评价结果挂钩部分占比不低于30%。可用性服务费通常采取后付费方式，按年予以支付。

（二）运营服务费

运营服务费是指政府方依据PPP项目公司所提供的项目设施或服务的实际量来支付的服务费。运营服务费需与绩效评价结果挂钩。对于未达到绩效标准的情形，视影响程度扣除相应运营服务费，扣除比例应在合同中予以确定，PPP项目公司应及时采取补救措施，如长期无法达到绩效标准，或未达到绩效标准的影响程度非常大，有可能构成严重违约从而导致合同终止。

二、运营付费程序

在签订PPP项目合同之时，政府方与项目公司就可用性服务费的计算基数、计算方法、运营服务费及对应的运营方案予以确定，并对运营服务费的调整也进行了约定。一般情况下，对单价的调整、工作量的调整等都会严格约定。

项目正式进入运营期后，项目公司应根据合同约定的付费节点申请可用性服务费及运营服务费，政府方会定期组织绩效管理和绩效评价，绩效评价的结果作为可用性服务费和运营期付费的依据（图8-4-1）。

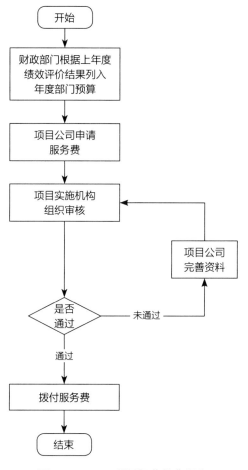

图 8-4-1　PPP 项目运营付费程序

（一）安排年度预算

政府方应根据上一年度绩效评价结果及合同的相关约定，测算运营付费金额，并向财政部门申请安排年度预算，由财政部门审核、落实本年度运营付费预算。测算运营付费金额应尽量准确，测算金额不足出现资金缺口将影响项目维持运营，测算金额超实际支付金额出现存量资金，导致资金使用效率降低并影响下一年度资金预算申请。为准确测算运营服务费，政府方可委托第三方咨询机构协助政府开展运营监管。

（二）项目公司申请

PPP 项目公司根据合同约定和绩效评价结果计算运营费用向项目实施机构申请可用性服务费及运营服务费。PPP 项目公司申请费用时应提供相关支撑资料，如通过可用性考核相关资料、绩效评价相关资料及相关合同、票据等，并对所提供资料的真实性、合法性负责。

（三）项目实施机构审核

政府方根据合同约定及可用性考核结果、绩效评价结果结合项目公司提供的资料，审核PPP项目公司申报的可用性服务费及运营服务费。主要审核支付节点、支付比例、资料是否齐备、计算是否涉及罚金等特殊条款，并审核PPP项目公司提出的可用性服务费及运营服务费调整申请，作为运营付费的支撑依据。同时应规范费用支付流程，做好费用支付信息统计工作。

（四）项目实施机构拨付

由政府方根据可用性服务费及运营服务费审核结果，同时结合资金到账情况完成支付工作，实现按效付费，并对全年的运营服务费进行平衡，收集相关材料，准备下一年度向财政部门申请预算。对于逾期付款，应从到期应付之日起至收款方实际收到款项之日止，按违约利率计算违约金，具体计算方法应在合同中约定。

三、运营付费管理要点

运营期服务费应纳入政府财政中长期预算。若未将PPP项目运营期服务费纳入财政预算中长期规划，受年度政府预算批复影响，则存在运营期政府服务费拨付不及时问题，对项目公司运营期还款造成较大压力，影响项目公司正常经营甚至造成政府方违约风险。

在PPP项目可行性研究阶段，应组织PPP项目涉及的专业领域专家，对本PPP项目的运营维护成本进行充分科学预测和论证，合理确定运营期服务费，并根据政府承担的运营服务费比例纳入政府财政中长期预算中。

（一）建立健全PPP项目中长期政府预算管理制度

PPP项目建设运营周期长，可通过完善中长期预算管理制度，有效支持PPP项目发展，管控财政风险。

1.纳入预算

通过编制、执行中长期预算，将本级政府对PPP项目的承诺支出全部纳入中长期预算管理，与年度预算相衔接，滚动编制。在预算支出顺序上，将政府PPP项目承诺支出按照准债务资金管理，在预算资金安排上优先予以保障，保证资金及时、足额支付。既保障PPP项目的顺利建设运营，也有利于防止政府违约，维护政府信誉。对于可行性缺口补贴，可参照以往年度经验，按照一定比例折合为当年预算支出额，纳入预算管理，或者在预算表之外单独进行说明。

2. 预测预警

发挥中长期预算的预测、预警功能。在中长期预算编制、执行的过程中，通过收支规模预测有关项目支出的安排，能够对未来3年财政经济发展趋势进行较为准确的把握。如出现有的年份PPP项目政府承诺支出预算安排压力较大，应及时发出预警提示以引起政府财政及相关部门的重视，提前调度资金，调整预算支出结构，控制该年度PPP项目的申报、批准数量，以保障政府已承诺PPP项目支出资金的及时、足额到位，维护PPP项目市场的秩序和稳定。

3. 建立制度

建立长期性、战略性PPP项目预算政策指导制度。因为PPP项目的建设运营期长达二、三十年，仅靠年度预算管理、中期预算管理是不够的，还需要建立长期预算政策指导制度。各级政府通过定期发布财政收支预测以及财政政策指南，对各年度PPP项目政府承诺支出的总额趋势进行预测和管控，以防止PPP项目建设运营规模超过财政支付能力，产生财政危机。

（二）强化PPP项目政府预算绩效监管制度

基于PPP项目中政府承担的支出责任主要来自于财政一般公共预算，各地政府将PPP项目运营期付费纳入财政预算绩效评价范围，在一定程度上对PPP项目按效付费和按期付费带来一定的不确定性。2015年实施的《中华人民共和国预算法》第五十七条明确，各级政府部门、各单位都要开展绩效评价；2018年《中共中央 国务院关于全面实施预算绩效管理的意见》对预算绩效评价工作的方式方法和结果应用等提出了新的要求，明确提出"通过自评和外部评价相结合的方式，对预算执行情况开展绩效评价；实现绩效评价结果与预算安排和政策调整挂钩"；2020年财政部印发《项目支出绩效评价管理办法》的通知（财预〔2020〕10号），全面贯彻中共中央、国务院关于全面实施预算绩效管理的决策部署，推动各地区各部门抓好落实工作，提高绩效评价质量和水平。《项目支出绩效评价管理办法》拓展了绩效评价范围、健全了绩效评价体系、完善了绩效评价指标、标准和方法、提高了绩效评价的科学性、增强了绩效评价结果的约束力、建立了责任追究机制。将PPP项目运营期政府支出纳入预算管理，规范政府收支行为，是保证PPP模式顺利运营的重要保障。

通过对PPP项目政府承诺支出的绩效评价，将其结果作为PPP项目的财政补贴、收费标准、合作期限等重要内容调整的依据，为PPP项目中期规划的编制提供参考，并建立PPP项目财政支出绩效评价数据库，依法对评价结果进行公开。在PPP项目建设运营政府承诺支出绩效评价方式选择上，可以第三方机构评价为主、财政部门内部评价为辅的方式，PPP项目绩效的评价结果，也可作为财政监督、人民代表大会监督、审计监督的重要依据。

四、运营付费管理重难点及对策

运营期是PPP项目持续时间最长的阶段，也是建设期资本金及债务资金投入后逐步收回的关键阶段，其运营维护涉及国计民生。识别和分析运营期付费的重难点，做好管理应对，对于PPP项目公司安全收回投资，及时履行还贷义务意义重大，对项目平稳运行影响深远。

（一）确定运营付费基础的重难点及对策

PPP项目决算金额作为后期政府付费的基础，通常情况下，投资评审会持续至运营期进行，包含对建安工程费用、工程建设其他费用、基本预备费用和建设期财务费用的结算审核，如合同另有约定还可能要进行政府审计，最终确定项目竣工决算金额。此外，在建设过程中投资方案及设计方案可能发生变更，既会涉及概算调整，也会影响最终决算金额。在使用者付费既定的前提下，政府可行性缺口补助及购买服务通常以项目决算后的投资额为基础进行调整。因此，PPP项目决算及财政评审工作关系到整个运营期的营业收入和现金流入，直接影响企业的经济效益。

为顺利实现预期的投资收益，在建设过程中要注重完善工程资料的收集整理工作，尤其是做好工程过程计价、变更及索赔的各方签认工作。在PPP项目建设之初也可从外部引进造价咨询专业服务机构，对施工图预算、施工过程控制、工程结算等全过程进行专业指导，确保依法合规取得各类审批手续，做到施工管理过程规范有序。对于按照政府方要求增加投资导致出现的概算调整情况，需要完整收集相关文件、会议纪要、签认记录等支持性资料，并积极推动政府方尽早完成概算调整工作，力争尽快完成财政结算评审及审计，确保政府足额付费，保障投资效益的实现。

(二) 运营组织管理重难点及对策

1. 成本管控

受国家政策、周边环境发展变化及运营经验的影响，有可能会发生对实际运营成本、维护成本预计不足的问题，造成收入难以弥补成本支出。另外，一般 PPP 项目运营期较长，其间国家政策、环境发展变数较多，项目可能面临融资成本提高、人工费用增加、社会公众要求提高其产品和服务质量等情况，使项目的实际运营成本大大提高。

在 PPP 项目可行性研究阶段，要结合 PPP 项目具体专业领域专业人士的意见对本 PPP 项目的建设成本及运营维护成本进行充分科学预测，同时，对于政策及环境发展要有一定的前瞻性考虑，保证 PPP 项目运营收益与社会效益。运营期做好运营成本测算及运营成本策划工作，使运营支出与实际需求匹配，减少不必要成本支出。

2. 运营组织

现阶段，PPP 项目公司一部分是由施工企业为实施 PPP 项目组建而成，管理人员大多为施工背景，商业运营开发经验欠缺。项目进入运营期以后，更多的是需要专业的运维服务，如物业管理、商业配套开发、管线入廊服务等。若 PPP 项目运营管理专业资源不足，则难以实现高效运营，直接影响运营收益和预期社会效益。

作为政府方，在项目招标（或竞争性谈判、竞争性磋商等）阶段应通过设置资格条件选择施工和运营能力俱佳的社会资本方。作为社会资本方，一方面，可以在项目公司组建时便考虑专业运营团队，通过引入及培养专业运营人才，借鉴其他专业运营公司管理体系等方式，建立符合 PPP 项目实际的运营管理流程及制度，实现项目建设与运营紧密衔接。另一方面，也可通过招标选择专业运营公司实施委托运营。在这种委托方式下，具体运营事务由被委托的专业运营单位实施，但项目公司仍承担运营责任，接受政府方的运营绩效考核。

(三) 收益保障管理重难点及对策

由于市场需求的动态变化和投标初期对于项目收益测算的局限性，市场预期与市场实际需求之间会出现差异，存在实际运营收入达不到预期收入的情况。例如某高铁综合体交通枢纽PPP项目，因周边常住人口数量不足，市场需求较少，商业配套设施供过于求，导致使用者付费收入低于预期，难以支撑商业体运营，使得运营期营业收入低于期望值。

针对市场收益不足的情况，项目公司应在PPP项目可行性研究阶段，对本PPP项目的市场需求、潜在使用者情况、盈利能力等进行充分调研与论证，可要求政府承担一定需求风险，从合同协议中对市场需求不足设定保障措施，保证PPP项目运营收益与社会效益。

（四）合同执行与管理重难点及对策

合同不完善，项目实施机构与项目公司执行过程中必然存在分歧，如可用性服务费支付节点、运营考核标准、运营服务费付费等方面，双方经常需要通过谈判、协商解决分歧问题，影响合同执行效率且存在合规风险。

管理实践中可以引入有经验的PPP项目管理咨询单位，在项目初期确定完善合规的PPP合同条款，针对可用性服务费支付节点、运营考核标准、运营服务费付费等重点内容反复论证，避免实施过程中的扯皮，影响合同执行效率。

第五节　PPP项目运营管理典型案例与分析

本节以某水环境提升PPP项目和农村生活污水治理PPP项目为例，阐述PPP项目运营管理开展方式和相关经验，对同类项目运营管理工作实施具有一定的参考意义。

案例一

某水环境提升PPP项目绩效管理

（一）案例背景

某水环境提升PPP项目共涉及30余条河道、沟渠总长约150km。由于治理任务艰巨，短期内资金量需求大，在地方政府财政资金紧张的情况下通过

PPP模式解决其部分资金需求，提高公共产品服务质量和效率，同时，可以实现污染治理项目从重工程建设轻运行向重工程效果的转变，提高资金使用效率，提高项目效果和可持续性。由于项目具有公益性较强等特点，建立科学合理的依效付费机制是确保流域治理PPP项目发挥效益的关键。

该项目通过公开招标的方式引入PPP项目公司，负责投资、建设、运营、维护和移交，在服务期内政府通过购买服务的方式向项目公司支付服务费。并引入专业项目管理团队，从设计、投资、招标、手续、质量、安全、进度等方面进行监管。治理完成后，由PPP项目公司依据PPP项目合同，具体开展项目日常运营管护，并引入第三方运营绩效考核单位，组织开展PPP项目绩效管理。

（二）案例解析

1.关于项目运营管理的绩效目标体系的建立

绩效目标设置要围绕项目预期效果开展，要与项目设计方案和建设目标保持一致，突出项目管理对预期效果的影响，综合确定项目预期产出。绩效指标要紧密结合绩效目标进行设定，要与建设管理方案有效结合，确保指标可充分反映项目的预期产出、预期效果和项目管理目标。

围绕项目特点及需求，该项目总体绩效目标为治理范围内水环境提升，于建设期收尾阶段实现河道水系治理完成，在运营期内建立长效管控机制，实现河道长治久清。

年度绩效目标方面，建设期设置为首年完成80%工程建设，次年完成全部单位工程验收并具备进入运营的条件。运营期设置河道水质保持不低于城市水体"无黑臭"四项指标要求，截污管线铺设范围内污水有效收集、设施完好，污水处理厂站出水达到地方标准规定的排放标准。

（1）总体绩效目标。

为确保治理范围内流域水环境得到提升，建设期总体目标设置为实现河道流域水环境提升，运营期目标设置为建立长效管控机制，实现河道长治久清。

（2）年度绩效目标。

运营期年度目标为保持河道水质不低于城市水体"无黑臭"四项指标要求，截污管线铺设范围内污水有效收集，污水处理厂站出水达标排放。

（3）运营期绩效指标。

按照产出、效果、管理的分类，运营期主要围绕流域水环境主要特点，包括河道养护工程、截污管网工程、安全生产3个一级产出指标，河道养护工程运营指标包括黑臭水体评价指标（20分）、河道保洁与卫生状况（20分）、岸坡保洁与边坡养护（10分）三个指标考核；截污管网工程通过对管网、泵站及检查井的维护情况、设施的完好程度、维修情况（20分）考核；管理体系（10分）通过对运营管理组织机构和人员配备、运营维护手册和日常运营维护记录、资料档案的收集与归类整理情况三个指标考核；安全生产（20分）通过设置安全制度、事故安全、安全检查、三个指标考核；针对本项目的社会影响（包括公众投诉和媒体报道情况）设置奖励机制，最高奖励8分，最低扣10分，社会影响及公众监督通过设置属地反馈、公众投诉及媒体报道情况等指标考核。

2.关于运营管理的组织保障制度建设

运营管理要立足于维持良好的PPP合作关系，建立良好的组织保障和完善的管理机制，以提高工作效率，提高双方履约能力并及时合理纠偏，确保项目总体朝着预期方向发展。

（1）组织体系建立。

根据《操作指引》中关于财政部门负责业务指导及评价、行业主管部门开展绩效管理、第三方机构提供协助的指导思路，构建了健全的组织保障体系，具体如下：

由属地政府主要领导组成PPP项目领导小组，负责项目进入运营期各子项目的绩效考核领导工作。

由项目实施机构牵头，会同相关部门成立PPP项目工作小组，负责日常绩效管理及评价工作的总体决策及过程行政性监督。

具体工作方面，项目实施机构在建设期引入第三方项目监管单位，负责协助项目实施机构全面开展绩效管理；针对运营期聘请第三方绩效监管单位、审计单位，负责开展运营绩效管理、绩效评价及政府付费跟踪审计工作。

项目公司负责配合领导小组和第三方管理机构开展绩效管理工作，按要求及时提供真实、完整、有效的资料和信息。

项目运营管理流程如图8-5-1所示。

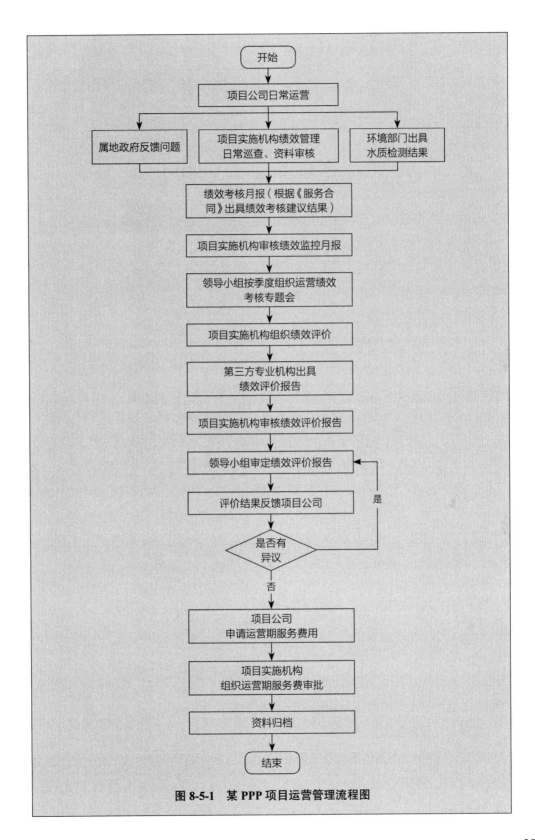

图 8-5-1 某 PPP 项目运营管理流程图

（2）制度建设。

《操作指引》对财政部门提出开展PPP项目绩效管理制度建设及工作指导的要求，为确保绩效管理工作有序开展，项目实施机构对标《操作指引》各项要求，编制运营期绩效管理制度。

运营期阶段，项目实施机构依据合同绩效目标要求和绩效管理、评价要点，组织编制《运营绩效考核工作办法》，规范项目公司、项目实施机构、财政部门及领导小组成员单位工作职责及小组考核、评价工作流程，对项目公司日常绩效管理工作及成果报送进行详细要求，指导第三方绩效管理机构开展绩效管理、按月出具运营绩效考核评分，审核、支付运营期服务费，并编制PPP项目年度绩效评价报告并报送财政部门复核。

制定流域水环境提升PPP建设项目运营绩效考核工作办法。为规范本区域水环境治理PPP建设项目运营期绩效考核工作，科学合理合规支付可用性服务费、运营服务费，组织制定《项目运营绩效考核工作办法》，明确项目运营绩效考核工作模式，水务部门、发展改革部门、财政部门、生态环境部门、属地政府、第三方绩效考核单位、第三方跟踪审计单位等相关各方工作职责及分工，考核工作流程等。项目公司根据每月的运营绩效考核评分按季度申请运营期服务费，项目实施机构根据第三方绩效考核单位及第三方跟踪审计单位意见，完成运营期服务费支付。

项目实施机构制定绩效考核内部分工方案，明确考核工作目标，组建由局长任考核小组组长，主管副局长任副组长，主管科室、河长制工作科、各水务所及局审计组等部门组成的考核小组，负责组织流域水环境提升项目维护绩效考核工作，按月提供污水处理站水量证明，组织运营绩效考核专题会，每月出具运营绩效考核评分，组织审核、支付项目公司申请的可用性服务费和运营服务费，管理第三方绩效考核单位和第三方跟踪审计单位。

3.关于运营管理工作的开展

运营管理是PPP项目绩效管理中工作量最集中的一个环节，实施周期长，利益相关性强，且工作较为繁杂，对于运营管理工作可按照以下程序开展。

第三方绩效管理机构通过现场巡查、审核项目公司日常绩效管理报告及资料、专项检测等方式开展绩效管理，对管道、泵站设备、河道、管网绩效指标落实情况进行确认。同时结合属地乡镇街道及其他单位反馈的问题及整改情况，依据小组成员单位生态环境部门提供的污水处理站出水水质证明确认水质指标，水务部门的污水处理站水量证明确认处理量指标。

根据各季节河道运维汛期侧重水体、秋冬侧重岸坡，以及污水处理效果按月检查的工作特点，项目公司根据运营情况每月形成一份《绩效管理报告》，项目实施机构结合项目实际运营情况，对绩效管理报告审核后备案。

第三方绩效管理机构依据合同中绩效考核相关约定，进行定量考核扣分。第三方绩效管理机构编写《绩效管理报告》报送项目实施机构和财政部门。

案例二

某农村生活污水治理PPP项目运营付费

（一）案例背景

该工程项目共建设50余座污水处理站，建设截污管线100余公里，总投资约8亿元。污水处理站建设完成后，实现了农村生活污水有序排放，综合治理，提升了村庄整体人居环境质量。根据PPP项目合同约定，项目转入运营期后，项目实施机构依据项目合同中的绩效考核指标，开展绩效评价，按月出具运营维护绩效考核评分，经运营绩效考核领导小组审议后，根据审议结果支付运营期服务费，实现"按效付费"。

（二）案例解析

1.关于运营目标评价的开展

本PPP项目绩效评价从兼顾政府部门、项目实施机构、项目公司、社会公众、媒体机构等对项目投入、过程控制、运行结果、社会影响等方面进行客观评价。按照绩效付费的合规性要求，将财政支付责任与绩效考核结果直接挂钩，实现了项目有建有管、有据可查和考核付费的支付模式创新。

进入运营期后，第三方绩效管理机构根据PPP项目合同绩效评分标准按月完成的运营绩效评价建议评分，编写当月《运营期绩效评价报告》（月报），绩效考核领导小组按季度组织成员单位、项目公司召开运营绩效评价专题会，解决争议问题，明确付费的依据。

在项目管理过程中，为保证总体绩效目标的实现，绩效目标和绩效指标体系应是动态性的、可补充的。在公平、合规的前提下，双方可根据不可预见因素适当调整项目绩效目标，并结合绩效目标变化情况调整绩效指标，确保合作顺畅。

在运营过程中，第三方绩效管理机构通过绩效管理发现，受其他区域水环境工程制约，项目公司运营的水体工程河道存在季节性无水情况，且河道、岸坡垃圾收纳量受村庄拆迁影响显著降低，处理量及管线产生的污泥量、河道水质的监测频次，与谈判阶段专家评审结果及合同约定不符，存在政府付费超额支付风险。

结合绩效管理情况，项目实施机构组织第三方绩效管理机构与项目公司磋商，在PPP合同体系内，以备忘录方式对绩效评价指标、运营维护费用进行优化，对河道流域水环境治理项目运营过程中，管线、泵站污泥消纳及河道垃圾消纳的确定方式，对河道水体水质监测的频次费用等情况进行了调整。同步编写《绩效管理报告》报财政、发改主管部门，申请签订补充协议，正式调整管线及泵站污泥量、河道垃圾消纳、黑臭水质监测等指标、评价标准及政府付费金额，确保因地制宜，政府按效付费。

2.关于绩效服务费的支付

绩效考核是依效付费机制的重要组成部分，是实现依效付费的基础。无论项目运营的好与坏，项目公司的收益都一样，容易导致社会资金不重视运营水平的提高，甚至为了提高经营利润而节省项目支出、降低项目运行效果，从而严重影响项目治理效果。因此，PPP项目应该建立依效付费机制，激励社会资本充分利用其技术和管理优势提高项目运营水平。

付费机制的绩效考核一般采用月度或季度考核，根据考核结果支付运营费用。为了获取收益，项目公司会积极、持续关注并提高运营项目的运营效果；同时，在项目运营过程中，项目公司若发现仍有优化治理效果的空间，在依效付费机制下项目公司有动力积极地优化项目，不断提高水体治理效果。因此，依效付费机制能够激励项目公司的主观能动性，保障项目治理效果的不退化。

项目公司取得竣工验收鉴定书，并完成《建设期绩效评价报告》确认工作后，可结合运营期绩效评价情况，逐年支付可用性服务费，并将《建设期绩效评价报告》及可用性服务费申请报财政部门审核。

管理过程中，根据项目合同要求审核运营服务费，按年度审核可用性服务费，规范费用支付流程，做好费用支付信息统计工作，审核项目公司提出的运营服务费调整申请，重点对项目进入运营期时间、运营服务费基准金额、绩效考核情况、运营服务费支付方面对运营服务费进行审核。本工程农村污水处理站的运营服务费固定费用部分暂按运营服务费基准金额初始值进行支付，待结算审计报告确定实际工作量后，按照实际工作量重新核算的实际值予以调整支付，保险付费需提供保险单资料；变动费用部分如：消纳、垃圾消纳、水质监测，需提供消纳费部分的合同、发票及转运单等资料，水质监测提供具体明细，分为CMA认证和自检测，根据不同情况，提供相关资料进行支付申请。运营服务费按照合同约定，项目公司根据每月的运营绩效管理评分，按季度申请运营期服务费，项目实施机构每季度将《运营期绩效评价报告》及费用申请材料报财政部门审核。项目实施机构根据第三方绩效管理机构意见，完成运营期服务费支付。

参考文献

[1] 胡争耀.PPP项目中SPV公司各阶段工作要点[J].公路交通科技，2018（11）.

[2] 尹志国.政府和社会资本合作（PPP）实务操作指南[M].北京：人民邮电出版社，2020.

[3] 曹珊.政府和社会资本合作（PPP）项目法律实务[M].北京：法律出版社，2016.

[4] 吴维海.PPP项目运营[M].北京：中国金融出版社，2018.

[5] 中国建筑股份有限公司法律事务部.PPP全流程运作实务：核心要点图解与疑难问题剖析[M].北京：中国法制出版社，2017.

[6] 王盈盈，冯珂，王守清.特许经营项目融资（PPP）实务问答1000例[M].北京：清华大学出版社，2017.

[7] 傅庆阳，张阿芬，李兵.PPP项目绩效评价理论与案例[M].北京：中国电力出版社，2019.

[8] 夏贝贝.浅析PPP项目绩效评价[J].中国工程咨询，2021（4）：69-73.

[9] 岳永科.PPP项目运营期风险分析及对策[J].国际商务财会，2021（6）：44-46.

[10] 王兴忠.关于PPP项目运营管理的几点思考[J].经营者，2018（9）：36-37.

导读

信息化为PPP项目管理发展提供了强大工具，信息化与PPP项目管理深度融合，有效推动PPP项目管理提质增效。全国PPP综合信息平台等信息化系统的建设，使得PPP项目管理数据分析水平全面提升，增强了政府部门PPP项目监管、服务和信息披露能力。PPP领域利用信息化手段创新工作方式，可以实现项目管理的精细化、科学化，显著提升管理服务水平，提高管理工作效率，促进PPP项目管理高质量发展。

当前，我国工程建设领域信息技术应用与发达国家相比，在管理理念、应用水平等方面尚存在一定差距。目前PPP项目管理信息化总体发展趋势是基于网络的建设项目管理平台开发和应用。应用信息化技术促使政府部门对PPP的管理从粗放型向集约型转化，加强项目公司与政府部门的交流和联系，对于PPP模式的发展具有积极的意义。

大数据、物联网、人工智能等概念加速迭代，信息技术应用的步伐越来越快，越来越大。生逢其时，我们要顺势而为，主动融入、迎接信息化时代。借助信息技术的力量，加强对PPP项目的管理，让PPP项目奔驰在规范化的道路上，实现高质量发展。

第九章 PPP项目管理信息化

第一节　PPP项目管理信息化概述

本节主要对PPP项目管理信息化现状、国家信息化发展战略等进行分析。结合PPP项目建设特征，探寻PPP项目管理信息化与新技术应用的价值，对PPP项目管理信息化应用的主要问题及需求进行阐述，说明推广应用PPP项目管理信息化的迫切性。

一、项目管理信息化现状

PPP项目政府、社会资本等参与方众多，投资较大，因其具有时间跨度较长、风险较高等诸多特点，对于信息技术的应用有着天然的依赖。

传统的PPP项目管理，以人工管理与纸质资料留存为主。这种方式不但容易丢失，导致资料不全，还容易因为地域的改变造成纸质资料的破损等情况发生，可能影响整个项目的整体进度。此外，投资、造价等仍然以人工读图算量的方式，不但容易产生误差，更多地依赖于造价人员的经验和对PPP项目的理解。PPP项目的复杂性，导致各类信息繁杂，如果不借助信息化技术手段，管理工作效率较低。

信息技术因其具有科学、先进、高效等诸多特性，是破解PPP项目管理难题的有效方式，使项目管理人员从效率较低的信息统计、汇总中解放出来，更关注于高层次的管理工作。因此，PPP项目管理信息化是PPP项目管理的需要也是未来发展的必然趋势。

（一）项目管理信息化定位

信息技术具有的鲜明特征决定了其强大潜能和作用，这些能力促进了其在PPP项目管理领域深度应用。在面向各参建单位管理方面，可有效满足各方需求，使得信息交互更加充分。在面向PPP项目管理全过程任务管理方面，有效增强了系统性和关联性，以及任务统筹效果，使得管理过程更加精准。在面向PPP项目管理目标管理方面，可提供强大数据分析能力，使得面向数据控制成为可能，在

PPP项目管理目标实现中提供了更加强大的分析能力。信息技术在PPP项目管理中的应用，使得PPP项目管理成效大幅提升。

PPP项目管理信息化与新技术应用促进政府监管机制的不断完善。通过收集、分析PPP项目数据信息，从事前预测、事中监控、事后考核等全方位完善监管体系。PPP项目管理过程将更加优化，通过借助信息技术实现面向数据的分析过程，实现管理优化，PPP项目管理服务更加精准。通过面向重点任务，基于管理数据的分析与决策过程使精细化要求得以落实。

PPP项目本身的独特性、多样性及复杂性使得项目管理难度加大，构建PPP项目信息化管理系统，以实现对项目全生命周期的高效管理。从PPP全生命周期管理视角，建立PPP项目管理信息化平台，会同各主管部门对PPP项目全生命周期进行协作管理，支撑并服务项目规范发展。通过数据交换和整合，逐步实现PPP项目绩效信息资源的共享，为加强PPP项目绩效管理，提升绩效管理质量提供技术支撑。

通过建立覆盖PPP项目准备阶段、采购阶段、建设阶段、运营阶段、移交阶段管理的项目全生命周期管理的信息系统，可以实现PPP项目管理的规范化、标准化；通过梳理各个相关方的项目需求，满足了各层级管理人员对项目的管控需求；建立统一的工程建设质量管控标准；实现了信息可追溯管理、信息透明、风险点的防控，实现对整个项目的全生命周期管理。

（二）项目管理信息化平台系统体系

为加强和规范PPP项目信息公开工作，促进PPP项目各参与方诚实守信、严格履约，保障公众知情权，推动PPP市场公平竞争、规范发展，财政部门牵头通过建立PPP信息化平台，提高PPP项目监管、服务和信息披露能力，实现了PPP公开透明的初衷，强化了项目监督管理，有利于增加金融机构参与PPP的信心（表9-1-1）。

PPP项目管理信息化平台系统 表9-1-1

平台系统名称	实施主体	主要功能
全国PPP综合信息平台	财政部PPP中心	2016年正式上线，主要由地方各级财政部门组织相关部门录入，审核通过后纳入项目库。主要包括入库项目总数、投资总额和行业分布，库中每个项目的名称、所在地、实施内容、投资额、合作年限、PPP运作方式、所处PPP操作阶段、联系方式等基本信息

续表

平台系统名称	实施主体	主要功能
PPP综合信息平台绩效管理系统	财政部PPP中心	2020年搭建完成,实现PPP项目绩效管理信息化、智能化、专业化。跟踪记录绩效管理全流程数据,预计未来将通过信息化手段实现地区、行业数据和系统内财政支出数据的同步核验和对比分析,检验PPP项目各环节工作成效,做到绩效过程管理可监控、绩效评价结果可记录、按效付费可追溯、财政风险可把控
具体PPP项目管理信息平台	项目实施机构或项目公司	提高PPP项目信息化管理程度,实现PPP项目信息归集的规范化、实时化、标准化,简化办事程序,提高办事效率,以电子档案管理、信息归集、数据统计分析以及工作事项审批为主,包括基本信息管理、综合管理、前期手续管理、准备阶段管理、采购阶段管理、建设阶段管理、运营阶段管理、移交阶段管理等模块,为项目全生命周期管理提供依据

在当前背景下,PPP项目管理信息化建设与国家治理体系现代化建设息息相关、密不可分。从PPP项目管理转型的战略高度来改进、提升PPP工作,以保障企业经营、财务核算、生产运营等价值链信息化数据的真实准确,从而加强PPP项目管理核心能力。

(三) 项目信息化与新技术应用概述

新一代信息技术与节能环保、生物、高端装备制造产业等将成为国民经济的支柱产业。BIM、GIS、物联网(IoT)、5G、区块链等是新一代信息技术与信息资源充分利用的全新业态,是信息化发展的主要趋势,也是PPP项目管理行业今后面临的主要业务范畴。PPP项目管理新技术应用详见表9-1-2。

PPP项目管理新技术应用　　　　表9-1-2

新技术	PPP项目应用阶段	PPP项目新技术应用
BIM	准备、采购、建设、运营、移交	由设计单位作为主体在施工前形成项目基础BIM模型,施工总包单位在设计模型基础上,结合施工需要进一步补充,并同时组织相关分包单位细化有关内容
GIS	准备、采购、建设、运营	通过地理信息系统(GIS)地图全方位展示项目位置,可根据项目分类、性质、区域自定查询项目分部情况,并根据项目实时情况上传项目形象进度,结合平台中各项数据的GIS可视化呈现,让项目管理单位通过一张图对所有项目的各种状态一目了然。适用于园林、绿化等PPP项目
物联网(IoT)	建设、运营、移交	通过信息传感设备,按约定的协议,将任何物品与互联网相连接,进行信息交换和通信,以实现智能化识别、定位、跟踪、监控和管理的一种网络

续表

新技术	PPP项目应用阶段	PPP项目新技术应用
5G	建设、运营、移交	最新一代蜂窝移动通信技术，高数据速率、减少延迟、节省能源、降低成本、提高系统容量和大规模设备连接。PPP项目管理应用5G技术，可以使建设项目信息采集更加高效、信息传输更加迅捷，从而提高项目的管理水平
区块链	建设、运营、移交	去中心化的点对点网络，其特点非常适合建立安全的分布式的PPP项目管理体系。基于区块链技术对各类项目信息资源进行分布式处理和存储，同时根据各参建单位需求开发安全系数高的项目管理服务产品，构建项目信息数据库并进行深度的数据挖掘，可以满足不同参建单位不同的信息资源需求，实现项目资源和参建主体的双重加密与双向认证
大数据	准备、采购、建设、运营、移交	大数据挖掘为PPP项目管理的全面风险管理带来了新的解决思路。数据库不仅能及时收集现有和历史数据，还能对各个孤立存在的数据进行初步处理和转换，形成相互联系的统一数据集，为PPP项目管理中各数据使用者提供一个透明的信息平台，减少信息流通中虚假信息和交流障碍等因素带来的风险
智慧PPP项目管理	建设、运营、移交	通过三维设计平台对建筑工程项目进行精确设计和施工模拟，围绕施工过程管理，建立互联协作、智能生产、科学管理的施工项目信息化生态圈，并将此数据在虚拟现实环境下与物联网采集到的工程信息进行数据挖掘分析，提供过程趋势预测及专家预案，实现工程施工可视化智能管理，以提高PPP项目管理信息化水平

从上表可以看出PPP项目主要聚焦基础设施及公共服务设施建设，其在投资、运营等方面的管理特点更加突出。新技术同样适用于PPP项目，应持续深度应用。

二、项目管理信息化问题和需求

PPP项目信息化与新技术应用的基本内涵，是在PPP项目管理过程中充分使用信息技术的前提下，实现PPP项目经济效益。信息化管理是实现PPP项目管理模式创新的根本途径。PPP项目信息化建设与新技术应用在PPP项目管理过程中起到了重要作用。因此，PPP项目管理信息化与新技术应用程度代表着项目管理发展水平。通过对PPP项目信息化与新技术应用机理分析，进一步揭示了PPP项目信息化与新技术应用的逻辑关系、现阶段PPP项目集成管理瓶颈以及PPP项目管理信息化与新技术应用协作发展的要求。

（一）项目管理信息化的主要问题

1. PPP 项目管理信息化应用瓶颈

随着信息技术的飞速发展，信息技术与各领域不断融合。信息技术已经改变了人们的生产、生活方式。目前，物流、医疗等行业的信息化程度较高，为工程建设项目管理等其他行业的信息化应用积累了宝贵经验。但信息技术在PPP项目管理中应用程度较低，PPP项目信息化应用还存在瓶颈。

首先，PPP项目管理相较于一般工程建设项目管理而言参建单位众多，项目干系人的专业各异、背景不同。对于信息技术的掌握程度也各有不同。缺乏信息化意识是PPP项目信息化应用的主要瓶颈。其次，针对PPP项目的特点，能够满足PPP项目全生命周期的信息化系统或平台较少，无法在PPP项目全生命周期得到完整应用，碎片化使用无疑为PPP项目数据积累和对数据形成完整的分析效果大打折扣。最后，PPP项目信息化需要既懂PPP项目专业知识又掌握信息技术的复合型人才。而人才缺乏也是PPP项目信息化应用的瓶颈之一。

2. PPP 项目管理新技术应用瓶颈

随着BIM、GIS等新技术的日益成熟，已经被应用到部分PPP项目中，成为PPP项目的辅助管理手段，并被广大PPP项目管理单位所接受。尽管如此，但PPP项目新技术应用仍然存在瓶颈。

首先，PPP项目中应用BIM、GIS的成本较高，其次，新技术在PPP项目中应用缺乏政策支持。无论政府部分或相关法律法规等方面都未对PPP项目中新技术应用做强制的要求。导致PPP项目各参建单位仍然沿用固有的工作或管理方式，较少考虑管理方式的技术创新。最后，BIM、GIS等新技术的使用需要一定专业性。如果项目人员熟练使用需要专业的培训并长期实践增加熟练程度才能见到效果，必然使很多PPP项目人员存在怕麻烦的心理，这也是PPP项目新技术应用的瓶颈之一。

（二）项目管理信息化与新技术应用的需求

1. 信息化与新技术应用是 PPP 项目管理现代化的重要途径

PPP项目信息化与新技术是应用在PPP项目全生命周期，各阶段、全过程的应用。有必要开发或建立（利用标准化信息管理软件和工具定制）适合PPP项目的管理信息系统（PMIS），建立分层的信息技术与新技术应用体系。应对PPP项目规模大、地域分散、管理成本高，项目信息繁杂等特点，通过在实践中不断破除各项管理难题，促进管理标准化、制度化、科学化，可有效减少资源浪费，降低成本投入，促进信息共享，反映项目状态，提高管理效率，满足PPP项目管理高质量发展要求。

2. 信息化与新技术应用对PPP项目管理具有较强拉动作用

从整体上看，PPP项目管理的信息技术与新技术的应用程度较低，制约了PPP项目乃至整个项目管理领域高质量发展。尤其在项目信息、项目进度管理、绩效等PPP项目管理的关键路径上缺乏信息技术与新技术的应用，使PPP项目的潜在风险加大，项目信息不透明，项目管理人员的管理效率有待提高。PPP项目管理信息化与新技术应用对PPP项目乃至工程建设项目管理具有拉动作用，信息化与新技术应用是PPP项目重要的技术保障之一。

目前，由于国家及行业管理层面尚未出台强制使用政策，其应用主要取决于项目管理单位的主观意愿以及项目的复杂程度。随着我国新技术迅速发展，项目管理行业越来越重视信息技术与新技术的应用。PPP项目信息化程度逐渐提高，并且应用在PPP项目的勘察设计、施工、运营等各阶段。

3. PPP项目管理信息化与新技术应用的价值需求

精细化管理在PPP项目管理中通常是指通过管理过程的优化理论，结合PPP项目建设特征，通过全生命周期管理最大限度提升项目管理的质量，并持续降低资源浪费，达到工程建设目标。为了促进PPP项目的精细化管理，信息技术的引入成为重要的前提和基础。在PPP项目精细化管理视角下，PPP项目管理和信息技术应用融合的价值分析详见表9-1-3。

PPP项目管理和信息技术应用融合的价值需求　　表9-1-3

PPP项目管理关键点	融合内容	信息技术应用
各参建单位协作	基于信息技术的利益相关合作的信息化系统	基于信息技术供给，建立信息化管理系统，PPP项目各个环节提供协作
项目管理流程协作优化	PPP项目流程	运用标准化的项目管理流程与信息化系统融合，提高协作工作效率，明确业务流程
以项目功能和效益为目标，整体价值最优	整体目标	围绕项目建设的多方协作，以BIM、GIS等信息技术为载体，提供动态的技术支撑，以进度为主线，以成本控制为核心，以合同为手段，进行全面质量管理，做到快速、精准、精细。采用高清视频采集、物联网等信息技术为手段，在运营阶段提供人员、设施等定位管理，规避安全风险

三、项目管理信息化的迫切性

当前，信息技术在PPP项目管理中应用程度较低，PPP项目管理应以信息化为先导逐步实现数字化转型，现代社会，数字化转型迫在眉睫，国家发展战略中明确了信息技术在经济社会发展方向，确立了发展战略定位。提出加快大数据、物联网、人工智能、云计算、区块链、BIM等新技术发展。2021年12月，国务院印发"十四五"数字经济发展规划的通知，指出是以数据资源为关键要素，以现代信息网络为主要载体，以信息通信技术融合应用、全要素数字化转型为重要推动力，促进公平与效率更加统一的新经济形态。作为我国信息化工作的最高战略，提出了我国信息化发展要求。

（一）项目管理信息化内生需求

经过多年发展，PPP项目管理对面向信息技术与新技术的管理手段创新提出了迫切要求，这主要是源于PPP项目管理内生发展的动力。促进信息技术与新技术在PPP项目管理中的应用，还需施加外部策动力，只有当作为外力的策动力与信息技术和新技术应用的内力达到相互作用力时，信息技术与新技术和PPP项目管理融合才能更加充分，并释放更大效能。借助信息技术与新技术，在促进PPP项目管理提质增效的同时，通过提升政府方、项目公司以及PPP项目管理服务能力，带动PPP项目管理高质量发展。

1. 政府部门驱动力

近年来，政府部门作为监管主体不断进行监管体制改革推行政务服务标准化、规范化、便利化管理。政府通过推进政务服务标准化、服务事项实施清单标准化、健全政务服务标准体系等路径，促使项目管理"放管服"进一步得到延伸。网上办事与政务服务线上线下融合发展，促进政务服务标准和便利化。政府部门对于PPP项目的信息技术与新技术应用起着引领作用，促进工程建设项目和PPP项目的信息技术与新技术应用。

2. 项目公司驱动力

项目公司除了进一步通过政府一体化政府服务平台配合政府部门监管外，在提高工程建设、管理效率、工程设计、减少变更、避免返工等方面优先考虑应用信息技术与新技术。作为有力的技术保障手段，促进PPP项目各参建单位逐步应用信息技术与新技术提高PPP项目管理整体管理水平和管理效率，进而保证工程建设的质量安全、各参建单位的管理效率进一步得到提升，充分释放管理效能，满足个性化的管理需求。对于项目公司而言，应用信息技术与新技术，无论在设计、建设和运营阶段均可以降低管理成本，降低项目风险，尤其对于一些较为复杂的PPP项目充分应用BIM技术可以保障PPP项目始终遵循政府与项目公司"利益共赢，风险共担"的原则，建立一种互惠、互利长期的合作关系。

3. 项目管理驱动力

PPP项目管理单位在项目管理过程中，不断通过在项目策划、招标、前期手续办理、工程建设实施、运营阶段的管理工作中，发现管理问题并不断寻找应用信息技术与新技术的解决路径。PPP项目管理信息技术与新技术应用是创新与提高和完善的循环过程，这个过程也是PPP项目管理应用信息技术与新技术的内生驱动力所在。信息技术与新技术在PPP项目管理中发挥着不可或缺的作用，更是提高PPP项目管理水平，释放管理效能，促进PPP项目管理高质量发展的重要技术保障措施。

（二）项目管理信息化应用发展要求

大数据、物联网、人工智能、云计算、区块链、BIM等新技术的快速发展，是充分贯彻了国家信息化战略发展理念，落实供给侧结构性改革的主线，实现工程建设领域高质量发展的重要支撑和突破口。

1. 项目公司管理信息化

建立逐层级管理需求的数据中心，采用私有、混合云等多种方式。工程项目现场建设互联网基础设施，广泛使用无线和移动终端，实现项目现场与施工主体的互联互通强化信息安全，完善系统运营和管理体系，保障设施及系统稳定运行。优化项目公司的信息化管理，提升集成应用水平。优化项目公司的组织架构、工作和信息流，持续完善项目结构和编码体系。深化估算、报价等费用、计划进度控制等信息系统，逐步建立适应工程资金、财务、风险管理的电子商务等信息系统，提高管理和抗风险的能力。利用新技术深化应用信息系统，实现设计、采购、施工、管理等信息系统的集成及应用。推进"互联网+"协作模式，全过程信息化。"互联网+"大趋势下的工程总包主体，鼓励多方协作的工作模式，应用互联网环境下的协作工作系统，实现多主体参与的高效协作和信息互通，数据共享。制定项目基于BIM技术的多方数字成果的实施和交付标准，实现由前期、建设到运营的全过程数字化交付的全生命周期的信息互通，数据共享。

2.其他参建单位管理信息化

加快BIM等新技术的普及应用，促进勘察设计技术升级。工程项目勘查中，推进使用BIM、GIS等新技术进行数值模拟、空间分析和动态可视化的表达，构建支持非结构化的异构数据和多种采集方式的工程勘察设计信息数据库，实现工程勘察信息的有效传递和共享。在工程规划、检测中集成BIM、GIS、物联网等技术，对相关方案及结果进行模拟分析及动态有效的可视化展示方式。工程设计中，普及应用BIM技术的设计方案和功能模拟分析、优化、绘图、审图、审查等数字化成果交付，提高设计质量。推广基于BIM的协作设计，开展专业间的数据共享协作，优化设计流程，提高设计效率。

强化知识管理，支撑勘察设计主体建设，改进勘察设计主体信息资源获取的方式，促进知识管理和发展模式，建立勘察设计主体知识管理信息系统。不断开发、完善勘察设计主体知识库，实现知识共享，挖掘知识的价值，支撑智慧勘察设计主体建设。

第二节　基于BIM的PPP项目管理信息化

当前，PPP模式逐渐成为地方政府进行基础设施和公共服务投资的重要手段。随着PPP模式快速发展，如何应用信息化管理手段对PPP项目进行高效、规范的管理，以实现PPP项目的既定目标，是项目落地实施要解决的主要问题之一。BIM技术在基础设施工程建设领域被广泛应用，而这些工程中有很多采用了PPP模式。BIM技术实现工程全生命周期管理的功能也为做好PPP项目的全生命周期管理奠定了良好基础。

一、基于BIM技术的PPP项目管理

BIM是以项目的信息数据为基础，建立数字化模型，具有模拟性、协同性、可视化等特点，给工程建设信息化带来重大变革。作为一个全生命周期的项目信息化管理模型，采用以数据为中心的协作方式，实现数据共享，大大提高了精细化管理

水平和管理效率。

BIM技术已经被广泛应用于PPP项目管理中,并且发挥着重要的作用,不但使管理效率得到有效提升,更使得管理效能得到充分释放,激发各参建单位的主观能动性,从而使项目管理更加贴近PPP项目的实际管理需求。利用BIM技术可以促使PPP项目获得更好的发展,同时也可以让PPP项目的整体经济效益得到进一步提高,在很大程度上可以对于建筑企业的施工成本进行严格的控制,有助于PPP项目健康、规范的发展和运行。

(一)BIM技术及其管理优势

基于BIM技术的工程项目管理模式是创建、管理、共享的信息数字化模式,较传统管理模式存在很多优势。

1. 项目直观可视

在条件复杂、制约因素不明确的情况下,BIM技术依据建(构)筑物物理特性、几何尺寸和规划方案等复杂信息,进行工程项目可视化操作。传统的建筑设计中,建筑结构内不同的构件信息通过二维平面设计图纸的平立剖形式表达,不能直观地反映建筑物或构造物的外观。但BIM技术可将二维平面图形转化为三维立体实物,呈现在设计人员及施工人员的视线中,清楚直观地表现设计人员的建设思路,效果图就是BIM技术直观可视化的成果。在PPP项目的各个阶段,参建单位都可以借助BIM技术在可视化状态下进行交流、研讨、分析和决策。此外,BIM技术还能够模拟抽象的或在真实环境中无法实现的事物。充分地运用BIM技术可视化的特点,PPP项目的管理会更加系统、精准。

2. 数据动态管理

基于BIM的PPP项目管理,工程基础数据(如量、价等)透明、准确,且实现了数据资源共享,可全过程、全方位对资源特别是资金的使用实现目标控制。工程项目投标文件、施工合同、进度审核预算书、工程款支付凭证、施工变更等工程项目结算文件可实现全过程管理,并进行前后数据比较。BIM模型保证了各项目数据资源的动态管理,可以做到及时调整、方便统计,溯源项目现金流量及资金状况。BIM技术对于项目信息的分享和传导范围更广、信息类型更丰富、信息量更大,能够使项目信息的价值发挥到极致。使得PPP项目管理有了更加可靠的数据基础,管理效率不断提升。

3. 管理及时高效

利用BIM技术有助于减少理解偏差，化解分歧。在PPP项目建设阶段，设计人员和施工人员就可以基于BIM设计模型进行沟通、交流，解决设计与施工存在的矛盾问题，减少设计图纸难施工、易错漏的问题，提高建设效率。BIM技术提供项目的形象进度，可为调配资源、优化决策创造条件。

（二）BIM的PPP项目管理应用

BIM技术不仅适用于规模大和复杂的工程，也适用于一般工程。BIM技术是基于三维建筑模型的信息集成和管理技术。通过BIM建模软件构建三维建筑模型，利用统一建筑信息模型进行设计和施工，实现项目协同管理，从而减少错误、节约成本、提高质量和效益。工程竣工后，利用三维建筑模型实施建筑运营管理，可提高运营效率。

BIM以参数化模型为载体，集合各类工程信息，为项目的全生命周期提供可靠的共享知识资源，在项目的不同阶段，不同参与方基于协同平台录入、提取、应用、更新和修改信息，以支持各利益相关方协同作业。

经过十几年的探索和应用，各方对于BIM技术的认识趋于理性，意识到模型附属信息的共享和深度应用价值远远超过了模型本身，不再单纯地追求BIM模型的视觉效果，"模型轻量化，信息集成化"成为新的发展趋势。以BIM与信息技术和项目管理系统（PMIS）等集成应用为特点的"BIM+"为技术提升与创新、管理模式变革和行业可持续发展提供了新的理念和技术支持。

在PPP项目中引入BIM技术，能够为政府在决策PPP项目时提供必要客观历史数据的支持，能够为政府在监管PPP项目时提供实时客观的项目信息，能够为政府在接收PPP项目时提供全面的项目状况。引入BIM技术的PPP项目全过程信息管理模式如下：

1. PPP+BIM项目决策管理

在PPP项目准备阶段中，由于项目处于初期阶段，相关数据以BIM信息平台存储类似工程数据为主，结合项目自身基本信息进行测算，主要是为PPP项目的物有所值分析（VFM）提供数据和信息支持。

（1）虚拟现实助力VFM定性分析，用一系列的三维图（即施工工况或进度节点）展示各阶段工程形象进度及环境影响情况，以直观的表现、准确的数据和精细的方案提高VFM定性分析的准确性。

（2）BIM信息平台确保VFM定量分析。BIM信息平台模型包含了拟建PPP项目全生命周期的全部数据资料，可以为政府在进行定量评价时提供大量的基本数据信息，同时通过项目在建设、运营阶段的模拟数据以及实际过程中的实时数据采集和更新，项目投资方将获取到较为充足的数据信息，确保在满足施工需要的前提下合理配置资源，保证真实、可信数据源支持，有助于进行项目物有所值的定量评价。

2. PPP+BIM项目建设阶段管理

在项目建设阶段，数据来源于项目自身，利用BIM协同平台进行项目管理，实现项目优化设计、材料管控、图纸变更等控制。

（1）碰撞检查与设计优化。针对建筑结构设计和机电设计时可能发生的空间冲突情况，进行构件之间的精确碰撞检测，通过专业协调与设计优化，更早地发现错误，减少损失。

（2）施工模拟。将传统的现场施工方案与BIM技术相结合，通过三维模型对施工方案的模拟，选择最优方案。采用4D（3D+进度）、5D（3D+进度+投资）集成施工模拟，在施工之前预测项目建造过程中每个关键节点的施工现场布置、大型机械及措施布置方案，还可以预测每月、每周所需的资金、材料、劳动力情况，提前发现问题并进行优化。

（3）供应风险管控。调用BIM中同类项目大量详细的历史数据，利用BIM多维模拟施工计算，快速、准确地拆分、汇总并输出任意细部工作的消耗量标准，真正实现限额领料的初衷。

（4）组织协调风险管控。运用BIM协调流程进行综合管控，综合管控过程中的不合理方案或问题方案将会得到处理，使沟通难度大大降低。BIM技术改变了以往"隔断式"沟通方式以及依赖人工协调项目内容和分段交流的合作模式。

（5）工程变更管理。据有关部门的统计分析，使用BIM技术可以消除40%预算外更改，即从源头上减少变更的发生。可视化BIM模型更容易在形成施工图前修改完善，直接用三维更容易发现错误，修改也更容易，大大减少了"错、碰、漏、缺"现象。

（6）进度控制。将项目的计划进度与实际进度进行关联，通过BIM技术实时展现项目计划进度与实际进度的模型对比，随时随地三维可视化监控进度进展，对于施工进度提前或者延误的地方用不同颜色高亮显示，预警提醒，并及时调整方案，从而有效地保证施工进度。

（7）项目成本多算对比。将包含成本信息的BIM模型上传到系统服务器，系统将不同的数据发送给不同的人，不仅可以看到项目资金的使用情况，还可以看到造价指标信息，查询下月资金及材料使用量，不同岗位不同角色各取所需，从而对所开发项目的各类动态数据了如指掌，能实时掌控动态成本，实现多算对比，并可结合项目造价快速获得每个月甚至每天的项目造价情况。

3. PPP+BIM 项目运营阶段管理

PPP项目在建设阶段建立基于BIM技术的建筑管理系统，可用于运营阶段建筑设备运行管理、项目检测等，同时实时监测项目的运营情况，确保项目社会效益的实现。

（1）基于BIM的项目运营信息集成系统平台。BIM在PPP项目运营维护阶段的应用核心是建立一个基于BIM的信息集成系统平台，即将工程三维模型及其相关信息（包括设备参数、管理运营要求等方面）导入系统中，不仅为项目运营期间设备设施的管理与维护提供全面、高效的信息化管理平台及技术支持，同时能够对构件的维护维修情况进行详细的记录和维修信息分析，提供更好的维护、维修方案。

（2）基于BIM信息平台的项目运行情况监测系统。PPP项目特许经营期内，政府尤其关注项目的实际运营情况。对于具有经营性的项目而言，判断项目公司是否实现盈利且不暴利是实现项目社会效益的重要前提；对于公益项目而言，项目运营绩效情况是政府给予项目公司财政补贴的直接依据。基于BIM信息平台的项目运行情况监测系统的功能在于向政府实时反馈项目的实际运行信息，包括项目使用量监测、基础设施故障情况反馈、设备维修情况反馈等，以此判断项目公司经济效益与社会效益是否平衡，随时调整项目公司的运营策略，提高公众满意度。

4. PPP+BIM 项目移交管理

PPP项目的移交需要包含从准备、采购、设计、施工、竣工再到项目特许经营期内运营的全部数据信息文件。采用BIM技术可将物理信息和几何信息都储存在BIM模型中，包括设备的折旧剩余年限、项目特许经营期内的维修及更新情况、项目特许经营期内的质量问题等，这些数据将有助于推动政府完成项目资产评估与性能测试，降低政府在后续运营中的风险。同时，BIM技术还有助于政府在后续项目运营中保持较高的绩效水平。

项目移交后，政府能够利用项目在特许经营期内形成的建筑模型和设施设备及系统模型，制定后续设施设备日常巡检路线；结合智能化系统，对项目设施、设备进行计算机界面巡检，减少现场巡检频次，降低项目运营的人力成本；结合设备供应使用说明及设备实际使用情况，按维保计划要求对设施设备进行维护保养，确保设施设备始终处于正常状态；结合故障范围和情况，快速确定故障位置及故障原因，进而及时处理设备运行故障。同时利用BIM信息平台及时记录和更新项目信息模型的运营计划、运营记录（如更新、损坏、老化、替换、保修等）、成本数据、厂商数据和设备功能等其他数据，协助政府进一步做好项目的运营工作。

化解PPP项目执行过程中各类难点问题的关键在于打通政府部门和项目公司之间的信息通道，BIM技术的引入提供了可行的技术支持。在项目前期准备阶段，虚拟现实以及信息平台解决了PPP项目决策过程中目标模糊以及数据缺乏的问题；项目建设阶段，碰撞检查、设计优化、施工模拟等技术的应用能够协助政府部门更全面地掌控并监管项目建设，有助于提升项目建设的质量，提高项目价值；项目运营阶段，集成各类运营信息的平台，能够保证政府部门对项目使用过程中的实时监控，一方面有助于实现物有所值，另一方面也有助于提升项目的公共效益；项目移交阶段，基于BIM的完整项目数据将有助于政府部门完成移交前的评估工作，同时减少以后的运营风险。

BIM技术嵌入PPP项目准备、建设、运营阶段，创新基础设施的建设思维，引入BIM技术打通政府与项目公司之间的信息通道，充分提高基础设施项目的社会效益。将两种思维进行结合，打好PPP+BIM"组合拳"，必将有助于推动建设行业的健康、快速发展，实现公众、政府、项目公司三方共赢的新局面。

(三)BIM的PPP项目管理效果

1. 在项目效果展示方面

BIM技术在PPP项目管理中的应用首先体现在效果展示方面。在工程项目管理中，BIM技术采用三维渲染动画，给人以真实感和直接的视觉冲击。利用建好的BIM模型可以作为二次渲染开发的模型基础，大大提高三维渲染效果的精度与效率，为建设阶段、运营阶段的项目管理提供便利。项目的可视化效果展示能够让人更直观地感知项目效果，在运营阶段的管理中的方向也更加明确，所以利用BIM技术能够有效地提升管理动力，从而促进管理的质量提升和效率提高。

2. 在项目精细化管理方面

BIM技术在PPP项目管理中的另一个突出作用是提升了项目的精细化管理程度。在工程项目的管理实践中，提升精度能够从更加细微的角度对管理实现强化。在具体的利用中，BIM技术进行数据库的创建，进而通过建立关联数据库，实现准确快速的计算工程量，提升施工预算的精度与效率。由于BIM技术数据库的数据粒度达到构件级，可以快速提供支撑项目各条线管理所需的数据信息，有效提升建设阶段的管理效率。在整体优化的基础上，管理效果的提升显而易见，这就是BIM技术在提高管理精细化方面得到应用的突出效果。

3. 在项目资源控制方面

BIM技术在PPP项目管理中的优势也体现在资源控制方面。在项目管理过程中，一方面要进行其质量的提升，另一方面要进行其成本的控制。对工程的投资进行控制，是项目管理的核心内容，而资源控制恰好影响项目投资，所以实现了资源的控制等于提高了投资管理的水平。从目前的项目管理实践来看，精细化管理因为海量的工程数据，无法快速准确获取以支持决策。而BIM的出现可以让相关管理能快速准确地获得工程基础数据，为制定精确人、材、机计划提供有效支撑，大大减少了资源、物流和仓储环节的浪费，为实现限额领料、消耗控制提供技术支撑。

4. 在施工方面的应用

工程施工也是投资控制的重要环节。BIM技术的三维可视化功能再加上时间维度，可以进行虚拟施工。随时随地直观快速地将施工计划与实际进展进行对比，同时进行有效协同相关参与方甚至非工程行业出身的参与方都对工程项目的各种问题和情况进行详细了解。通过BIM技术结合施工方案、施工模拟和现场视频监测，大大减少项目质量问题、安全问题，减少返工和整改。通过这样的方式，施工质量提升，项目建设控制的目的进一步达标。

二、基于BIM的信息化集成管理

信息技术的应用使PPP项目全生命周期管理更为高效，借助BIM技术搭建各参建单位的协同工作平台。PPP项目管理过程中的各类数据信息的收集、存储、分析为实现信息集成奠定了基础。

通过数据信息集成，准备阶段的规划设计、立项决策、可行性研究；设计阶段的图纸设计、BIM技术的应用；施工阶段的合同管理、现场管理、投资管理；运营阶段的绩效分析、运营成本分析等各类数据信息动态集成管理，可形成较为完整的PPP项目全生命周期数据信息资料库，并可以分级共享、动态分析各类项目数据指标，提高了PPP项目管理的质量。

基于BIM的PPP项目集成管理通常需要设置专门的BIM管理部门，专职负责BIM信息化智慧管理平台的搭建和日常维护。随着未来各地区项目管理意识的增强，将会成立更多管理机构，便于在日益完善的项目管理机构及制度保障下，BIM技术能够真正发挥出助力作用，在相关机构的指导下，促使管理者形成明确的信息化管理思路。

第三节 PPP项目管理信息化典型案例

本节通过PPP项目管理信息化的典型实践，阐述PPP项目管理信息系统功能设置与需求分析的基本思路。实践证明将信息技术引入PPP项目管理中，可以提高项目全生命周期内各参建单位的信息交互水平，显著提升PPP项目精细化管理水平。

案例一

某区域水环境治理项目信息管理系统

（一）案例背景

某PPP项目通过竞争性磋商方式，引入社会资本开展区域水环境治理的建设和运营，该项目投资大、建设周期长，关系到政府、投资者及最终用户等主体，包括投融资、招采、设计、施工、运营等多方面监管内容。项目共涉及40余条河段，总长约200km。该项目的特点是点多面广，实施主体多，涉及3个社会资本方（项目公司），为典型的复杂群项目管理类型，管理难度大；同时作为水环境项目，河道水质、水量等要素受季节性影响大，对信息传输与沟通的及时性、系统性要求高。根据以上需求，项目管理单位开发建立了专用的PPP项目管理信息平台，辅助项目管理，显著提升PPP项目管理工作效率，确保了项目的顺利推进。

（二）案例问题

（1）本项目涉及的参与方多，包括项目实施机构、社会资本方、施工总包、分包方、第三方项目管理单位等，PPP项目管理信息化管理系统应确保多参与方的信息沟通的及时性和系统性。

（2）本项目建设、运营期较长，PPP项目管理信息系统应具有集成化管理功能，保证系统在项目建设、运营阶段的使用和管理。

(三) 问题分析及对策

（1）基于信息技术的PPP项目管理信息化系统，通过采用主流技术框架SSH和B/S体系结构，信息化系统逻辑架构主要分为数据层、应用服务层和协作工作层，如图9-3-1所示。

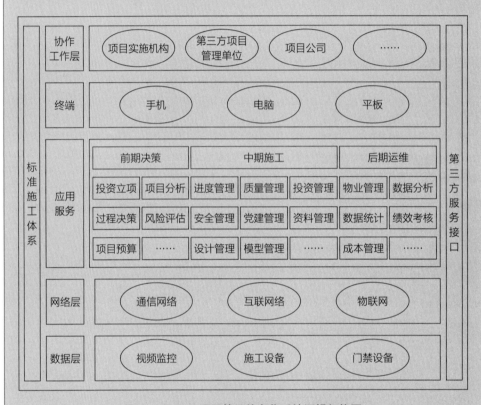

图 9-3-1　PPP 项目管理信息化系统逻辑架构图

在数据层，各参建单位通过摄像头视频监控、在线传输等设备以及日常现场巡视将大量的数据信息传入数据库中，数据层的主要任务是对数据信息的收集、分类和存储。应用服务层是整个信息化系统逻辑架构中的核心。它主要是从数据层中提取信息，并根据生命周期的不同需求，存储在各阶段的子模块中，并将各个阶段的项目数据信息与信息化管理模型相关联，对项目数据信息进行个性化的分析与处理，为PPP项目各参建单位提供所需的管理模型信息。

例如：信息化系统与建设阶段各子模块相关联，可将施工过程中的各项数据信息关联，利用大数据可视化技术更加直观地展现。协作工作层的主要功能是各参建单位（项目实施机构、第三方项目管理单位、项目公司等）共享获取的各类原始项目数据信息和经过信息化系统分析处理后的数据信息，并且能够在系统中完成相关工作的流程处理。该层通过信息化系统的功能权限和数据权限的设置，为各参建单位提供了获取项目数据信息的单一入口，使得各参建单位能够远程协作，又可安全、高效地交换各类项目数据信息。

项目实施机构、第三方项目管理单位、项目公司通过手机端APP，电脑端、IPAD终端设备，实时查看在前期阶段、中期建设施工阶段、后期运营阶段的各种信息，并实时交流相关信息。在手机端APP，电脑端、IPAD终端可以实现接收文稿，记录收文办理过程，含办理路径、办理时间、经办人等信息，追踪收文办理进度，对比分析要求办理进度与实际办理进度关系，办理中或已办结、按计划或延迟、相关原因说明等。查看管理规划、项目总进度计划、专项工作计划；代拟稿、管理建议、会议通知及会议纪要、工作联系单；工作月报、工作周报、专题报告、备忘录等，并可以实现分类检索全部收发文概要信息，如编号、时间、文件名称、收（发）文单位及签收人、办理状态等。

（2）PPP项目管理信息化系统，各参与方通过网址和账号密码进入PPP项目管理信息化系统，系统首页的主要功能是对项目管理人员、各参建单位的配置、项目管理人员的权限配置等基础信息进行管理，其中权限配置是系统基础管理的核心，它针对不同阶段不同参建单位的PPP项目中各使用系统的角色与职责分别配置相应的功能权限和数据权限，以此做好本项目全生命周期管理系统运行的准备工作。

PPP项目信息化系统，涵盖建设阶段和运营阶段，每个阶段又根据不同阶段需完成的工作任务细分为多个功能模块，每个模块中分别存储项目管理任务过程的所有数据信息，可根据权限配置随时调取和查看。

建设阶段管理，PPP项目管理信息化系统在建设阶段主要功能包括：前期手续办理、项目施工现场管理、合约管理、投资管理和资料管理。以施工现场模型管理为例，以数据接口的方式导入三维模型，为更全面地使各参建单位了解建设数据信息，为模型每层关联一张平面图纸，查看项目进度完成情况，可以查看具体周、月、年以及任意时间段内的质量安全问题及整改情况。

运营阶段管理，PPP项目管理信息化系统在运营阶段主要功能包括：运营情况实时大屏、运营成本和绩效考核等。以运营大屏为例，它是以竣工模型为核心，将智能报警、设备异常信息、视频监控、能耗监控、设备设施监控等汇总于一体，展示运营过程中实时核心数据，方便日常运营管理，便于实施机构监督考核。

案例二

某城市基于BIM的文化中心PPP项目全生命周期管理平台建设

（一）案例背景

某城市文化中心PPP项目包括博物馆、城建档案馆、综合档案馆、图书馆、文化宫5个单体建筑，总建筑面积52640m²，总投资约5亿元，建设期2年，运营期13年，采用PPP模式建设，为提升PPP项目管理水平，规避各类风险，基于BIM技术搭建了项目管理全生命周期平台。通过BIM技术将建设不同阶段的工程信息、过程和资源集成在一个模型中，在施工阶段、运营阶段整个过程中进行共享和传递，使工程技术人员、管理人员对各种建筑信息作出正确理解和高效应对，为工程各建设主体提供协同工作的基础，在提高生产效率、节约成本和缩短工期方面发挥了重要作用。

（二）案例问题

（1）基于BIM的PPP项目全生命周期管理平台在项目建设阶段如何实现信息化管理？

（2）基于BIM的PPP项目全生命周期管理平台在项目运营阶段如何实现信息化管理？

（三）问题分析及对策

（1）基于BIM的PPP项目全生命周期管理平台在文化中心PPP项目建设阶段的主要功能包括：报建报批、施工现场管理、合同管理、投资管理、资料管理和信息化管理。以施工现场管理中的BIM模型管理为例，在管理平台中录入本项目的BIM模型文件，然后，为更全面、多方位地让参与方了解项目建筑信息，为BIM模型的每一层关联一张平面图纸，该层的全部组件将自动与图纸上的组件进行关联，在BIM模型上可以查看本项目全部、本周、本月、本年及任意时间段内的进度完成情况，也可以查看全部、本周、本月、本年及任意时间段内的质量安全问题及整改情况。

通过建立各工点、各阶段BIM模型可以很清楚地展示每一个施工质量控制重点。通过前期模型的搭建，对模型的深度进行预定义，创建相应的族库，实现施工各个阶段的3D模型应用。将数据库和图纸相互关联，当某构件发生变更，可以对二维图、三维图、数据库任何一项直接进行更改，并能快速统计、计算，实现施工虚拟调节，达到施组优化的目的，从而达到优化工期和施工质量的控制。

通过建立三维BIM模型对建设过程中重要风险点的施工进行动态模拟和实施监控，将项目实时施工进度、施工数据等实时监测信息与BIM模型及周边GIS数据进行整合。利用BIM可视化技术，能够完成施工前期的风险识别、施工过程中的风险预警，对安全施工、风险应急处理措施进行三维演示，帮助制定应急预案，提高应急能力。

同时，将建设过程中的实时进度和信息集成到管理平台，深度整合施工过程中涉及的资源（人力、材料、机械设备）、成本、安全等信息，在工程建设主体三维模型的基础上通过创建时间维度和成本维度，建立互相协调、内部一致的5D（空间三维＋时间＋成本）BIM模型，从而实现多个维度的施工管理，确保工程安全高效实施，经济、社会效益的实现。

（2）基于BIM的PPP项目全生命周期管理平台在文化中心PPP项目运营阶段的主要功能包括：运维大屏、物业管理、运维成本和绩效考核。以运维大屏为例，它以BIM竣工模型为核心，将智能报警、设备异常、视频监控、能耗监控、人员车辆监控等汇于一体，展示本项目运维过程中的实时核心数据，方便项目公司日常运维管理，有利于实施机构监督考核。

建设阶段通过为主要材料、构件分别设计二维码将供应商、尺寸、规格、型号、联系方式等信息链接到BIM模型中，与之相关的设计变更单等资料也扫描后进行关联。采用BIM技术将物理信息和几何信息都可储存在BIM模型中，包括设备的折旧剩余年限、项目特许经营期内的维修及更新情况、项目特许经营期内的质量问题情况等，这些数据将有助于推动政府完成项目资产评估与性能测试，降低在后续运营中的风险。

基于建设阶段的BIM技术可视化管理平台，将工程竣工三维模型及其相关信息（包括设备参数、物业管理运营要求等）整合并建立运维管理系统，同时将运营阶段需要的信息包括维护计划、检验报告、工作清单、设备发生故障时间等列入BIM模型中，集成对设备的搜索、查阅、定位功能，实现工程运营维护阶段的高效管理与协同。不仅为项目运营期间设备设施的管理与维护提供全面、高效的信息化管理平台及技术支持，同时还能够对构件的维护、维修情况进行详细的记录和维修信息分析，提供更好的维护、维修方案。

参考文献

[1] 崔堃鹏，王剑，王凤亮.智慧工地集成化综合应用技术研究[J].兰州交通大学学报，2021，40（2）：8-14.

[2] 刘伊生.建设项目管理[M].3版.北京：北京交通大学出版社，2014.

[3] 丁士昭.工程项目管理[M].北京：中国建筑工业出版社，2006.

[4] 李艳红，李雪.关于企业信息化项目管理的问题与应对策略的探究[J].中外企业家，2017（10）：147-149.

[5] 冯炳纯.浅析企业信息化管理的若干问题及应对策略[J].商场现代化，2013（9）：84.

[6] 吴海.信息技术在工程施工项目管理中的应用[J].山西建筑，2009（30）.

[7] 宋佳，从会悦.大型建设项目管理的信息化现状与对策浅析[J].中小企业科技，2013（8）：5-8.

[8] 郭树元，王珍菊.工程建设项目管理信息系统的集成模式及实施策略[J].水利与建筑工程学报，2014（1）：7-9.

[9] 彭冯，宗恒恒.嵌入BIM技术的PPP项目全过程管理的关键问题探讨[J].招标采购管理，2016（12）：8-51.

[10] 武彦芳，费月英.基于BIM技术的工程项目精细化管理[J].工程技术，2022（3）：77-79.

[11] 徐晓亮.工程项目管理信息化建设初探[J].中国外资，2014（2）：13-16.

[12] 王绪明.关于工程项目管理信息化建设的几点思考[J].江西建材，2013（6）：26-28.

[13] 战玉冰.基于BIM技术的工程项目管理研究[J].中国高新科技，2021（10）：10-11.

[14] 史正元, 陈绍伟, 等.基于BIM技术的建筑工程项目信息管理研究[J].智能建筑与智慧城市, 2021(8): 73-74.

[15] 李金瑶.基于BIM技术在PPP项目实施过程中的应用研究[J].建材发展导向, 2021(19): 130-131.

[16] 郭瑞隆, 潘雅静.BIM技术在城市地下综合管廊施工阶段的应用: 以西安纺四路管廊项目为例[J].城市勘测, 2018(S1): 156-157.

[17] 李锦华, 张增召.BIM在PPP项目中的应用研究[J].工程管理学报, 2018, 32(1): 109-114.

[18] 赵团结, 李振.项目管理软件在PPP项目中的应用探索[J].中国管理信息化, 2018, 6(21-11): 38-40.

[19] 陈海丽, 李敏.BIM技术在城市轨道交通PPP项目全生命周期中的应用研究[J].市政技术, 2019, 5(37): 125-129.